IMITAÇÃO DE CRISTO E SEGUIMENTO DE JESUS

Dados Internacionais de Catalogação na Publicação (CIP)
(Câmara Brasileira do Livro, SP, Brasil)

Tomás de Kempis, 1380-1471
Imitação de Cristo / pelo venerável Tomás de Kempis com tradução de Leonardo Boff ; Seguimento de Jesus (livro V) / pelo teólogo Leonardo Boff. – Petrópolis, RJ : Vozes, 2016.

1ª reimpressão, 2018.

ISBN 978-85-326-5335-2

1. Fé 2. Jesus Cristo – Ensinamentos 3. Jesus Cristo – Paixão 4. Jesus Cristo – Personalidade e missão 5. Meditações 6. Vida cristã 7. Vida espiritual 8. Virtudes I. Boff, Leonardo. II. Título. III. Título: Seguimento de Jesus (livro V).

16-06918   CDD-248.4

Índices para catálogo sistemático:
1. Jesus Cristo : Espiritualidade :
Cristianismo   248.4

IMITAÇÃO DE CRISTO

Pelo venerável Tomás de Kempis com tradução de Leonardo Boff

E

SEGUIMENTO DE JESUS

(LIVRO V)

Pelo teólogo Leonardo Boff

EDITORA VOZES

Petrópolis

Imitação de Cristo e Seguimento de Jesus (livro V)
Por Tomás de Kempis e Leonardo Boff

© Explicação Introdutória e Capítulo V:
by Animus/Anima Produções Ltda.
Caixa Postal 92.144 – Itaipava
25741-970 Petrópolis, RJ
www.leonardoboff.com

Direitos de publicação desta tradução em língua portuguesa:
2015, Editora Vozes Ltda.
Rua Frei Luís, 100
25689-900 Petrópolis, RJ
www.vozes.com.br
Brasil

Todos os direitos reservados. Nenhuma parte desta obra poderá ser reproduzida ou transmitida por qualquer forma e/ou quaisquer meios (eletrônico ou mecânico, incluindo fotocópia e gravação) ou arquivada em qualquer sistema ou banco de dados sem permissão escrita da editora.

CONSELHO EDITORIAL

Diretor editorial
Gilberto Gonçalves Garcia

Editores
Aline dos Santos Carneiro
Edrian Josué Pasini
Marilac Loraine Oleniki
Welder Lancieri Marchini

Conselheiros
Francisco Morás
Ludovico Garmus
Teobaldo Heidemann
Volney J. Berkenbrock

Secretário executivo
João Batista Kreuch

Editoração: Gleisse Dias dos Reis Chies
Revisão gráfica: Nilton Braz da Rocha / Nivaldo S. Menezes
Diagramação: Sandra Bretz
Capa: Felipe Souza | Aspectos
Ilustração de capa: Cristo Pantocrator, do mosaico de Deesis (século XIII), em Hagia Sophia. Istambul, Turquia.

ISBN 978-85-326-5335-2

Editado conforme o novo acordo ortográfico.

Este livro foi composto e impresso pela Editora Vozes Ltda.

Explicação introdutória

Estamos diante de um dos livros mais lidos e meditados do cristianismo ocidental, *Imitação de Cristo*, tendo como autor o Venerável Tomás de Kempis (1380-1471).

1 Vida e obra do autor

Nasceu em 1380 em Kempen, perto de Krefeld, Alemanha. Ordenado sacerdote em 1412, foi durante toda a sua vida mestre de noviços dos Cônegos Regulares de Santo Agostinho, na Holanda. Faleceu no Mosteiro do Monte Inês (Agnietenberg) em 1471, perto de Zwolle, Alemanha, aos 91 anos com aura de santidade.

Em seu ofício de mestre espiritual de jovens religiosos e de outras pessoas que o procuravam, durante muitos anos colecionou provérbios, máximas, textos dos Santos Padres, passagens significativas da Bíblia e de outros escritos espirituais da época. Costurou e ordenou todo esse vasto material, com grande coerência interna, em quatro livros (partes) cuja redação final só ocorreu em 1441.

A fama do livro se espalhou para outros mosteiros que o copiavam para a animação das muitas comunidades religiosas que havia na época. Há mais de duas mil edições da *Imitação de Cristo*. Somente no British Museum se colecionam cerca de mil.

Há um manuscrito de 1471 que se encontra na Biblioteca Real de Bruxelas. É único o manuscrito que conserva, nestes termos, sua assinatura: "Terminado e completado no Ano do Senhor de 1471 pelas mãos do Irmão Tomás de Kempis no Monte Santa Inês, perto de Zwolle" (*Finitus et completus anno Domini*

M.CCCC.XLI per manus fratris Thome Kempis in monte Sante Agnetis prope Zwollis).

Há muitas edições críticas, mas nós nos orientamos por aquela oficial da Poliglota Vaticana que vem sob o título: *Thomas à Kempis de Imitatione Christi liber Quattuor ad codicem autographum exacta* (Romae: Typis Polyglottis Vaticanis, 1925).

Todos os quatro livros vêm vazados dentro da corrente espiritual que predominou no final da Idade Média e no começo da Moderna, mais exatamente, por volta do século XIV, e prosperou nos Países Baixos. Ela recebeu o nome de *Devotio moderna* (Devoção moderna), pois não se restringia aos religiosos e religiosas dos claustros, mas se difundiu largamente entre os leigos e letrados da época; como, por exemplo, o grande jurista Geraldo Grotius. A *Imitação de Cristo* se inscreve dentro desse movimento (cf. o minucioso estudo de Henrique Cristiano José Matos em seu livro *Imitação de Cristo*: caminho de crescimento espiritual. Belo Horizonte, 2014).

A *Devotio moderna* se caracteriza fundamentalmente pela busca séria da vida interior, centrada no encontro e no diálogo com Cristo, focalizando especialmente sua cruz, paixão e morte. Essa espiritualidade separava fortemente Deus e mundo, espírito e matéria, tempo e eternidade, interior e exterior, vida secular e vida religiosa com uma forte depreciação do mundo, de suas atrações e de seus prazeres. Tais realidades são colocadas sob suspeita, de modo que influenciaram a piedade cristã posterior. Importa reconhecer que Deus não quis que amássemos somente a Ele, mas todas as criaturas, especialmente todos os seres humanos e de modo especial os pobres e esquecidos. Mas isso tem pouco lugar no texto.

É forçoso constatar, nessa forma de ler o mundo, um reducionismo da mensagem de Jesus. Ele deve ser superado para que os frutos deste livro singular possam alimentar de forma mais adequada a vida espiritual, vivida pessoalmente e também no mundo secular onde habitam e trabalham pessoas em seus diferentes estados e afazeres. É o propósito de nosso acréscimo, um quinto livro, sobre o Seguimento do Jesus histórico. Mas sempre dentro do espírito do autor originário.

Tomás de Kempis possuía uma mente livre. Mesmo dentro do espírito da *Devotio moderna*, não se deixou influenciar por nenhuma escola teológica ou tendência mística. Ao contrário, mostrava certa distância e também uma velada suspeita de todo saber teológico e teórico e de revelações particulares. O que para ele conta é a experiência espiritual de encontro com Cristo, com sua cruz, com sua obediência ao Pai, com sua humildade, com sua misericórdia, com o amor incondicional e com sua paixão e cruz corajosamente suportadas.

O tema do despojamento de si mesmo e de todos os apegos do ego ganham relevância especial a ponto de terem atraído a atenção de psicólogos como Sigmund Freud e Carl Gustav Jung, como também do filósofo Martin Heidegger. Aqui se encontra o pressuposto para a perfeita liberdade.

Não obstante este tipo de interpretação dualista da realidade, a *Imitação de Cristo* nunca deixou de ser um excelente manjar espiritual exatamente por enfatizar não o estudo, mas a imitação da vida e das obras de Cristo, em uma experiência íntima e pessoal. Tudo é tão concentrado na figura de Cristo que raramente aparecem os temas da Santíssima Trindade, da Igreja e dos sacramentos. Apenas o livro IV é todo dedicado à Eucaristia e como comungar digna e devotamente.

Hoje a teologia, seguindo as Escrituras e a fé cristã, oficialmente reconhecida na esteira do Concílio Vaticano II (1962-1965), não separa, mas articula essas realidades que Tomás de Kempis tão fortemente contrastara. Hoje as entendemos como momentos diferentes do mistério da criação e do único grande projeto de Deus, que é seu Reino feito de amor, de solidariedade, de irmandade, de compaixão, de perdão e de ilimitada abertura ao mistério de Deus. Esse Reino se realiza tanto no espaço religioso quanto no espaço secular. Ele está em permanente confrontação com o antirreino, que representa a negação dos valores do Reino.

O Reino se realiza no *espaço religioso* na forma de fé explícita, de celebrações, de vida sacramental, de busca de virtudes eminentes e de santidade. Mas também toma corpo no *espaço secular* na forma de ética, de vivência do amor, de busca da justiça, de compaixão, de perdão e de amor e serviço aos pobres e oprimidos. São as duas vertentes pelas quais nos chega e se realiza o Reino de Deus na história. Não há Deus sem mundo, nem mundo sem Deus, nem céu sem terra.

Por que ao lado da *Imitação de Cristo* colocamos o *Seguimento de Jesus*? Porque ambos os temas, elaborados em épocas diferentes, mutuamente se completam e se enriquecem.

Inicialmente o livro não se chamava *Imitação de Cristo*. Como era costume na época, o título de livros era tirado de suas primeiras palavras. Assim, inicialmente se chamava *Quis sequitur me* (*Aquele que me segue*), porque essa é a primeira frase do livro. Aqui aparece, portanto, a ideia do seguimento de Cristo. Somente após a morte do autor predominou o título atual: *Imitação de Cristo*.

O Cristo da *Imitação de Cristo* é aquele que fala à interioridade humana, apontando os lados obscuros, enaltecendo as partes luminosas, pregando o total despojamento de si, a extrema humildade – esta é especialmente enfatizada ao longo de todo o texto – e a irrestrita confiança em Jesus e na força da graça divina. Aconselha, adverte, critica e estimula a buscar sempre o caminho que conduz à eternidade feliz, passando pela cruz e pelas tribulações.

O Jesus do *Seguimento* é aquele que fala às multidões, aos pobres, aos pecadores, que apresenta um projeto de transformação total, interior e exterior, de toda a realidade – o Reino de Deus –, a começar pelos pobres. É o Jesus libertador que abre novas perspectivas sobre a realidade como a conhecemos hoje e convida o fiel para o engajamento em favor dos últimos e feitos invisíveis em sua dignidade e direitos.

Os acentos são diferentes, mas se trata sempre do mesmo e único Jesus Cristo, morto e ressuscitado, que nos acompanha em nossa caminhada espiritual, na viagem rumo ao próprio coração e no percurso pelo mundo na direção do Reino de Deus que já se realiza agora, mas cuja plenitude somente se concretizará na eternidade.

2 A singularidade da imitação do Cristo da fé

Aprofundemos um pouco as características de cada um dos caminhos espirituais. O caminho da *Imitação de Cristo* sublinha o Cristo da fé e suas virtudes divinas: sua entrega total ao Pai, sua humildade, sua capacidade de suportar sofrimentos e humilhações, sua paciência infinita e seu amor incondicional para com todos, mas especialmente para com aqueles que, desprezando as coisas do mundo, se entregam confiadamente a Ele.

Viver essas virtudes em nível pessoal deu origem a uma grandiosa espiritualidade, retratada na *Imitação de Cristo*. O Cristo fala à subjetividade e ao coração para que a pessoa religiosa descubra todos os meandros da malícia humana, mas também toda a amplidão da graça divina e da atuação de Cristo, que conferem ao fiel as possibilidades de conquistar alto nível de vida espiritual.

A tônica central é concentrar praticamente tudo em Cristo, fonte de toda graça e de todo crescimento espiritual. Influenciada pela espiritualidade da época, a *Devotio moderna*, prega uma total submissão do fiel a Deus, enfatiza uma radical insuficiência humana no caminho espiritual e favorece uma desvalorização explícita do mundo, de seus projetos, de seus prazeres e de sua impossibilidade de realizar a felicidade humana. Com isso se criou um profundo dualismo: todo bem e toda a salvação estão do lado de Deus e de Cristo, e todas as insuficiências e maldades do lado do ser humano e do mundo.

Essa interpretação da realidade introduziu um profundo dualismo que levou o fiel a uma grande desconfiança dos esforços humanos e a uma total depreciação das coisas deste mundo. Só o amor exclusivo a Deus e a Jesus concentra toda a atenção e o empenho do fiel em seu crescimento espiritual.

Nossa contribuição consistiu – à luz da doutrina oficial da Igreja, que ganhou a sua mais brilhante expressão nos textos do Concílio Vaticano II – em tentar superar esse dualismo, resgatando o amor primordial a Deus e a Cristo sem descurar do amor à criação e as possibilidades contidas na natureza humana criada amorosamente por Deus.

Não obstante essas limitações, Tomás de Kempis, melhor do que qualquer psicanalista, entendeu os labirintos mais escusos da alma humana, as solicitações do desejo, as angústias que ele produz, mas também apontou caminhos de como enfrentá-las, sempre confiados unicamente na graça de Deus, na misericórdia de Jesus, no completo despojamento de si mesmo e no menosprezo das coisas deste mundo.

No entanto, no capítulo 6 do livro III faz o elogio do amor divino de uma forma tão profunda, elegante e entusiasta, que nos remete ao que São Paulo escreveu também sobre o amor na Carta aos Coríntios (13,1-13).

Sempre procura consolar o fiel imitador com o exemplo de Cristo, principalmente pela sua cruz e pelos sofrimentos, e mostra-lhe a alegria inaudita da intimidade com Ele, e, por fim, a grandeza da recompensa eterna que lhe está preparada na eternidade.

3 A singularidade do seguimento do Jesus histórico

O caminho do *Seguimento de Jesus* enfatiza o Jesus histórico, sua saga e seu modo de ser concreto quando peregrinou entre nós. O Jesus histórico confere materialidade ao Cristo da fé, e assim se origina um mútuo enriquecimento. No Jesus histórico valorizam-se seus comportamentos face às várias situações concretas de sua vida: sua crítica à ostentação religiosa e à falsidade da piedade oficial; sua compaixão entranhável para com os sofredores deste mundo, sua opção pelos últimos e pobres, primeiros herdeiros do Reino, sua liberdade face às tradições, especialmente seu comportamento afetuoso para com as mulheres, as amigas Marta e Maria e a samaritana; o destemor ao andar com más companhias para mostrar que não estão fora do alcance da graça divina; sua crítica ao poder e a todo tipo de ambição e hierarquização nas relações humanas; seu destemor ao enfrentar as ameaças de morte, as torturas e a execução na cruz. Mais do que tudo incendiou as multidões com uma mensagem libertadora de todas as opressões interiores e exteriores: o Reino de Deus. Anunciou sua proximidade e a conversão como forma de sua concretização já agora no mundo.

A proposta do *Seguimento de Jesus* sublinha particularmente o fato de o Mestre ter participado da condição concreta humana, como aquela que cotidianamente levamos. A Epístola aos Hebreus diz claramente que Ele *passou pelas mesmas provações que nós* (4,15), estava *cercado de fraqueza* (5,2) e *aprendeu a obediência por meio do sofrimento* (5,8).

São Paulo vai mais longe ao nos admoestar para *termos os mesmos sentimentos que Cristo Jesus teve: não se prevaleceu do fato de ser Deus, mas por solidariedade a nós assumiu a condição de servo, apresentando-se como um simples homem e humilhou-se até a aceitação da morte de cruz* (Fl 2,5-8), castigo infame para a época. Ele não se *envergonhou de chamar-nos de irmãos e irmãs* (Hb 2,11), e no juízo final fará referência aos pobres e penalizados, conclamando-os como *meus irmãos e irmãs menores* (Mt 25,40).

Como consequência de sua prática libertadora e por sua doutrina inovadora, foi perseguido, preso, torturado e executado na cruz. Sua morte dolorosa foi consequência de sua vida, de sua prática e de sua fidelidade ao Pai, mesmo a preço da morte de cruz.

Seu objetivo não era criar uma nova religião com fiéis piedosos. Ele quis o homem novo e a mulher nova. Ele veio para nos ensinar a viver como irmãos e irmãs e a nos sentirmos filhos e filhas queridos de Deus Pai. Esse é o *caminho de Jesus*, como se fala nos Atos dos Apóstolos (9,2; 19,9; 23; 24,14; 22) ou a *tradição de Jesus*, anterior ao surgimento dos evangelhos, escritos 30-40 anos após a sua execução na cruz.

Jesus nos deixou um modo de ser, legou-nos um grande sonho, o *Reino de Deus* feito de amor, de misericórdia, de perdão, de fraternidade, a partir dos últimos e da dignidade de saber e sentir-se filho e filha de Deus. O seguimento de Jesus visa alcançar, pela prática e pelo compromisso, esses bens do Reino que Ele pregou e viveu.

Queremos conhecer sua prática histórica para sermos inspirados em uma prática semelhante dentro de condições modificadas de nosso tempo. Mas sempre dentro do mesmo espírito e com a mesma atitude. São Paulo bem o entendeu ao aconselhar-nos: *tende os mesmos sentimentos que Cristo teve [...] sendo Deus, apresentou-se como simples homem* (Fl 2,5.7). Jesus mesmo disse: *quem quiser me seguir, negue-se a si mesmo, tome a sua cruz e siga-me* (Mc 8,34). Pois *onde eu estiver, aí estará também o meu servo* (Jo 12,26).

Seguir Jesus implica assumir sua causa, participar de seus riscos e eventualmente aceitar o mesmo destino trágico que teve.

4 *Imitação* e *seguimento* de Jesus Cristo se complementam

Nesse espírito que articula a *imitação* com o *seguimento* foi retraduzido, reescrito e completado o livro *Imitação de Cristo*, de Tomás de Kempis, agora enriquecido com *Seguimento de Jesus*, da autoria de quem está escrevendo. Fomos mais longe do que fez São Francisco de Sales, que organizou uma edição da *Imitação de Cristo* acrescida com reflexões e orações ao final dos capítulos (edição da Vozes de 2009; cf. a apresentação do estudioso da mística, Faustino Teixeira, da Universidade Federal de Juiz de Fora). Desta forma, ampliado e atualizado, o livro continuará, seguramente, a produzir os mesmos bons frutos que sempre produziu ao largo de sete séculos.

Como dito acima, o nosso texto de referência é a edição crítica latina editada pela Typis Polyglottis Vaticanis, editado por Angelus Mercati em 1925. Várias são as traduções em português, como a do Conde Affonso Celso (1860-1938), traduzida em 1898 em forma de poesia. J.I. Roquette editou-a com "piedosas reflexões ao termo de cada capítulo" (Livraria Aillaud (Paris e Lisboa, s.d.) e mais tarde pela Ave-Maria (São Paulo)). Monsenhor Manuel Marinho lançou uma tradução no Recife e no Rio de Janeiro em 1910 (Garnier). Muito correta é a tradução do Pe. Leonel Franca, SJ (José Olympio, 1944).

Mas de todas elas ressalta a tradução de Frei Tomás Borgmeier, OFM, lançada pela Vozes em 1920, que muito nos serviu por sua fidelidade e correção, embora lavrada dentro de um estilo próprio do começo do século XX, diferente do atual. Melhoramos a compreensão de alguns textos e refizemos grande parte dos capítulos, atualizando-os na linguagem e principalmente na visão teológica mais includente e conforme à sensibilidade da fé atual. O objetivo foi de enriquecer a extraordinária mensagem espiritual deste livro singular.

Ultimamente, o professor de História Eclesiástica Henrique Christiano José Matos lançou *Imitação de Cristo: caminho de crescimento espiritual* (Belo Horizonte: O Lutador, 2014). O historiador situou bem a obra de Tomás de Kempis dentro da corrente espiritualista e mística da *Devotio moderna*. Traduziu os principais excertos das quatro partes que compõem a *Imitação de Cristo*, numa coletânea de pensamentos muito bem-estruturada e reproduzindo sua versão latina.

De nossa parte, a fim de que o enriquecimento não fosse apenas retórico, mas real, acrescentamos ao final mais um quinto livro, inspirado na *Devotio moderna contemporânea*, que nasceu dos impulsos do Concílio Vaticano II (1962-1965), do magistério papal dos últimos decênios e do magistério episcopal da Igreja latino-americana expressos nos grandes documentos de Medellín (1968), Puebla (1979) e Aparecida (2005), e da teologia que daí se derivou, pensada a partir da opção preferencial pelos pobres contra a sua pobreza e em favor de sua vida e de sua libertação. Fizemo-lo dentro da nova visão do mundo (cosmologia) que nos é oferecida pelos dados mais seguros das ciências da vida e da Terra, na linha da encíclica do Papa Francisco: *Laudato Si': cuidando de nossa Casa Comum* (2015). Assim, a *Devotio moderna* do século XIV se encontra e se completa com a *Devotio moderna contemporânea* dos séculos XX e XXI.

Seguiremos no livro, capítulo a capítulo e número a número, o texto latino da edição crítica do Vaticano. Tentaremos conferir-lhe uma sensibilidade, própria da fé contemporânea, que implica um necessário deslocamento de acentos e de torneios de linguagem mais atuais, mas sempre compreensíveis e dentro da intenção originária de Tomás de Kempis, autor de *Imitação de Cristo*. Dessa forma, as riquezas contidas neste grande/pequeno livro alimentarão aqueles que buscam a água pura da espiritualidade cristã na imitação do Cristo de nossa fé e no seguimento de Jesus de Nazaré, o Salvador e Libertador, assim como viveu entre nós.

Leonardo Boff
Petrópolis, Páscoa de 2016.

SUMÁRIO

Livro I – Recomendações úteis para a vida espiritual, 23

Capítulo 1: A imitação de Cristo e o desapego de todas as vaidades do mundo, 25

Capítulo 2: O humilde juízo de si mesmo, 26

Capítulo 3: Os ensinamentos da verdade, 27

Capítulo 4: A prudência nas ações, 29

Capítulo 5: A leitura das Sagradas Escrituras, 30

Capítulo 6: As paixões desordenadas, 31

Capítulo 7: Como resistir à vã esperança e à presunção, 31

Capítulo 8: Não cultivar excessiva familiaridade, 32

Capítulo 9: A obediência como expressão de liberdade, 33

Capítulo 10: Precaver-se de conversas levianas, 34

Capítulo 11: A paz e o cuidado em progredir, 34

Capítulo 12: Como crescer com as adversidades, 36

Capítulo 13: Como resistir às tentações, 37

Capítulo 14: Como evitar o juízo temerário, 39

Capítulo 15: As obras feitas por amor, 40

Capítulo 16: Como conviver com os defeitos dos outros, 41

Capítulo 17: A vida religiosa, 42

Capítulo 18: Os exemplos dos antigos mestres espirituais, 42

Capítulo 19: As virtudes do bom religioso e da boa religiosa, 44

Capítulo 20: O amor à solidão e ao silêncio, 46

Capítulo 21: O sentimento de pesar do coração, 49

Capítulo 22: Considerações sobre a miséria humana, 51

Capítulo 23: Meditação sobre a morte, 53

Capítulo 24: O juízo divino e a sorte dos pecadores, 56

Capítulo 25: A permanente conversão de nossa vida, 58

Livro II – Conselhos para a vida interior, 63

Capítulo 1: O que é a vida interior, 65

Capítulo 2: A total entrega, 67

Capítulo 3: Quem é bom e pacífico, 68

Capítulo 4: Mente aberta e intenção pura, 69

Capítulo 5: Autocrítica, 70

Capítulo 6: A alegria da boa consciência, 71

Capítulo 7: O amor a Jesus sobre todas as coisas, 72

Capítulo 8: A íntima familiaridade com Jesus, 73

Capítulo 9: Como agir diante do desamparo, 74

Capítulo 10: Agradecimento pela graça de Deus, 77

Capítulo 11: Amar desinteressadamente a cruz de Jesus, 79

Capítulo 12: A estrada real da santa cruz, 80

Livro III – A consolação interior, 87

Capítulo 1: A íntima comunhão de Cristo com seu fiel seguidor, 89

Capítulo 2: A verdade nos fala interiormente sem o estrépito das palavras, 90

Capítulo 3: Ouvir com humildade as palavras de Deus, mesmo que muitos não as deixem ecoar interiormente, 91

Oração para implorar a graça da devoção, 92

Capítulo 4: Andar perante Deus em verdade e humildade, 93

Capítulo 5: Os admiráveis efeitos do amor divino, 94

Capítulo 6: As provações de quem verdadeiramente ama, 97

Capítulo 7: Esconder a graça sob o manto da humildade, 98

Capítulo 8: Não ter-se em grande conta aos olhos de Deus, 101

Capítulo 9: Deus, a última referência de tudo, 102

Capítulo 10: Como é doce, no meio do mundo, servir a Deus, 102

Capítulo 11: Examinar e integrar os desejos do coração, 104

Capítulo 12: A escola da paciência e a luta contra as paixões, 105

Capítulo 13: A obediência e a humilde aceitação, a exemplo de Jesus Cristo, 107

Capítulo 14: Submeta-te aos secretos desígnios de Deus para não te envaideceres de teus sucessos, 108

Capítulo 15: Como acolher e integrar os próprios desejos, 109

Oração: Se faço tudo corretamente, Deus o completará, 110

Capítulo 16: A verdadeira consolação só se encontra em Deus, 110

Capítulo 17: Entregue todo o teu cuidado a Deus, 111

Capítulo 18: A exemplo de Cristo, suportar serenamente as misérias temporais, 112

Capítulo 19: Tolerar as injúrias e ser verdadeiramente paciente, 113

Capítulo 20: Reconhecer a própria fraqueza e as limitações desta vida, 115

Capítulo 21: Repousar em Deus vale mais do que todos os bens e dons, 116

Capítulo 22: Recordação dos inumeráveis benefícios divinos, 118

Capítulo 23: Quatro coisas produzem felicidade, 120

Oração contra os maus pensamentos, 121

Oração para pedir a iluminação do Espírito, 121

Capítulo 24: Não se deve esquadrinhar a vida alheia, 122

Capítulo 25: A inabalável paz do coração e o verdadeiro progresso, 123

Capítulo 26: Alcança-se a excelência da liberdade interior antes pela oração humilde do que pelas muitas leituras, 124

Capítulo 27: O amor-próprio é o que mais afasta do Sumo Bem, 125

Oração para alcançar a pureza de coração e a sabedoria celestial, 126

Capítulo 28: Contra as más línguas, 127

Capítulo 29: Invocar e bendizer a Deus durante a aflição, 127

Capítulo 30: Pedir o auxílio divino e confiar na recuperação da graça, 128

Capítulo 31: Encontrar o Criador através das criaturas, 130

Capítulo 32: Renunciar a si mesmo e libertar-se de toda cobiça, 132

Capítulo 33: O coração é instável, mas a intenção final deve ser dirigida a Deus, 133

Capítulo 34: Quem ama saboreia Deus sobre e em todas as coisas, 134

Capítulo 35: Nesta vida não há segurança contra a tentação, 135

Capítulo 36: Contra os vãos juízos das pessoas, 136

Capítulo 37: A resignação pura e íntegra para ganhar a liberdade interior, 137

Capítulo 38: O bom comportamento exterior e o auxílio de Deus nos perigos, 138

Capítulo 39: Não sejas impaciente em tuas ocupações, 139

Capítulo 40: Ninguém por si mesmo tem algo de bom, por isso não tem sentido se envaidecer, 140

Capítulo 41: O desapego de toda a honra terrena, 142

Capítulo 42: Não deves procurar a paz nos outros, 142

Capítulo 43: Cuidado com a ciência vaidosa e mundana, 143

Capítulo 44: Não te deixes seduzir pelas coisas exteriores, 144

Capítulo 45: Não dês crédito a todos e não descuides das palavras, 145

Capítulo 46: Confie em Deus quando te dirigem palavras ofensivas, 147

Capítulo 47: Suportar coisas graves por causa da vida eterna, 149

Capítulo 48: O dia da eternidade e as agruras desta vida, 150

Capítulo 49: O desejo da vida eterna e os bens prometidos aos que lutam, 153

Capítulo 50: Coloque tuas angústias nas mãos de Deus, 155

Capítulo 51: Incapaz de fazer grandes coisas, realiza obras humildes, 158

Capítulo 52: Não te julgues merecedor de consolações, mas de correções, 159

Capítulo 53: A graça de Deus não se comunica a quem é apegado às coisas terrenas, 160

Capítulo 54: As duas lógicas: a da natureza e a da graça, 161

Capítulo 55: A corrupção da natureza e a eficácia da graça, 165

Capítulo 56: Renuncie a ti mesmo e siga Cristo pela cruz, 167

Capítulo 57: Não desanimes se cometeres algumas faltas, 168

Capítulo 58: De nada vale especular sobre os ocultos desígnios de Deus, 170

Capítulo 59: Coloque só em Deus toda esperança e confiança, 173

Livro IV – O sacramento do Altar, 175

Capítulo 1: Com quanta reverência devemos receber Cristo, 177

Capítulo 2: Nesse sacramento se mostra a grande bondade e o amor de Deus, 181

Capítulo 3: A utilidade da Comunhão frequente, 183

Capítulo 4: Os admiráveis benefícios da devota Comunhão, 185

Capítulo 5: A dignidade do sacramento e do estado sacerdotal, 187

Capítulo 6: Preparação para a Santa Comunhão, 189

Capítulo 7: Examine a consciência e faça um firme propósito, 189

Capítulo 8: O sacrifício de Cristo na cruz e sua resignação, 191

Capítulo 9: Ofereça-te totalmente a Deus e ore por todos, 192

Capítulo 10: Não deixes de comungar por um motivo insignificante, 194

Capítulo 11: O Corpo de Cristo e a Sagrada Escritura são sumamente necessários à vida espiritual, 196

Capítulo 12: A zelosa preparação para a Sagrada Comunhão, 199

Capítulo 13: Aspira com todo o coração à união com Cristo no sacramento, 201

Capítulo 14: O ardente desejo de receber o Corpo de Cristo, 202

Capítulo 15: A graça da devoção como fruto do humilde despojamento de si mesmo, 204

Capítulo 16: Revele tuas necessidades a Cristo e peça a sua graça, 205

Capítulo 17: O ardente amor e o veemente desejo de receber a Cristo, 206

Capítulo 18: Que ninguém curiosamente investigue esse sacramento, mas seja um humilde seguidor de Cristo, submetendo a razão à fé, 208

Livro V – Seguimento de Jesus nos caminhos da vida, 211

Capítulo 1: Deus não é a solidão do Uno, mas a comunhão dos Três, 213

Capítulo 2: A revelação é a total autoentrega de Deus, 216

Capítulo 3: A família divina assume a família humana, 217

Capítulo 4: O mistério do mundo, 219

Capítulo 5: Por que existe alguma coisa e não prevaleceu o nada?, 221

Capítulo 6: A grande florada da evolução: o surgimento da vida, 223

Capítulo 7: Aplaude o universo: irrompeu a vida humana, 226

Capítulo 8: O Deus-Trindade emergiu em nossa história, 229

Capítulo 9: A origem de Jesus: nosso Irmão e Libertador, 231

Capítulo 10: Pai nosso/pão nosso: o projeto de Jesus, 235

Capítulo 11: O suspiro dos povos: venha o vosso Reino, 240

Capítulo 12: Perdoa nossas dívidas assim como nós também perdoamos os nossos devedores, 241

Capítulo 13: A ética de Jesus: o amor incondicional e a ilimitada misericórdia, 244

Capítulo 14: O Reino e o antirreino: a execução do Messias, 247

Capítulo 15: A ressurreição como a realização do Reino de Deus na pessoa de Jesus, 251

Capítulo 16: O Cristo cósmico que enche e anima o universo, 252

Capítulo 17: Não vivemos para morrer, morremos para ressuscitar, 254

Capítulo 18: Os dois braços do Pai: o Cristo e o Espírito, 256

Capítulo 19: Ama e cuida da Terra, nossa Mãe e Casa Comum, 257

Capítulo 20: Liberta o pobre e o oprimido: nossos Cristos crucificados, 259

Capítulo 21: Quem tem o amor tem tudo, 261

Capítulo 22: A amizade: forma desinteressada do amor, 263

Capítulo 23: A solidariedade a partir dos últimos, 264

Capítulo 24: O cuidado necessário para salvar a vida, 265

Capítulo 25: A cordialidade calorosa, 267

Capítulo 26: A ternura expressa e alimenta o amor, 269

Capítulo 27: Aprenda a integrar o masculino e o feminino, 270

Capítulo 28: Carregue a cruz para alcançares a ressurreição e aprenda a conviver com as luzes e as sombras, 273

Capítulo 29: Fora dos pobres não há salvação, 275

Capítulo 30: Saiba festejar e celebrar a vida, 277

Capítulo 31: A meta a alcançar: a paz universal e perpétua, 278

Livro I

RECOMENDAÇÕES ÚTEIS PARA A VIDA ESPIRITUAL

Capítulo 1: A imitação de Cristo e o desapego de todas as vaidades do mundo

1. *Quem me segue não anda nas trevas*, diz o Senhor (Jo 8,12). São estas as palavras de Cristo, pelas quais somos convidados a seguir seus passos e a imitar suas atitudes, se verdadeiramente queremos superar toda cegueira do coração. Este é o nosso grande propósito: entregarmo-nos à meditação da vida de Jesus Cristo.

2. A mensagem de Cristo é mais excelente do que a de todos os santos e santas juntos. Quem viver segundo seu Espírito encontrará um maná escondido. Ocorre que muitos ouvem frequentemente o Evangelho, mas não sentem o reencantamento pela vida espiritual porque não possuem o Espírito de Cristo. Somente quem procura modelar toda a sua vida àquela de Cristo entende e saboreia sua mensagem.

3. Que adianta discorreres eruditamente sobre o Mistério da Santíssima Trindade se não és humilde, desagradando destarte a mesma Trindade? Na verdade, não são palavras elegantes que fazem o ser humano justo, mas é a vida marcada pelas virtudes que o torna agradável a Deus. Prefiro sentir o arrependimento dentro de mim do que saber defini-lo. Se soubesse de cor toda a Bíblia e conhecesse todas as correntes filosóficas e teorias científicas, de que me serviriam todos esses conhecimentos sem o amor a Deus e a graça de Deus? *Vaidade das vaidades, e tudo é vaidade* (Ecl 1,2), se não estiver enfocado em Deus e no serviço a Ele. A suprema sabedoria é esta: passando pelo mundo chegar ao Reino dos Céus.

4. O que quer dizer *vaidade das vaidades*? Vaidade é procurar as riquezas fugazes e pôr sua confiança nelas. Vaidade é

ambicionar honras e buscar um *status* elevado. Vaidade é satisfazer todos os impulsos da natureza e depois ser castigado por um terrível vazio. Vaidade é desejar longa vida, descuidando de que seja boa. Vaidade é só pensar na vida presente e afastar do horizonte toda perspectiva de uma vida futura. Vaidade é perder-se nas coisas fúteis e passageiras, ao invés de buscar aquilo que é permanente e definitivo: a felicidade que sempre dura. Lembra-te com frequência do provérbio: *os olhos não se fartam de ver nem os ouvidos de ouvir* (Ecl 1,8).

5. Portanto, que teu coração não se perca no amor das coisas visíveis a ponto de perderes a afeição pelas invisíveis. Se permaneceres refém daquelas sensíveis, estas macularão a tua consciência e te levarão a perder a graça de Deus.

Capítulo 2: O humilde juízo de si mesmo

1. Todos têm o desejo natural de saber. Mas não basta saber. Junto com ele deve vir o amor a Deus. Está melhor diante de Deus o simples camponês que vê a energia divina na natureza do que o pensador soberbo que apenas observa o curso das estrelas e não cultiva o cuidado de si mesmo. Quem conhece a si mesmo não se ensoberbece nem dá importância aos louvores humanos. Se eu conhecesse tudo o que há no mundo e não tivesse amor, o que serviria isso diante de Deus, que me julgará considerando minhas obras?

2. Modere teu desejo desordenado de saber por que nele há muita divagação e decepção. Os cientistas gostam de ser vistos e tidos por sábios. Muitas coisas há cujo conhecimento pouco ou nada nos ajuda na vida. É insensato ocupar-se de coisas que não têm nada a ver com a nossa salvação. As muitas palavras não saciam o espírito; mas uma boa palavra oxigena a mente, e uma consciência pura alimenta grande confiança em Deus.

3. Quanto mais e melhores saberes acumulares tanto mais rigorosamente serás julgado por Deus, a não ser que tenhas vivido mais santamente. Não queiras te envaidecer com qualquer conhecimento ou arte que recebeste; antes, com temor, acolha o que te foi comunicado. Se presumires que sabes e entendes bem muitas coisas, lembra-te de que é muito mais o que ignoras. *Não te vanglorias de tua grande sabedoria* (Rm 11,20); antes, reconheça a tua ignorância. Como queres que alguém prefira a ti, quando se encontram mais doutos do que tu e mais versados na lei? Se queres saber alguma coisa que valha a pena, ama ser desconhecido e ser tido por nada.

4. Esta é a lição melhor e a mais útil: conhecer a si mesmo e não ter-se em alta conta. Não pensar que é grande coisa e sempre pensar bem e favoravelmente dos outros, esta é a grande sabedoria e a perfeição. Se vires alguém pecar publicamente ou cometer algo grave, nem por isso te julgues melhor, pois não sabes por quanto tempo perseverarás no bem. Todos somos frágeis, e não deves considerar ninguém mais frágil que tu mesmo.

Capítulo 3: Os ensinamentos da verdade

1. Feliz daquele que se deixa ensinar pela Verdade; não por figuras ou por ouvir dizer que são vozes que passam, mas assim como ela é. Nossa opinião e nosso sentimento muitas vezes nos enganam e possuem pouco alcance. Não te entregues a coisas esotéricas, sempre obscuras, de cuja ignorância não seremos julgados. Ao contrário, grande louvor merece aquele que se concentra nas coisas necessárias e úteis para a vida. Não aceites as solicitações por curiosidade e por coisas danosas. Mesmo tendo olhos, não as vemos (cf. Jr 5,21).

2. Que adianta conheceres os filósofos e suas escolas se deles não tiras lições sábias para a tua vida? Coloque-te sempre sob

a vigência do Verbo eterno e te verás livre de muitas questões. Desse Verbo único procedem todas as coisas e todas as coisas falam dele: Ele é também o *Princípio que nos fala* (Jo 8,25). Ninguém sem Ele entenderá qualquer coisa nem retamente ajuíza. Nele todas as coisas são um, tudo é atraído por esse um e tudo verá nesse um. Então terás um coração tranquilo e em Deus estarás pacificado. "Ó Deus de Verdade: fazei-me um convosco no eterno amor! Canso-me frequentemente lendo e ouvindo sobre tantas coisas. Mas em ti encontro tudo o que quero e desejo. Calem-se todos os sábios e doutos. Emudeçam todas as criaturas. Falai-me somente vós."

3. Quanto mais concentrado e mais simples de coração te mostrares, mais coisas sublimes, sem maior esforço, entenderás porque estarás sob a ação da luz da inteligência do alto. Não te distraias com as muitas ocupações e preocupações. Antes, coloque Deus no centro de tudo, e não o teu interesse. Para essa diligência mantenha o espírito puro, singelo e sempre aberto. Se bem reparares, são os afetos desordenados que trazem perturbações e inquietações para o coração. A pessoa sensata e madura orienta suas ações exteriores a partir de seu interior. Não permitas que as paixões te levem a práticas irresponsáveis. Antes, submeta-as ao arbítrio da reta razão. Haverá combate mais duro do que vencer a si mesmo? Este é o grande desafio: vencermos a nós mesmos, tornarmo-nos cada dia mais fortes e, de alguma forma, progredirmos no bem.

4. Toda perfeição nesta vida vem misturada com alguma imperfeição, e toda a nossa reflexão vem acolitada de sombras. O caminho mais certo para Deus é humildemente conhecer a si mesmo mais do que as profundas pesquisas da ciência. Não se há de reprochar a ciência ou qualquer outro conhecimento da realidade. Em si ela é boa e se ordena a Deus; no entanto, é sempre preferível a boa consciência e a vida de virtudes. Muitos, porém,

estudam mais para saber do que para viver bem; por isso, muitas vezes erram e pouco ou mesmo nenhum fruto colhem.

5. Não raro empenhamos mais tempo e razão em discussões irrelevantes e fúteis do que em apoiar vidas exemplares e reforçar as virtudes. Se isso fizéssemos, haveria muito menos escândalos na sociedade e menos relaxamento na vida espiritual nas igrejas e nos mosteiros. Tome isso a sério: no juízo final não seremos perguntados pelo que temos lido, mas pelo como temos agido; nem quão elegantemente temos falado, mas quão honestamente temos vivido. Dize-me: onde estão agora todos aqueles senhores e mestres que louvavas quando apareciam em público e ensinavam nas academias? Outros tinham muitos títulos e recebiam altos proventos; quem se lembra deles? Em vida parecia que valiam muito, mas agora ninguém mais fala deles.

6. Ó como passa depressa a glória do mundo. Como ela é fugaz e passageira. Aqueles cuja vida correspondeu à ciência não terão estudado e aprendido em vão; colherão frutos perenes. Mas para outros a ciência não lhes serviu para serem melhores e para descortinarem mais facetas do mistério de Deus. Quiseram ser grandes ao invés de humildes; por isso se evaporam em *seus* pensamentos (cf. Rm 1,21). Verdadeiramente grande é aquele que possui grande amor. Mas verdadeiramente grande mesmo é aquele que se considera pequeno e não exalta demasiadamente seus feitos. Prudente é quem relativiza tudo o que é meramente temporal para ganhar a Cristo (Fl 3,8). Mas o mais sábio de todos é aquele que faz a vontade de Deus e renuncia a sua própria vontade.

Capítulo 4: A prudência nas ações

1. Não dês crédito a qualquer palavra nem à primeira impressão. Cautelosa e naturalmente pondere as coisas à luz de Deus. Infelizmente vemos e falamos dos outros mais o mal do

que o bem. Essa é a nossa debilidade. Mas as pessoas prudentes não creem levianamente em qualquer coisa que se lhes conta, pois conhecem a fraqueza humana, inclinada ao mal e pronta para pecar por palavras.

2. Grande sabedoria é não agir precipitadamente nem aferrar-se obstinadamente à sua própria opinião; sabedoria é também não acreditar em tudo o que nos dizem nem comunicar logo a outros o que ouvimos ou suspeitamos.

3. Aconselha-te com uma pessoa sábia e consciensiosa; é preferível ser instruído por outro, melhor que tu, do que seguires a tua própria ideia. A vida pautada por virtudes faz o ser humano sábio diante de Deus e entendido em muitas coisas. Quanto mais alguém for humilde diante de si mesmo e aberto para Deus tanto mais prudente e tranquilo será em todas as situações.

Capítulo 5: A leitura das Sagradas Escrituras

1. Nas Sagradas Escrituras devemos buscar a verdade, não a eloquência. Todo livro sagrado deve ser lido no mesmo espírito com o qual foi escrito. Nas Escrituras devemos antes buscar aquilo que nos edifica do que a sutileza da linguagem. Devemos encontrar agrado tanto na leitura dos livros simples e piedosos quanto nos complexos e profundos. Não repares a autoridade do autor, se é ou não de grandes dotes literários; ao contrário, procura com amor a pura verdade contida nos livros. Não procures saber quem o disse, mas considere o que se diz.

2. Nós humanos passamos, mas a *verdade do Senhor permanece eternamente* (Sl 116,2). Sem fazer acepção de pessoas, Deus nos fala de muitos modos. A nossa curiosidade, não raro, prejudica a nossa leitura dos textos sagrados, porque queremos compreender e discutir aquilo que deveria ser tomado singelamente assim como está escrito. Se queres tirar proveito, lê os textos com

humildade, simplicidade e fé, sem dar importância ao nome do autor. Pergunta de boa vontade e ouve calado as palavras dos santos e das santas; não deixes de escutar as opiniões das pessoas idosas porque elas não falam sem causa.

Capítulo 6: As paixões desordenadas

1. Toda vez que alguém deseja alguma coisa de forma desordenada logo se torna ansioso. O orgulhoso e o avarento nunca sossegam; entretanto, o humilde e pobre em espírito vivem cumulados de paz. Quem não sabe se controlar facilmente perde o seu centro e se sente perdido até em coisas pequenas e insignificantes. A pessoa espiritual, mas ainda um tanto carnal e propensa a seguir os sentidos exteriores, só a muito custo se liberta de todos os apegos materiais. Quando tem que renunciar a eles, com frequência fica abatida; quando alguém a contraria se irrita facilmente.

2. Quando, porém, essa pessoa alcança o que desejava é tomada logo de remorsos de consciência, porque cedeu à sua paixão que em nada ajuda para alcançar a tão ansiada paz. A verdadeira paz do coração resulta da capacidade de integração das paixões, e não simplesmente em entregar-se a elas. Somente quem cultiva o fervor espiritual conhece a paz do coração, e não aquele que descuida de suas paixões e se perde em exterioridades.

Capítulo 7: Como resistir à vã esperança e à presunção

1. Mostra insensatez quem põe sua esperança nos seres humanos ou nas criaturas. Não te envergonhes de pôr-te a serviço dos outros por amor a Jesus Cristo; e por isso seres tido como pobre neste mundo. Não confies demasiadamente em ti mesmo,

mas põe em Deus a tua esperança. Faça a tua parte como puderes e Deus acolherá a tua boa vontade. Mais do que em tua ciência e na habilidade dos outros, confie na graça de Deus, que eleva os humildes e rebaixa os presunçosos.

2. Se possues riquezas não te glories delas nem dos amigos poderosos; antes, glorie-te em Deus, que tudo dá e que se dá a si mesmo. Não te envaideças com a elegância e a beleza de teu corpo; basta uma pequena enfermidade e já te sentes fraco e perdes a tua forma. Não te orgulhes de teus talentos e habilidades porque isso não agrada a Deus, de quem é todo o bem natural que tiveres.

3. Não te julgues melhor do que os outros para não seres considerado pior por Deus, que conhece tudo o que há no ser humano (cf. Jo 2,25). Não te envaideças por causa de tuas boas ações porque a avaliação humana é muito diferente da avaliação divina. Vai grande diferença entre o que agrada a Deus e o que agrada aos seres humanos. Se existe algum bem em ti, lembra-te que outros podem ser ainda melhores que tu. Dessa forma, conservas-te na humildade. Nenhum mal te fará se te julgares menos do que os outros; entretanto, te fará mal se preferires a ti sobre qualquer outra pessoa. O humilde goza de permanente paz. No coração do orgulhoso, porém, reina inveja e amarguras sem conta.

Capítulo 8: Não cultivar excessiva familiaridade

1. *Não abras o coração a qualquer pessoa* (Eclo 8,22), mas trata teus problemas com alguém dotado de sabedoria e de amor a Deus. Com pessoas estranhas, converse pouco. Não bajules os ricos nem busques aparecer muito junto aos poderosos. Busca a companhia dos humildes e dos simples, dos religiosos e dos moderados, e converse com eles sobre assuntos que possam te enriquecer. Evite demasiada intimidade com mulheres, mas

inclua-as em tuas orações. Cultive, antes, grande familiaridade com Deus e seus anjos, e evite seres conhecido pelos homens.

2. Amor se deve ter para com todos, embora nem com todos se tenha intimidade. Muitas vezes ocorre que uma pessoa desconhecida goza de boa reputação, mas tua presença não é bem-aceita pelos outros. Às vezes pensamos que com nossa intimidade agradamos os outros e esquecemos que eles podem se decepcionar com os defeitos que vão descobrindo em nós.

Capítulo 9: A obediência como expressão de liberdade

1. É coisa grande viver na obediência, sob a direção de um superior, e renunciar ao próprio direito. É muito mais seguro obedecer do que mandar. Muitos obedecem mais por necessidade do que por amor; por isso, sofrem e com facilidade murmuram. Enquanto não se sujeitarem de todo o coração por amor a Deus jamais alcançarão a liberdade de espírito. Andas para lá e para cá; não acharás repouso senão na humilde adesão ao superior. A muitos têm iludido imaginar-se em outros lugares ou querer transferências.

2. É verdade que cada um gosta de agir segundo seu próprio pensamento e se aproxima mais daquele que pensa como ele. Entretanto, se Deus está entre nós, é necessário que renunciemos às vezes à nossa opinião em razão da paz. Quem é tão sábio que possa saber tudo completamente? Portanto, não confies demasiadamente em tua opinião, mas queira de boa vontade escutar o pensamento dos outros. Se tua opinião for boa e renunciares a ela, por amor a Deus, para seguir a dos outros, ganharás muito com isso.

3. Com efeito, ouvi muitas vezes: é mais seguro ouvir e acolher o conselho dos outros do que dá-lo. Pode bem ser que a opinião do outro seja acertada; agora não querer conceder nada

aos outros, quando a razão e as circunstâncias o aconselham, é sinal de soberba e de teimosia.

Capítulo 10: Precaver-se de conversas levianas

1. Evita, quanto puderes, o diz que diz das rodas porque perturbam a tua avaliação das coisas do mundo, mesmo quando feitas com reta intenção; pois bem depressa corres o risco de seres desmoralizado e ficares refém da vaidade. Oxalá tivesse eu calado muitas vezes ao invés de ter falado com os outros. Por que será que as conversas e as falas tão gostosamente nos atraem, sabendo que muitas vezes voltamos ao silêncio com peso na consciência? Gostamos tanto de falar porque através dessas coversas procuramos nos consolar mutuamente e desafogar o coração cansado pelas mais diversas preocupações. Normalmente nos compraz em falar e pensar, ora nas coisas que muito amamos e desejamos, ora nas que nos contrariam.

2. Infelizmente, tudo isso muitas vezes é vão e frustrante. Pois essa consolação exterior é muito prejudicial à consolação interior e divina. Urge, portanto, vigiar e orar para não desperdiçares ociosamente o teu tempo. Se te for permitido e for oportuno falar, fale de coisas edificantes. O mau costume e a negligência no nosso progresso espiritual contribuem muito para deixar a língua solta. Ajudam muito para o crescimento espiritual os colóquios devotos sobre assuntos espirituais, principalmente quando pessoas se juntam em Deus e pensam e sentem do mesmo modo.

Capítulo 11: A paz e o cuidado em progredir

1. Muita paz poderíamos gozar se evitássemos as intrigas e os acontecimentos alheios que não nos dizem respeito. Como pode ficar em paz por muito tempo aquele que se intromete em

assuntos alheios, que busca relações fora de seu círculo e assim deixa de se recolher interiormente? Bem-aventurados os simples porque hão de ter muita paz.

2. Por que tantos homens e mulheres espirituais alcançaram alto grau de perfeição e de contemplação? É que eles souberam controlar seus desejos e assim concentrar-se totalmente em Deus, e porque, na liberdade, buscaram a sua interioridade profunda. Nós, porém, damos demasiada importância às nossas emoções e nos entregamos excessivamente às coisas sem maior importância. Raramente submetemos ao controle algum vício que temos; não ardemos no desejo de progredir cada dia; por causa disso, a frieza e a indolência tomam conta de nós.

3. Se estivéssemos completamente mortos para nós mesmos e criado grande liberdade interior, então irromperia em nós o gosto pelas coisas espirituais e nos seria concedida a doçura da contemplação celeste. O maior empecilho reside no fato de não controlarmos nossas paixões e os desejos desordenados e também não darmos atenção ao caminho mostrado pelas pessoas espirituais. Como não temos força interior, desanimamos completamente e acabamos buscando consolações humanas.

4. Se nos esforçássemos por ficar firmes na luta, como soldados valentes, por certo veríamos descer a nós o socorro de Deus. Pois Ele está sempre pronto a nos auxiliar, desde que confiemos em sua graça. A luta é para a vitória. Se pensarmos que o nosso progresso espiritual se deriva somente da observância exterior, nosso esforço será de curta duração. Metamos o machado à raiz de nossos vícios e, assim, libertados, gozemos de paz interior.

5. Se nos propuséssemos a extirpar a cada ano um único vício, em breve alcançaríamos a perfeição. Mas o fato é que pensamos que no início de nossa caminhada espiritual éramos melhores e a nossa vida mais pura. O nosso fervor e o nosso aproveitamento deveriam crescer dia a dia; agora consideramos

ser grande coisa o fato de termos conservado algo do primitivo fervor. Se no início tivéssemos feito mais esforço, agora realizaríamos tudo com mais facilidade e com mais gosto.

6. Custa-nos abandonar velhos hábitos. Custa-nos ainda mais contrariar a nossa vontade. Mas se não venceres obstáculos pequenos e leves, como triunfarás sobre os maiores? Se quiseres evitar maiores dificuldades resiste desde o princípio às más inclinações e aos maus hábitos. Ó! se soubesses quanta paz e quanta alegria darias aos outros vivendo corretamente, seguramente cuidarias mais do teu progresso espiritual.

Capítulo 12: Como crescer com as adversidades

1. Bom é passarmos, algumas vezes, por crises e adversidades porque elas nos fazem pensar, nos purificam e nos fazem lembrar que a nossa situação neste mundo nunca é segura e que não podemos colocar nela totalmente nossa esperança. Bom é também encontrarmos pessoas que nos contradigam, que façam juízos severos e até maldosos sobre nós, mesmo quando nossas obras e intenções tenham sido boas. Tais coisas nos convidam a sermos humildes e a superarmos toda vanglória. Nessas circunstâncias, desprezados e desacreditados, somos levados a confiar unicamente no testemunho interior de Deus.

2. Por isso, a pessoa deve se apoiar tão fortemente em Deus, que não precisa mendigar consolações dos outros. Se ela for bem-intencionada, quando é atormentada por maus pensamentos sente com mais facilidade a necessidade de Deus. Sem Ele não pode, na verdade, fazer bem algum. Então se entristece, geme e chora pelas tribulações que padece. Causa-lhe tédio viver mais tempo e deseja a morte para se libertar deste mundo e estar com Cristo (cf. 2Cor 1,8; Fl 1,23). Compreende então que aqui não pode haver total segurança nem paz duradoura.

Capítulo 13: Como resistir às tentações

1. Enquanto vivemos neste mundo não estamos livres de trabalhos e tentações. Lemos no livro de Jó (7,1): *É uma luta a vida do ser humano sobre a terra.* Cada qual deve, pois, se acautelar contra as tentações mediante a vigilância e a oração, para não dar espaço às ilusões do demônio, que nunca dorme, mas *anda por toda a parte em busca a quem devorar* (1Pd 5,8). Ninguém é tão perfeito e confirmado em santidade que não tenha, por vezes, tentações. Ninguém está totalmente imune delas.

2. As tentações, por mais molestas e graves que se apresentem, são utilíssimas porque nos obrigam à humildade, à purificação e à aprendizagem. Todas as pessoas espirituais passaram por muitas tentações e crises, e com elas cresceram. Aquelas que não as enfrentaram foram reprovadas e derrotadas. Não há situação, por mais perfeita que seja, nem lugar, por mais solitário que se apresente, que seja um espaço livre de tentações e crises.

3. Ninguém, enquanto vive, está totalmente imune a tentações, porque em nós mesmos está a causa que as originam: a situação decadente na qual nascemos. Mal acaba uma tentação ou crise, eis que surge outra. Sempre temos que enfrentá-las com sofrimento porque perdemos o dom da felicidade matinal. Não são poucos os que procuram fugir às tentações. Mas dão de cara com outras. Não é suficiente a fuga para vencê-las. É pela perseverante paciência e pela verdadeira humildade que nos tornamos mais fortes do que todos os nossos inimigos.

4. De nada vale evitar somente as ocasiões exteriores sem antes arrancar as raízes. Sem essa diligência as tentações voltarão depressa e tornarão a situação ainda pior. Mas se confiares em Deus, aos poucos, com paciência e entrega, as vencerás mais facilmente do que utilizando a violência ou confiando no próprio esforço. Na tentação aconselha-te com alguém de confiança e

não sejas autocentrado. Nem sejas duro para com quem é tentado; procura, antes, apoiá-lo como gostarias de ser apoiado.

5. A origem de todas as tentações é a inconstância de espírito e a pouca confiança em Deus. Assim como as ondas lançam o navio de um lado para o outro, assim também as tentações assaltam a pessoa descuidada e inconstante em seu projeto fundamental. O fogo prova o ferro (Ecl 31,31) e a tentação, o justo. Ignoramos muitas vezes o poder que está em nós. Mas a tentação revela o que somos. Devemos nos manter vigilantes no princípio da tentação; é mais fácil vencer o inimigo quando não o deixamos entrar no coração. Devemos combatê-lo logo que bater à porta de nossa casa. Por essa razão disse alguém: *resiste desde o princípio, pois do contrário o remédio chega tarde demais e a tardança faz crescer o mal* (OVÍDIO. *Remed. Am.*, 91). Primeiro vem à mente um simples pensamento que alimenta uma perigosa fantasia; depois vem o prazer e os movimentos interiores; e assim, pouco a pouco somos tomados totalmente pelo inimigo perverso porque não lhe resistimos desde o começo. Quanto mais alguém descuida em lhe resistir tanto mais vulnerável se torna a cada dia, enquanto o inimigo se faz mais e mais forte.

6. Uns sofrem maiores tentações no começo de sua vida espiritual; outros, no fim; e outros, ainda, por toda a vida. Alguns, pela misteriosa sabedoria da providência divina são tentados levemente, em razão das circunstâncias específicas e, não em último lugar, pelo seu merecimento; mas Deus predispõe tudo para a salvação de todos.

7. Por isso, quando somos tentados não nos é permitido desesperar; antes, importa, em todas as tentações, pedir com fervor a ajuda divina, pois, no dizer de São Paulo, *Deus nos dará a graça suficiente para vencer a tentação* (1Cor 10,13). Portanto, em qualquer tentação e crise coloquemo-nos humildemente na palma da mão de Deus porque Ele irá salvar e engrandecer os que forem humildes de coração (cf. 1Pd 5,6; Sl 33,19).

8. Na maneira como alguém enfrenta as crises e as adversidades se verá se cresceu ou não. Nele se percebe se há ou não merecimento e se brilhará em virtudes. Não é grande coisa alguém ser religioso e devoto quando tudo lhe corre bem; mas se no tempo da tentação e em situação de crise conserva a paciência, então pode-se esperar dele grande progresso espiritual. Há aqueles que vencem as grandes tentações e caem frequentemente nas pequenas. Isso sucede para que, humilhados, não presumam de si grandes coisas, pois sucumbiram em tão pequenas.

Capítulo 14: Como evitar o juízo temerário

1. Preste atenção em teu olhar e guarda-te de julgar os comportamentos dos outros. Quem julga os demais perde tempo, quase sempre se engana e facilmente peca; mas examina-te e julga-te a ti mesmo e verás como será bom para ti. Comumente julgamos as coisas seguindo os impulsos do coração. O amor-próprio facilmente altera a retidão de nosso juízo. Se Deus fosse sempre o puro objeto de nosso desejo, não ficaríamos tão facilmente incomodados com as oposições que nos fazem.

2. Muitas vezes existe dentro ou fora de nós algo que nos fascina e que nos influencia. Muitos, sem perceber, buscam secretamente a si mesmos em tudo o que fazem. Parece até que gozam de boa paz na medida em que as coisas correm segundo seus desejos; quando isso, porém, por alguma razão, não acontece, se inquietam e se entristecem. Da diversidade de opiniões e de ideias frequentemente nascem discórdias entre amigos e vizinhos, e até entre pessoas devotas e religiosas.

3. Custa muito mudar um costume arraigado e ninguém renuncia de boa vontade o seu ponto de vista. Se confias mais em tua razão e em teu talento do que na graça de Nosso Senhor Jesus

Cristo, só rara e tardiamente serás iluminado; pois Deus quer que nos abramos totalmente a Ele para além de todas as razões humanas e nos inflamemos de seu amor.

Capítulo 15: As obras feitas por amor

1. Por nenhuma coisa do mundo, nem por amor a alguma pessoa, deve-se praticar qualquer mal; mas em favor de algum necessitado pode-se, algumas vezes, deixar de fazer alguma coisa boa, desde que a troquemos por outra melhor. Destarte, a obra boa não se perde e se converte em outra melhor. Sem o amor de nada vale a obra exterior; tudo, porém, que procede do amor, por insignificante e desprezível que seja, produz abundantes frutos. Deus não repara tanto a obra, mas a intenção com a qual ela é feita.

2. Muito faz aquele que muito ama. Muito faz quem faz bem o que faz. Bem faz quem serve mais ao bem comum do que ao seu bem particular. Muitas vezes parece amor aquilo que é mero amor-próprio. Deixando-nos guiar pela inclinação natural distorcida, buscamos atender a nossa vontade, o nosso interesse e a nossa esperança por mera recompensa.

3. Aquele que tem o verdadeiro amor em nada busca a si mesmo, mas deseja que tudo redunde em glória a Deus. Não inveja ninguém porque não lhe traz nenhum proveito pessoal; nem procura a felicidade em si; porquanto, para além de todos os bens encontra a alegria e a felicidade em Deus. O bem que encontra nas criaturas as refere a Deus, que é a fonte da qual tudo procede. Ele é o fim último que concede, a todos que se espiritualizaram, repouso feliz e eterno. Ó, quem possui uma centelha desse verdadeiro amor logo entende a relatividade de todos os demais valores terrenos.

Capítulo 16: Como conviver com os defeitos dos outros

1. Aquilo que alguém não pode emendar em si mesmo ou nos outros deve tolerar com paciência até que Deus disponha de outro modo. Considera que talvez seja melhor assim para provar a tua paciência, sem a qual nossos méritos não teriam grande valor. Todavia, no meio das dificuldades, convém pedir a Deus que te dê forças para que possas carregá-las com leveza.

2. Se alguém, após uma ou duas advertências, não se emendar, não rompas com ele; entregue tudo a Deus para que seja feita a sua vontade e seja Ele honrado em todos os seus filhos e filhas, pois Ele sabe tirar o bem do mal. Conviva com os defeitos dos outros, pois tu tens também muitas coisas que os outros têm de aturar. Se não consegues modificar a ti mesmo como desejas, como pretendes mudar os outros à medida de teus desejos? Desejamos muito que os outros sejam perfeitos, enquanto nós mesmos não nos emendamos de nossos defeitos.

3. Queremos que os outros sejam corrigidos com rigor e nós não queremos sequer ser repreendidos. Achamos estranho que a outros seja dada muita licença e nós mesmos não queremos que nos neguem o que pedimos. Queremos enquadrar os outros em normas e leis e não toleramos nenhum constrangimento que nos traga alguma limitação. Por aí se percebe claramente que raras vezes tratamos o próximo como a nós mesmos. Nem todos são perfeitos; por isso sofremos por causa deles, mas devemos sofrer por amor a Deus.

4. Ora, Deus assim o dispôs para que aprendamos a carregar os fardos uns dos outros (Gl 6,2); porque não há ninguém sem defeito, ninguém sem carga, ninguém com sabedoria suficiente para si mesmo, mas cumpre que convivamos e que nos suportemos uns aos outros; nos consolemos, nos auxiliemos, nos instruamos e nos aconselhemos. Quanto mais virtude alguém possui, melhor esta

se manifesta por ocasião das dificuldades; as ocasiões não fazem alguém fraco, apenas revelam o que ele realmente é.

Capítulo 17: A vida religiosa

1. Se quiseres ter paz e concórdia com os outros, aprende a renunciar a muitas coisas. Não é fácil viver nos mosteiros ou em alguma comunidade religiosa sem queixas e perseverar fielmente até a morte. Bem-aventurado é aquele que vive aí bem-integrado e termina a vida com um fim feliz. Se quiseres permanecer firme em teu propósito e crescer espiritualmente, saiba que és peregrino nesta terra e mantenha sempre o coração ancorado em Deus. Se quiseres seguir a vida religiosa, torna-te loucamente apaixonado pelo amor de Cristo.

2. Pouco conta o hábito religioso e a tonsura. O que faz o verdadeiro religioso ou religiosa é a mudança de costumes e o controle sobre suas paixões. Quem não dá centralidade a Deus e à busca da santificação pessoal só encontrará angústias e desgostos. Não pode ficar por muito tempo em paz quem não procura ser o menor e o mais prestativo de todos. Vieste para servir, e não para mandar; lembra-te que foste chamado a trabalhar e para enfrentar todas as dificuldades, e não para desfrutar a vida e passar o tempo ociosamente ou em conversas. Aqui, pois, prova-se o verdadeiro religioso ou religiosa, à semelhança do ouro colocado no cadinho. Se não viver na humildade, de todo o coração, por amor a Deus, não perseverará.

Capítulo 18: Os exemplos dos antigos mestres espirituais

1. Contempla os belos exemplos dos antigos mestres espirituais que chegaram à grande perfeição, então verás que pouco ou

quase nada fizemos. O que é a nossa vida em comparação com a deles? Eles serviram ao Senhor sob fome e sede, sob frio e nudez, sob trabalhos e fadigas, sob vigílias e jejuns, sob orações e longas meditações, sob perseguições e ofensas.

2. Quantas e quão graves adversidades sofreram os apóstolos, os mártires, os confessores, as virgens e todos quantos se puseram no seguimento de Cristo. Viviam no tempo, mas seu espírito estava sempre voltado para a eternidade. Especialmente os Padres do Deserto, os primeiros monges cristãos, viveram em grande austeridade. Suportaram todo tipo de tentações; foram atormentados pelo inimigo da vida. Mas se fortificaram com fervorosas orações dirigidas a Deus. Praticaram grandes abstinências por amor a Deus. Com zelo e fervor buscavam sempre o crescimento espiritual. Fizeram guerra contra si mesmos para manter sob controle as paixões. Buscaram sempre a Deus com mente pura e reta intenção. Durante o dia trabalhavam fazendo cestos enquanto rezavam mentalmente e passavam as noites em longas orações.

3. Utilmente empregavam todo o tempo disponível; toda hora passada no convívio com Deus lhes parecia breve. Entregavam-se tão profundamente às meditações que esqueciam de comer. Renunciavam a todas as riquezas, títulos, honrarias, amigos e parentes, nada reservando para si. Tomavam o indispensável para a vida e satisfaziam com parcimônia as exigências da natureza. Assim, eram pobres em bens materiais, mas muito ricos em bens espirituais, em virtudes e graças. Exteriormente lhes faltava tudo; interiormente, porém, tinham tudo o que significa graças e consolações divinas.

4. Aos olhos do mundo pareciam exóticos, mas eram íntimos e familiares amigos de Deus. Não se tinham em grande conta e o mundo os olhava com desdém; mas eram preciosos e queridos aos olhos de Deus. Cultivavam profunda humildade,

escutavam Deus em todas as coisas e viviam profundo amor e grande paciência; assim, cada dia cresciam em progresso espiritual e mais agradavam a Deus. Estes nos foram dados por Deus como modelos de vida interior; eles nos estimulam mais no caminho espiritual do que a multidão de mestres e doutores que andam por aí.

5. Oh!, quanto fervor os homens espirituais mostravam nos primeiros tempos de vida religiosa e quanta piedade em suas orações; que emulação nas virtudes; quão severa então vigorava a disciplina; que respeito e atenção davam às palavras de sabedoria do superior. Os exemplos que deixaram atestam que eram pessoas que buscavam a perfeição e a santidade vencendo em duros combates as solicitações do mundo. Hoje, ao contrário, já se considera grande quem não transgride a regra da comunidade e com paciência suporta o peso da vida cotidiana.

6. Hoje constatamos frouxidão e desleixo na vida religiosa, abandonando apressadamente o primeiro fervor. Essa frouxidão e negligência nos decepcionam. Oxalá tu não esmoreças na busca das virtudes, já que consideraste tantos belos exemplos de perfeição.

Capítulo 19: As virtudes do bom religioso e da boa religiosa

1. A vida de quem vive a opção religiosa deve vir ornada de todas as virtudes para que haja correspondência entre o interior e o exterior e seja percebida pelas pessoas. Deve ser perfeito mais no interior do que no exterior, pois o alcança o olhar cuidadoso de Deus, a quem devemos suma reverência; pouco importa o lugar em que estivermos, devemos andar em sua presença como os anjos. Cada dia devemos renovar nosso propósito e crescer em fervor como se fosse o primeiro dia de nossa conversão. Devemos suplicar a Deus: Confirmai-me, Senhor, meu Deus, nesse

meu bom propósito e no vosso santo serviço; concedei-me começar hoje mesmo, pois até agora nada fiz.

2. A medida de nossa disposição será o nosso progresso, e grande empenho exige a vontade de crescer. Se aquele que toma enérgicas resoluções tantas vezes cai, que será daquele que as toma raramente ou com menos empenho? Ocorre, porém, que de vários modos abandonamos o nosso propósito. Qualquer omissão em nosso esforço quase sempre nos traz algum dano. Nosso propósito deve se firmar mais na graça de Deus do que em nossa sabedoria. Em qualquer iniciativa que tomarmos deve-se confiar sempre nesta graça. A pessoa propõe, mas Deus dispõe, nem cabe a nós conhecer o seu caminho para nós.

3. Quando por motivo de compaixão ou na vontade de ajudar o próximo se deixa o caminho costumeiro da virtude, saiba que não estás abandonando o costumeiro caminho, nem te sintas culpado por esse aparente afastamento. Mas mantenha-te firme em teu propósito de crescer espiritualmente. Se articulares bem o interior com o exterior, ambos te reforçam em teu aproveitamento.

4. Se não podes continuamente estar recolhido, recolhe-te de vez em quando, ao menos uma vez ao dia, de manhã ou de noite. De manhã faça bons propósitos e à noite faça um exame de teus atos. Examine tuas palavras, tuas atitudes e pensamentos, porque nisso tudo poderás ter ofendido a Deus e ao teu próximo. Previna-te corajosamente contra as armações do demônio. Controla a tua gula, e assim mais facilmente refrearás o teu apetite carnal. Nunca estejas de todo desocupado; antes lê, escreva, reza, medita ou faze alguma coisa da qual todos possam se beneficiar. Veja quais exercícios corporais te são adequados, pois nem todos valem para todos.

5. As coisas que não são comuns a todos não devem ser ostentadas para fora; aconselhável é praticá-las privadamente. Não sejas negligente nos exercícios prescritos pelas regras da comuni-

dade nem coloques os particulares antes daqueles. Mas depois de teres cumprido fielmente com as obrigações prescritas, se te sobrar algum tempo, ocupa-te com exercícios que achares melhor para ti. Nem todos podem ter o mesmo exercício, pois um convém mais a esse e o outro àquele. Até o tempo tem a sua função ao definir aquelas práticas que te parecem mais atrativas e apropriadas; pois algumas convêm mais nos dias festivos, outras nos dias comuns; de umas precisamos quando passamos por alguma dificuldade, e de outras quando gozamos de paz e de sossego. Sobre algumas gostamos de meditar quando estamos tristes, e em outras quando estamos alegres.

6. Quando chegarem as festas principais devemos renovar nossos bons exercícios espirituais e com mais fervor implorar o auxílio dos céus. Entre uma e outra festividade devemos nos preparar como se tivéssemos que deixar este mundo e ingressar na festa eterna. Por isso devemos nos preparar diligentemente com mais devoção e piedade, esmerando-nos na vivência das regras comunitárias, como se em breve recebêssemos o prêmio de todo o nosso esforço e trabalho.

7. Se essa hora do prêmio for adiada, estejamos certos de que ainda não estávamos suficientemente preparados nem dignos de tão grande glória que, a seu tempo, será revelada em nós no momento supremo de nossa grande passagem para Deus. *Bem-aventurado o servo*, diz o Evangelista São Lucas (12,37.43), *a quem o Senhor, quando vier, o encontrar vigiando; em verdade vos digo que o constituirá sobre todos os seus bens*, quer dizer, receberá o prêmio de tudo o que tiver acumulado em bons atos e exímias virtudes.

Capítulo 20: O amor à solidão e ao silêncio

1. Procura tempo adequado para cuidar de ti mesmo e pensa com frequência nas graças recebidas de Deus. Renuncia às

meras curiosidades e escolhe leituras tais que possam te inspirar bons pensamentos mais do que distrações. Se te abstiveres de conversações vazias e de passeios inúteis, como também de ouvir novidades e boatos, acharás tempo suficiente para te entregares a frutuosas meditações. Os maiores santos evitavam, na medida do possível, a companhia desnecessária das pessoas; mas sem deixar de atendê-las, preferiam retirar-se para estar com Deus.

2. Disse alguém: *sempre que estive entre os humanos, menos humano voltei* (SÊNECA. *Epist.* 7). Fazemos essa experiência quando falamos demais. Melhor é calar-se do que viver falando sem parar. É preferível ficar quieto em casa do que estar na rua sem o necessário cuidado. Quem, pois, pretende se desenvolver na vida interior e espiritual precisa distanciar-se do reboliço das ruas. Quem gosta de viver recolhido, este não precisa temer os riscos quando aparecer em público. Somente sabe falar quem sabe calar. Ninguém seguramente manda senão aquele que aprendeu a escutar os outros. Não pode haver alegria serena sem o testemunho de uma consciência pura.

3. A segurança das pessoas espirituais sempre vem acompanhada pelo amor a Deus. Pelo fato de resplandecerem em eminentes virtudes e graças, cuidam de si mesmas com grande humildade. A segurança dos maus, porém, funda-se na soberba e na presunção, e acaba mostrando-se enganosa. Nunca te dês por seguro nesta vida, ainda que pareças muito espiritual e um bom religioso.

4. Muitas vezes os melhores no conceito geral correram graves perigos por causa de sua excessiva confiança. Por isso, para muitos não é de todo ruim terem algumas tentações, porque assim se obrigam a combatê-las, deixam de confiar demasiadamente em si mesmos nem soberbamente se exaltam, e tampouco são levados a buscar realizações meramente exteriores. Ó, como teria uma consciência pura quem não se fixasse em alegrias pas-

sageiras nem colocasse seu cuidado em coisas puramente mundanas. Que inarredável paz e profunda alegria gozaria quem se livrasse de vãos cuidados e, pondo toda sua confiança em Deus, cuidasse verdadeiramente das coisas que valem a pena para o desenvolvimento espiritual.

5. Só é digno das consolações divinas quem estiver em paz com sua consciência. Retira-te, pois, em teu quarto, deixe para trás todas as preocupações e faça o que está escrito: *medita em teu repouso e guarde silêncio* (Sl 4,5). Em teu quarto acharás aquilo que muitas vezes perdes fora dele. Acostuma-te a viver tranquilo em teu quarto, caso contrário ele te produzirá aborrecimento. Se te acostumares a ele logo no começo de teu caminho espiritual, será depois para ti um companheiro querido e um espaço de satisfação interior.

6. No silêncio e na atmosfera de serenidade crescerás em tua dimensão espiritual e chegarás a atinar com os segredos das Escrituras. Aí encontrarás a fonte de inspirações que te elevam para mais perto de Deus. E tanto mas perto estarás dele quanto mais te livrares das coisas que te criam dependências indesejáveis. Essa proximidade vale mais do que fazer milagres. Louvor merece quem, sem deixar os amigos e mesmo sendo observado pelos outros, ainda assim se sente próximo de Deus.

7. Evita solicitações exteriores, pois *passa o mundo e as suas vaidades* (1Jo 2,17). A inclinação natural convida a passeios que, muitas vezes, não trazem nenhuma alegria interior. Muitos saem alegres e voltam tristes. Bom é o passeio que enriquece e que, no final, deixa a consciência tranquila, porque nada de excessivo foi feito.

8. Que poderás ver em outro lugar que aqui não vejas? Eis: aqui tens o céu, a terra e todos os elementos do universo com os quais todas as coisas são feitas. Eles são parte do desígnio divino e pertencem ao Reino de Deus. Lembra-te, contudo, que nada é estável debaixo do sol nem dura por muito tempo. Por isso, tais coisas não te poderão satisfazer completamente. Se nelas colocas

toda tua expectativa verás que te entregaste a uma fantasia. O contrário acontece se te elevas a Deus e procuras corrigir-te de teus defeitos e pecados. Só pessoas fúteis confiam em vaidades vazias. Que não seja esta a tua atitude. Antes, abraça-te ao bom Jesus. Em nenhum lugar no mundo encontrarás mais paz do que junto dele, muito menos no diz que diz e em outras curiosidades que apenas trazem intranquilidade para o coração.

Capítulo 21: O sentimento de pesar do coração

1. Se quiseres fazer algum progresso espiritual cultive o amor a Deus e use bem a tua liberdade; disciplina tuas paixões e não busques alegrias fáceis. Se sentires pesar em teu coração isto te ajudará em tua busca de Deus. O pesar do coração pelo mal que tiveres cometido te faz descobrir tesouros que de outra forma jamais descobririas. Nunca podemos nesta vida gozar de perfeita alegria porque somos peregrinos neste mundo e sujeitos a muitos riscos e perigos.

2. Por causa da leviandade do coração e da falta de controle sobre nossos defeitos não nos damos conta dos males que rondam nosso espírito; muitas vezes rimos frivolamente quando deveríamos chorar. Não há verdadeira liberdade nem perfeita alegria fora do amor a Deus e da consciência pura. Feliz é aquele que supera as distrações e outros estorvos e consegue concentrar-se com coração pacificado. Feliz ainda é aquele que evita tudo o que pode onerar a sua consciência. Empenha-te firmemente para que se realize contigo este lema: um costume com outro se vence. Uma relação afetada com o outro te impede de ser inteiro naquilo que fazes e tua obra não será perfeita.

3. Não te intrometas na vida alheia nem te envolvas nos assuntos dos grandes. Olha primeiro para ti e deixa-te aconselhar pelos amigos bons e confiáveis. Não te entristeças com a fal-

ta de reconhecimento dos outros; antes, viva humildemente as virtudes que te fazem espiritual e um bom religioso ou religiosa. É mais útil e seguro para a vida espiritual não ter fama e alta consideração, pois tais coisas podem suscitar vaidade. Se, contudo, não sentimos Deus, nós somos responsáveis por isso, porque não purificamos suficientemente nosso coração ou porque buscamos realizações meramente exteriores.

4. Reconhece que és indigno de experimentar Deus, mas antes merecedor de muitos padecimentos. Quando alguém descobre o verdadeiro sentido da vida percebe quantas coisas enganosas e vazias existem no mundo. O que o faz sofrer e até chorar. Porém, quer olhe para si ou para os outros, dá-se conta de que ninguém passa esta vida sem contradições. E quanto mais consideras a tua própria situação tanto mais profunda é tua desolação. Esta se transforma em justa mágoa diante de nossos pecados e vícios; não raro eles estão tão arraigados em nós, que quase perdemos a dimensão das realidades celestiais.

5. De pouco vale pensar numa vida longa se não incluirmos o tema da morte, porque ela nos ajuda a emendarmos a nossa vida. Se ainda meditarmos sobre o nosso destino final, feliz ou infeliz, suportaríamos mais facilmente as contrariedades desta vida. Mas como tais assuntos não penetram no fundo de nosso coração e ainda nos fazemos reféns de sucessos exteriores, ficamos indiferentes e frios. É por causa de nossa pobreza de espírito que nosso miserável corpo se queixa tão levianamente. Pede, pois, humildemente ao Senhor que não te tire dessas aflições, mas que te dê fortaleza de espírito para enfrentá-las, e repita com o salmista: *Sustenta-me, Senhor, com o pão das lágrimas e a bebida copiosa do pranto* (Sl 79,6).

Capítulo 22: Considerações sobre a miséria humana

1. Se não te voltares para Deus, serás miserável, pouco importa onde estiveres e para onde fores. Por que te afliges quando as coisas não correm como gostarias ou como quererias? Quem tem tudo conforme o seu desejo? Nem eu, nem tu, nem ninguém sobre a Terra. Ninguém neste mundo está livre de problemas e de angústias, seja rei, seja papa. Quem vive mais feliz? Seguramente aquele que suporta essa situação à luz de Deus.

2. Muitos pobres de esprito e faltos de luz dizem: Olhai que boa vida leva aquela pessoa; como é rica, grande, poderosa e que alta posição ocupa! Mas se compararmos esses valores temporais, certamente válidos para este mundo, com os valores eternos, logo perceberemos que são inseguros e insustentáveis. Tais pessoas vivem sempre preocupadas e temerosas com o que possuem. É ilusão pensar que a felicidade reside na abundância de bens temporais. Para ser feliz basta a justa medida. A vida na terra comporta contradições. Quanto mais espirituais nos tornamos, mais capazes somos de avaliar as coisas. Os bens temporais valem como temporais, os eternos como eternos. Mas aqueles se subordinam a estes. Devemos outrossim conscientizar os defeitos e as limitações da existência humana. Comer, beber, dormir, acordar, descansar, trabalhar e estar sujeito às necessidades biológicas, tudo isso pertence à condição humana querida por Deus. Mas ela não deve nos prender a tal ponto de perdermos o rumo que conduz ao céu.

3. Sem dúvida sofremos sob o peso dessas limitações de nossa existência no espaço e no tempo. Mas elas são também ocasião de crescimento. Se sentirmos demasiadamente seu peso, então supliquemos como o salmista: *livrai-me, Senhor, de minhas necessidades* (Sl 24,17). Mas ai daqueles que não reconhecem suas limitações. Piores ainda são aqueles que valorizam mais essa vida

terrena, esquecendo aquela eterna. Há alguns tão apegados a ela que viveriam aqui para sempre, mesmo à base de muito trabalho e até de esmolas. Para esses o Reino de Deus não lhe diz nada.

4. Há aqueles que, insensíveis e duros de coração, apegam-se tanto a esta vida, que aqui viveriam para sempre. Infelizes! Chegará o tempo em que irão perceber, a contragosto, quão fugazes são essas realidades que tanto amaram. Outrora, as pessoas espirituais e com sinais de santidade não se deixavam iludir por aquilo que simplesmente brilha ou que apenas causa algum prazer sensível; ao contrário, assumiam tais coisas e as orientavam na direção dos bens eternos. Sabiam equilibrar o visível com o invisível, o passageiro com o perene na força do amor de Deus. Nunca, meu irmão e minha irmã, percas a confiança de fazer progressos no caminho espiritual. Para isso há sempre tempo, e cada ocasião é propícia.

5. Por que protelas sempre essa resolução? Levanta-te e comece já agora e dize para ti mesmo: Agora chegou o tempo de agir, de me empenhar e de mudar de vida. Teu esforço e teus sacrifícios serão recompensados. Para chegar à realização pessoal e espiritual e ao estado de bem-estar deves passar pelo fogo e pela água (cf. Sl 65,12). Se não lutares contra ti mesmo jamais vencerás tuas más inclinações. Enquanto vivermos neste mundo material seremos sempre acompanhados por tentações, padecimentos e tédio. Como não vivemos mais na inocência original, não conseguimos ser plenamente felizes. Por essa razão importa termos paciência e colocarmos nossa confiança na misericórdia divina, *até que essa situação decadente chegue ao seu fim e a vida eterna transfigure esta vida mortal* (cf. Sl 56,2; 2Cor 5,4).

6. Como é vulnerável a vida humana, com forte pendor para o mal! Hoje confessas teus pecados e amanhã já cometes outra vez aqueles que confessaste. Fazes agora bons propósitos e daqui a uma hora é como se não os tivesses feito. Por essa razão, deve-

mos ser humildes; nem tenhamo-nos em alta estima, pois somos vulneráveis e inconstantes. Se não fizermos isso, por negligência perdemos aquilo que tanto nos custou por conquistar com a graça divina.

7. Que será de nós no fim de nossa vida se já no início nos mostramos tão volúveis? Dessa forma em vão procuramos repouso como se vivêssemos em paz e segurança, quando, na verdade, nem demos sinais inequívocos de santidade. Bom seria se recomeçássemos tudo de novo em busca de uma nova vida, como bons iniciantes; talvez assim houvesse esperança de conversão e de verdadeiro progresso espiritual.

Capítulo 23: Meditação sobre a morte

1. Muito depressa chegará o teu fim neste mundo; cuida, pois, da forma como te preparas para esse supremo momento. Hoje estamos vivos e amanhã já não existimos mais. Logo que a pessoa sai desta vida desaparece também a sua memória. Ó cegueira e insensibilidade humana que somente cuida do presente sem olhar para o futuro. Pensa e aja de tal modo como se fosse agora a hora da morte. Se estás com a consciência pura, não tens por que temer a morte. Melhor do que fugir da morte é fugir do pecado. Se não estás preparado hoje, como estarás amanhã? O dia de amanhã é incerto e é incerto também se estarás ainda aqui.

2. Que nos adianta viver muito tempo se não melhorarmos nossa vida espiritual? Nem sempre uma vida longa significa mais espiritualidade, pois pode significar também mais culpa. Se pelo menos tivéssemos um dia sequer bem vivido neste mundo! Muitos contam os anos depois de sua conversão; frequentemente é pouco o fruto da mudança. Talvez viver muito pode ser mais perigoso do que o medo da morte. Feliz é aquele que medita sempre sobre a hora da morte e para ela se prepara cada dia.

Se já assististe a morte de alguém, pense que passarás pela mesma situação.

3. Pela manhã pensa que não chegarás à noite, e à noite pensa que não chegarás ao dia seguinte. Portanto, anda sempre preparado e vive de tal maneira que a morte não te encontre desprevenido. Muitos morrem repentina e inesperadamente; *pois na hora em que menos se pensa virá o Filho do Homem* (cf. Mt 24,44; Lc 12,40). Quando vier aquela derradeira hora, começarás a julgar diferentemente toda a tua vida passada, e sofrerás muito por teres sido tão negligente e reincidente.

4. Feliz e prudente é aquele que procura ser em vida como deseja que a morte o encontre. O que promete uma morte abençoada é o desprendimento das coisas desta vida, o desejo ardente no progresso das virtudes, o amor à ordem da comunidade, a sinceridade no arrependimento, a prontidão na obediência, a renúncia de si mesmo e a paciência no sofrimento diante de qualquer adversidade, por amor a Jesus Cristo. É muito fácil praticar o bem enquanto estás com saúde; mas quando doente, não sei o que será de ti. Poucos melhoram com a doença; raro também melhoram de tônus espiritual os que andam fazendo muitas peregrinações.

5. Não ponhas excessiva confiança nos parentes e nos amigos, nem proteles para mais tarde a busca de tua salvação, porque mais depressa do que pensas serás esquecido por todos. É melhor tomares agora as providências e fazeres algo de bom do que depender do socorro dos outros. Se não te cuidas de ti mesmo no presente, quem vai cuidar de ti no futuro? O tempo presente é precioso: *agora são os dias da salvação, agora é o tempo favorável* (2Cor 6,2). Por que não aproveitas os meios que te levam a viver eternamente? Tempo virá de desejares um dia, quem sabe uma hora, para a tua conversão, e não estou seguro se ela te será concedida.

6. Repara, caríssimo e caríssima, de quantos perigos te poderias livrar e de quantos terrores fugir, se sempre tivesses a morte diante de teus olhos. Procura agora viver de tal modo que na hora da morte te possas antes alegrar do que temer. Aprende agora a desprender-te de tudo, para então poderes voar livremente a Cristo. Mantenha o controle sobre tuas paixões para que possas confiar de verdade em teu destino feliz.

7. Ó louco, que pensas viver muito tempo, quando não tens seguro sequer um dia! Quantos não têm sido enganados e improvisamente arrancados deste mundo. Quantas vezes ouviste contar: este morreu pela espada; aquele afogou-se; este outro caiu do alto e quebrou a cabeça; um morreu comendo, outro expirou jogando. Estes encontraram a morte pelo fogo, aqueles pelo ferro, uns pela peste, outros pelas mãos de ladrões. A morte é o fim de todos e depressa, qual sombra, acaba a vida humana.

8. Quem se lembrará de ti depois da morte? E quem rezará por ti? Faze já agora, irmão e irmã caríssimos, o mais que puderem, pois não sabeis quando morrereis nem o que vos sucederá depois de vossa morte. Enquanto tiverem tempo, ajuntem riquezas imortais. Acima de tudo cuidai de vossa salvação e ocupai-vos com as coisas de Deus. Granjeiem agora amigos, venerando os santos e as santas de Deus e imitando seus exemplos, para que ao sairdes desta vida *vos receberão nas eternas moradas* (Lc 16,9).

9. Considera-te como hóspede e peregrino neste mundo, desapegando-te das coisas terrenas. Conserva livre teu coração e orientado para Deus, porque não tens aqui *morada permanente* (Hb 13,14). Para lá dirige tuas preces e súplicas, cada dia com lágrimas, a fim de que mereças passar da morte para a vida, caindo, feliz, nos braços de teu Senhor. Amém.

Capítulo 24: O juízo divino e a sorte dos pecadores

1. Em todas as coisas, olha o fim e a forma como estarás diante do justo juiz a quem nada é oculto e tudo é transparente. Ele é justo e amoroso e não toma em conta nossas eventuais desculpas, mas considera nossos atos bons e maus. Se te sentes miserável e desprezível pecador, sem saber o que dizer e se tua consciência te acusar, saiba que Deus é maior do que a tua consciência; *Ele conhece nossa natureza e se lembra de que somos pó, e sua misericórdia é desde sempre e para sempre* (cf. Sl 103,14.17). Por causa de sua misericórdia teu trabalho é valorizado, teu pranto, enxugado, teus lamentos, ouvidos e teu arrependimento, aceito.

2. Quem é verdadeiramente paciente conhece o que é o verdadeiro purgatório: a escola de purificação de Deus; se injuriado, sente mais pena da maldade alheia do que de sua própria ofensa; se vem imbuído de boa vontade, reza por seus adversários; se tem um bom coração, perdoa as ofensas recebidas; se for humilde, não tarda em pedir perdão; mais facilmente se compadece do que se irrita; constantemente combate seus impulsos; submete as paixões aos imperativos do espírito. Este então foi purificado por Deus. Melhor é em vida arrepender-se de seus pecados e erradicar os vícios do que deixar tudo para mais tarde. Efetivamente, enganamos a nós mesmos pelo apego desordenado ao nosso eu.

3. Esse fogo divino te purificará de teus pecados. Quanto mais de poupas agora e segues teus impulsos tanto mais atormentado será o processo de erradicação de teus maus costumes e, assim, ajuntas mais lenha para a fogueira de tuas vaidades. Quanto mais profundos são teus vícios mais trabalho terás para livrar-te deles; assim, os preguiçosos se sentirão como que em aguilhões; os gulosos como quem é afligido por violenta fome e sede; os impudicos e voluptuosos sentir-se-ão como que banhados em pez ardente e fétido enxofre, e os invejosos se sentirão

como cães furiosos que uivam com dor. Se desde cedo procuras controlar teus impulsos para o mal, evitarás todas as penas acima referidas.

4. Cada vício para ser erradicado cobra um sacrifício a ser pago. Assim, os orgulhosos ficarão acabrunhados por profunda depressão e os avarentos oprimidos com extrema penúria; assim, passar uma hora pela clínica purificadora de Deus é maior suplício do que cem anos da mais rigorosa penitência; destarte, os que ali estão internados ansiarão por descanso e consolo, saudosos do tempo em que deixavam o trabalho e se distraíam com os amigos. Por isso, já agora arrependa-te, até com lágrimas, de teus pecados para, no momento supremo, estares seguramente entre os eleitos de Deus. Pois *erguer-se-ão, naquele dia, os justos com grande força contra aqueles que os oprimiram e desprezaram* (Sb 5,1). Quem humildemente se submeteu ao juízo dos outros será agora aquele que vai julgar. O pobre e o humilde podem tranquilamente confiar, enquanto o orgulhoso se encherá de medo e de pavor.

5. Então ver-se-á que aquele que se fez louco e desprezível neste mundo por amor a Cristo será tido por sábio. Então as atribulações suportadas com paciência causarão alegria e a *iniquidade não abrirá a sua boca* (Sl 106,42). Então todas as pessoas piedosas se sentirão satisfeitas e as perversa, acabrunhadas. Então carne e espírito deixarão de se combater e se sentirão integrados. As roupas grosseiras brilharão como vestimentas preciosas. Mais vale a constância inabalável do que os poderes deste mundo. A humilde obediência será mais engrandecida do que toda a esperteza do século.

6. Produz mais satisfação interior a pura e boa consciência do que a douta filosofia. O desapego às riquezas vale mais do que todos os tesouros da terra. Causa-te mais alegria espiritual a recordação de um bom momento de oração do que a de inúmeros banquetes. Sentirás mais regozijo por ter guardado silêncio

do que por ter falado muito. Valem mais as boas ações do que as belas palavras. Uma vida equilibrada e sensata vale mais do que os muitos prazeres mundanos. Aprende agora a suportar certos padecimentos a fim de no futuro te sentires mais preparado para os mais graves. Começa agora com essa experiência. Assim serás capaz de suportar coisas mais onerosas e não te sentirás infeliz e desconfortável. Os deleites que tiveres nesse mundo antecipam os eternos e então reinarás feliz com Cristo.

7. Se tivesses que morrer agora nada levarias das honras e delícias que porventura tiveres acumulado. Tudo é relativo, exceto o amor e o serviço a Deus. Quem ama a Deus de todo o coração não teme nem a morte nem o castigo nem o juízo nem o inferno, pois quem tem o amor incondicional tem tudo e tem acesso a Deus. Mas quem leva uma vida de pecado e nele se delicia, com razão deve temer a morte e o juízo justo, mas amoroso, de Deus. Deve amar a Deus por Ele mesmo, e não por temor da condenação eterna. Aquele, porém, que não cultiva o amor a Deus, dificilmente poderá perseverar no bem e depressa se faz refém da maldade.

Capítulo 25: A permanente conversão de nossa vida

1. Sê atento e perseverante no amor e no serviço a Deus e pergunta-te com frequência: A que vieste, por que deixaste a tua vida no mundo? Não será para viver por Deus e tornar-te um ser espiritual? Trilha, pois, apaixonadamente o caminho da perfeição, porque em breve receberás o prêmio por teus esforços; daí por diante ficarás imune de temores e dores. Agora enfrentarás algum trabalho, mas depois acharás profunda paz e grande alegria. Se permaneceres fiel e aplicado no seu serviço, Deus, sem dúvida, será também fiel e generoso no prêmio. Conserva a firme esperança de alcançar a palma da vitória; mas não te fies

demasiadamente em ti mesmo, para não caíres na frouxidão ou na presunção.

2. Escute esta história: certo homem vacilava muitas vezes, cheio de ansiedade, entre o temor e a esperança. Acabrunhado, entrou um dia numa igreja e, prostrado diante do altar em oração, dizia consigo mesmo: Ó, se eu soubesse que haveria de perseverar no bom caminho! E logo ouviu, dentro de si, a divina resposta: Se tal soubesses, que farias? Faze já agora o que farias, e estarás garantido. Consolado e confortado, abandonou-se à divina vontade e imediatamente cessou toda a ansiedade e a perplexidade. Abandonou aquelas indagações sobre o seu futuro e aplicou-se em conhecer a vontade de Deus e o que lhe agradaria em tudo o que fizesse.

3. *Espera no Senhor e faze o bem,* diz o profeta, *habita a terra e serás apascentado com suas riquezas* (Sl 36,3). Há uma coisa que em muitos esfria o entusiasmo pelo desenvolvimento espiritual e o empenho da conversão: o horror das dificuldade ou o peso do esforço. Certo é que, mais do que outros, crescem nas virtudes aqueles que com maior afinco se esmeram por vencer a si mesmos naquilo que lhes causa mais dificuldades e que contraria suas más inclinações. Tanto mais se desenvolve espiritualmente e mais graças merece aquele que vence a si mesmo e coloca sob controle suas paixões.

4. Nem todos vencem a si mesmos e controlam suas inclinações com a mesma facilidade. Todavia, quem é esforçado e disposto a lutar fará mais progressos, mesmo que seja acossado por paixões, do que outro de melhor índole, porém menos empenhado em adquirir virtudes. Principalmente dois meios ajudam muito, a saber: (1) desapegar-se corajosamente das coisas às quais de forma viciosa se está apegado e (2) lutar por adquirir fervorosamente o bem que mais sentes necessidade. Esforça-te, outrossim, por superar e por vencer o que mais te desagrada nos outros.

5. Procura tirar proveito de tudo: se vês ou ouves relatar bons exemplos, anima-te logo a reproduzi-los; mas se reparares que há algo repreensível, guarda-te de ser contaminado; e se acaso caíres no mesmo defeito, procura logo livrar-te dele. Assim como observas os outros serás também observado por eles. Faz gosto e alegria ver irmãos e irmãs cheios de fervor e de piedade, bem-integrados e comedidos. Tristeza e aflição, no entanto, é vê-los andar desnorteados e relaxados na busca da perfeição. É danoso descurar os deveres do Estado e ocupar-se com coisas que Deus não exige.

6. Lembra-te do propósito que assumiste e põe diante de ti a imagem de Jesus crucificado. Seguramente te envergonharás, considerando a vida de Jesus Cristo, pois até agora tão pouco procuraste se conformar com ela depois de estares tanto tempo no caminho de Deus. O religioso e a religiosa que de forma intensa e fervorosa meditam a vida e a paixão do Senhor acharão nela, abundantemente, tudo o que lhes é útil e necessário, e recusarão encontrar coisa melhor fora de Jesus. Ó! Se Jesus crucificado entrasse em nosso coração certamente depressa e perfeitamente seríamos instruídos por Ele.

7. O religioso e a religiosa suportam tudo de boa vontade e cheios de fervor quando fazem o que lhes mandarem. Os relaxados e os indiferentes, porém, encontram tribulação sobre tribulação, vivendo sob angústias; é que lhes falta a consolação interior, já que lhes é impedido de buscá-la fora. O religioso e a religiosa que não observam as regras da comunidade acabam arruinando suas vidas. Quem busca vida cômoda e sem austeridade sempre viverá angustiado porque uma ou outra coisa sempre lhe será desagradável.

8. O que fazem tantos outros religiosos e religiosas que guardam a austera disciplina do claustro? Raramente saem à rua, vivem recolhidos; sua comida é parca; sua roupa, simplérrima;

trabalham muito, falam pouco, ficam acordados até tarde, levantam-se cedo, rezam muito, leem com frequência e conservam-se em toda a observância. Olha como os cartuxos, os cistercienses, os monges e monjas das diversas ordens e congregações levantam-se todas as noites para louvar o Senhor. Vergonha, pois, seria se tu fosses preguiçoso em obras tão recomendáveis, quando tão grande multidão de religiosos e religiosas entoam os salmos.

9. Ó! Se pudesses mais longamente dedicar-te ao louvor de Deus Nosso Senhor de coração e de boca! Louvá-lo ao comer, ao beber, ao dormir e sempre em todos os lugares e circunstâncias! Então serias muito mais feliz do que agora, embora submetido às exigências do corpo. Oxalá tais necessidades não nos impeçam de gozar dessa divina refeição.

10. Quando alguém chega ao ponto de desapegar-se radicalmente das coisas supérfluas deste mundo e de concentrar-se totalmente em Deus, então começa a saborear Deus de forma tão perfeita, que sempre anda contente, aconteça o que acontecer. Então não se alegra pela abundância nem se entristece pela carência, mas confia inteira e fielmente em Deus, que lhe é tudo em todas as coisas, por quem vivem todas as coisas e a cujo aceno com prontidão lhe obedecem.

11. Lembra-te sempre do fim, pois o tempo perdido nunca mais volta. Sem empenho e aplicação jamais alcançarás as virtudes. Se começares a ser morno, logo te inquietarás. Se, porém, te animares com determinação, com a graça de Deus e o amor das virtudes, acharás grande paz e sentirás mais leve o trabalho. Quem é aplicado e fervoroso está preparado para tudo. É mais penoso resistir aos vícios e às tentações do que afadigar-se em trabalhos braçais. Quem não evita os pequenos defeitos, pouco a pouco cai nos grandes. Alegrar-te-ás sempre à noite se tiveres empregado bem o dia. Vigia sobre ti, anima-te e admoesta-te; que vivam os outros como vivem; tu, porém, cuide sempre de ti.

Tanto mais crescerás quanto mais empenho colocares em todas as coisas que fizeres. Amém.

Fim das recomendações úteis para a vida espiritual.

Livro II

CONSELHOS PARA A VIDA INTERIOR

Capítulo 1: O que é a vida interior

1. *O Reino de Deus está dentro de vós*, diz o Senhor (Lc 17,21). Converte-te a Deus de todo o coração, não te prendas a este mundo fugaz, e teu espírito encontrará a paz. Aprende a valorizar menos as coisas exteriores e mais as interiores, e verás chegar a ti o Reino de Deus. Pois o *Reino de Deus é paz e gozo no Espírito Santo* (Rm 14,17), que se dará aos que cultivam a espiritualidade. Se preparares no teu interior uma digna morada, Cristo virá a ti e te encherá de consolações. Toda glória e formosura está especialmente no mundo interior, e é onde o Senhor se compraz. Quão frequentemente Ele visita aquele que se entrega à vida interior, em doce entretenimento, suave consolação, grande paz e íntima familiaridade!

2. Desperta, alma fiel; prepara teu coração para este Esposo a fim de que se digne vir e morar em ti. Pois assim Ele diz: *Se alguém me ama, guardará a minha palavra, e viremos a ele e faremos nele a nossa morada* (Jo 14,23). Antes de qualquer outra coisa, crie, pois, espaço para Cristo, e só a partir daí se abra às demais criaturas. Se possuíres a Cristo, estarás rico e realizado. Ele cuidará de ti e te protegerá em tudo, melhor do que qualquer pessoa humana. Porque esta é volúvel e pouco confiável, enquanto *Cristo permanece para sempre* (Jo 12,34) e com segurança nos acompanha até o fim.

3. Por mais que nos seja caro e amável, não se há de confiar cegamente no ser humano, porque é frágil e mortal; nem nos devemos aborrecer excessivamente; porquanto, de vez em quando, ele nos contraria por suas palavras e atitudes. Os que estão contigo hoje, amanhã, quem sabe, estarão contra ti, e vice-versa, pois são muitos os que mudam como o vento. Põe tua confiança

em Deus e seja Ele o objeto de teu amor e de tua adoração. Ele cuidará de ti e o fará da forma que melhor te convier. Não tens aqui morada permanente (Hb 13,14), e onde quer que estejas serás sempre um estrangeiro e um peregrino; nem encontrarás paz verdadeira fora da íntima comunhão com Cristo.

4. Por que te entregas com tanto afinco às coisas ao teu redor, se não é este o lugar da tua paz duradoura? O céu é tua verdadeira morada, e todas as coisas devem ser vistas na perspectiva do céu. Todas passam e tu igualmente passas com elas; por isso passes por elas sem prender-te a elas, para que não te escravizem e acabem te perdendo. Tenha teu pensamento sempre elevado no Altíssimo e dirige súplicas incessantes a Cristo. Se não consegues contemplar coisas altas e sublimes, concentra-te na paixão de Cristo, especialmente em suas chagas e sagrados estigmas. Então encontrarás aí grande conforto em teus padecimentos, não te incomodarás por causa do mau juízo das pessoas nem sofrerás com as difamações.

5. Cristo neste mundo também foi desprezado e passou extrema necessidade; entre opróbrios, seus conhecidos e amigos o abandonaram. Ele quis padecer e ser desprezado, e tu ousas queixar-te de alguém? Ele teve contradições e detratores, e tu queres ter a todos como amigos e benfeitores? Como poderá ser coroada tua paciência se não encontrares alguma adversidade? Se te negas a sofrer alguma contrariedade, como serás amigo de Cristo? Suporta com Cristo e por Cristo, se com Cristo quiseres triunfar.

6. Se por uma única vez que seja penetrares profundamente no coração de Jesus e experimentares um pouco de seu amor ardente, não darias tanta importância ao sucesso ou ao insucesso; ao contrário, te alegrarias até com as ofensas, porque o amor de Jesus te ensinará a não te amares demasiadamente. Quem ama a Jesus e a verdade, e é interiormente verdadeiro e livre de paixões desordenadas, este pode facilmente voltar-se, liberado, para

Deus, estar em espírito para além de si mesmo e gozar de uma paz perene.

7. Aquele que valoriza as coisas pelo que são e não por aquilo que os outros imaginam e pensam que sejam, este é verdadeiramente sábio, ensinado mais por Deus do que pela simples sabedoria humana. Quem sabe guardar silêncio interior e não se perturba excessivamente com as contingências exteriores, este não precisa escolher algum lugar nem aguardar a hora adequada para entregar-se à meditação e à piedade. O homem espiritual rapidamente se recolhe em si mesmo e nunca se entrega totalmente às coisas exteriores. Não o distraem trabalhos e ocupações externas, não raro necessárias; mas quando aparecem, ele se adapta às circunstâncias. Quem tem sua vida interior bem-estabelecida e ordenada não se preocupa com os atos mesquinhos e perversos dos seres humanos. Alguém tanto mais se perde em exterioridades quanto mais cria para si dificuldades e distrações.

8. Se fores reto e puro, tudo fluirá bem e o resultado será bom para ti. Mas porque estás ainda demasiadamente apegado a ti mesmo e aos interesses terrenos, muitas coisas te aborrecem e te perturbam. Nada desvia tanto e atrapalha o coração do que o amor desordenado às pessoas e às coisas. Na medida em que aprenderes a renunciar às consolações superficiais, nessa mesma medida poderás gozar das coisas celestes e desfrutar de grande alegria interior.

Capítulo 2: A total entrega

1. Não dês importância demasiada por saber quem é por ti ou contra ti; antes, trata e procura que Deus esteja contigo em tudo o que fizeres. Cultive boa consciência, e Deus te defenderá, pois a quem Deus ajuda não há maldade que o possa atingir. Se souberes calar e sofrer sentirás, sem dúvida, o socorro do Se-

nhor. Ele sabe o tempo e o modo de te livrar; portanto, entrega-te totalmente a Ele. É Deus quem nos alivia ou nos tira de toda confusão. Às vezes é muito útil que os outros conheçam os nossos defeitos e no-los repreendam; dessa forma conservamos melhor a humildade.

2. Quando alguém se humilha por causa de seus defeitos, mais facilmente acalma os outros e com mais leveza aplaca os que estão irados contra ele. Ao humilde, Deus protege e salva; ao humilde ama e consola; ao humilde Ele se inclina, dá-lhe abundantes graças e depois do abatimento o eleva a grande glória. Ao humilde revela seus segredos, e com doçura o atrai e o convida a si. O humilde, ao suportar algum transtorno, conserva sua paz, porque confia em Deus, e não nos arranjos humanos. Não julgues ter feito progresso algum enquanto não te reconheceres inferior a todos.

Capítulo 3: Quem é bom e pacífico

1. Primeiro, conserva-te em paz e depois poderás trazer paz aos outros. A pessoa dominada pela paixão, até o bem converte em mal e facilmente confia no mal; a pessoa boa e pacífica, pelo contrário, faz com que tudo se converta em bem. Quem está em paz não desconfia de ninguém; o descontente e perturbado, porém, é tomado de várias suspeitas, não sossega nem deixa os outros sossegarem. Diz muitas vezes o que não devia dizer e deixa de fazer o que mais lhe conviria. Toma em consideração as obrigações alheias e descuida-se das próprias. Tenha preocupações primeiro contigo mesmo e em seguida tens o direito de preocupar-te com o teu próximo.

2. Sabes bem desculpar a ti mesmo e encobrir tuas faltas e não queres aceitar as desculpas dos outros! Seria mais justo que te acusasses e escusasses o teu irmão ou irmã. Suporta os outros se que-

res que te suportem. Observe quão longe estás ainda do verdadeiro amor e da humildade, quando deverias irritar-te e indignar-te contra ti próprio. É fácil conviver com pessoas boas e mansas, pois isso naturalmente agrada a todos; e cada um gosta de viver em paz e ama os que pensam como ele. Viver, porém, com pessoas rudes, maldosas e mal-educadas, que sempre nos contrariam, é uma grande graça e uma atitude louvável e corajosa.

3. Há pessoas que vivem em paz consigo mesmas e com os outros; outras não têm paz nem deixam que os outros a tenham; são insuportáveis aos outros e ainda mais o são a si mesmas. E há outras pessoas que têm paz consigo e procuram-na para as demais. Toda nossa paz, porém, nesta vida passageira, consiste mais na humilde resignação do que considerar as contrariedades como insuportáveis. Quem melhor aprendeu a sofrer maior paz terá. Esse é vencedor de si mesmo e senhor do mundo, amigo de Cristo e herdeiro do céu.

Capítulo 4: Mente aberta e intenção pura

1. Duas coisas fazem alguém se elevar acima de si mesmo e do mundo: a simplicidade e a pureza. A simplicidade está na intenção e a pureza na afeição. A simplicidade procura a Deus e a pureza o abraça e goza de sua intimidade. Se estiveres livre de todo apego exagerado, nada te será obstáculo. Se queres e buscas a aprovação de Deus e o bem do próximo desfrutarás de liberdade interior. Se teu coração for reto, toda criatura te considerará um espelho de vida e um livro de sábias doutrinas. Não há criatura, por menor e por insignificante que seja, que não represente a bondade de Deus.

2. Se interiormente fores bom e puro, logo captarás tudo sem dificuldade e terás uma compreensão exata das coisas. O coração puro penetra o céu e mesmo o inferno. Cada um julga

o seu interior. Se há alegria neste mundo é o coração puro que a desfruta; se há por aí tribulação e angústia, é a má consciência que as experimenta. Como o ferro metido ao fogo perde a ferrugem e se faz todo incandescente, assim a pessoa que se entrega interiormente a Deus fica livre da indiferença e se transforma em nova criatura.

3. Quando alguém começa a perder o entusiasmo, este logo foge ao menor trabalho e busca satisfações no mundo exterior. Quando, porém, começa verdadeiramente a vencer a si mesmo e a andar com ânimo no caminho de Deus, as coisas que antes achava onerosas lhe parecem agora leves e suportáveis.

Capítulo 5: Autocrítica

1. Não podemos confiar muito em nós mesmos porque frequentemente nos faltam a graça e o senso de avaliação. Temos em nós pouca luz e esta, por negligência, a perdemos com facilidade. De ordinário também não avaliamos o tamanho de nossa cegueira interior. Muitas vezes agimos mal e, o que é pior, nos desculpamos por isso. Às vezes nos move a paixão e pensamos que é empenho. Repreendemos nos outros as faltas leves e nos descuidamos das nossas maiores. Bem depressa sentimos os sofrimentos que outros nos causam e não nos importamos pelo que os outros sofrem por nossa causa. Quem avaliar retamente suas práticas não se põe a julgar com rigor os outros.

2. Quem cultiva a interioridade coloca o cuidado de si antes de todos os demais cuidados, e quem se ocupa consigo mesmo com afinco, com mais facilidade deixa de falar dos outros. Nunca serás uma pessoa espiritual e piedosa se falares dos outros quando deverias cuidar atentamente de ti próprio. Se cuidares de ti e de Deus, as coisas exteriores não te afetarão. Onde estás quando não estás presente a ti mesmo? E depois de teres feito tudo o

que devias ter feito, que ganhaste se esquecestes de ti mesmo? Se queres ter paz e verdadeira tranquilidade, esqueça, por um momento, todas as coisas e se concentre em ti mesmo.

3. Portanto, grandes progressos farás se te desapegares dos cuidados temporais, pois tal apego atrasará tua vida. Só Deus mesmo e tudo o que se refere a Ele são verdadeiramente grandes, nobres, aceitáveis e agradáveis. As satisfações que vierem das criaturas são relativas. Quem ama a Deus submete tudo a Ele. Somente o Deus eterno e imenso, que tudo enche, é o consolo do espírito e a verdadeira alegria do coração.

Capítulo 6: A alegria da boa consciência

1. A glória da pessoa virtuosa é o testemunho de uma boa consciência. Conserva pura a consciência, e sempre terás alegria. A boa consciência pode suportar muita coisa e permanecer alegre, mesmo nas adversidades. A má consciência sempre produz medo e inquietação. Se teu coração não te acusar de nada, gozarás de suave tranquilidade. Não te dês por satisfeito senão quando tiveres feito algum bem. Os maus nunca gozam de verdadeira alegria nem sentem paz interior; pois *não há paz para os ímpios, diz o Senhor* (Is 48,22; 57,21). E se disserem: vivemos em paz, não há mal que nos possa acontecer (Mq 3,11), quem ousará prejudicar-nos? Não lhes dês crédito, porque, de repente, poderá irromper a ira de Deus e então as suas obras serão reduzidas a nada e seus intentos frustrados (Sl 145,4).

2. Quem ama não tem dificuldade em gloriar-se na tribulação, pois gloriar-se assim é gloriar-se na cruz do Senhor . A glória que damos e recebemos dura pouco. A glória do mundo anda sempre acompanhada de tristeza. A glória dos bons reside na própria consciência, e não na boca das pessoas. A alegria dos justos é de Deus e repousa em Deus, pois a sua alegria procede da verdade.

Quem deseja a glória verdadeira e eterna não se perde na temporal. E quem procura a glória temporal é indicação que esta lhe é mais importante do que aquela celestial. Grande tranquilidade de coração goza aquele que faz pouco caso dos elogios e das ofensas.

3. É fácil estar contente e tranquilo tendo a consciência pura. Não és mais santo porque te louvam, nem pior porque te criticam. És o que és; os louvores não podem te fazer maior do que és aos olhos de Deus. Se considerares o que és em teu interior não farás caso do que dizem de ti os outros. Nós vemos o rosto, Deus, o coração. Nós consideramos os atos, mas Deus pesa as intenções. Proceder sempre bem e ter-se em pouca conta é indício de uma alma humilde. Relativizar toda a satisfação das criaturas é sinal de grande pureza e confiança interior.

4. Aquele que não procura a aprovação dos outros mostra que está todo centrado em Deus. Porque, como diz São Paulo, *não é aprovado aquele que a si mesmo recomenda, mas aquele que é recomendado por Deus* (2Cor 10,18). É próprio da pessoa espiritual não sentir-se presa a alguma afeição humana, mas andar interiormente na presença de Deus.

Capítulo 7: O amor a Jesus sobre todas as coisas

1. Feliz daquele que compreende o que seja amar a Jesus acima de todas as coisas e somente em seguida amar a si mesmo. Qualquer outro amor se ordena a esse primeiro, pois Jesus merece ser amado acima de tudo. O amor às criaturas pode ser, por vezes, enganoso e inconstante, o amor a Jesus é fiel e inabalável. Se ficares unicamente com o amor às criaturas cairás com elas: abraçado a Jesus estarás firme para sempre. Ama e guarda a Jesus como o amigo que jamais te abandonará quando todos te abandonarem nem deixará que pereças na hora suprema. Um dia te hás de separar de todos, quer queiras quer não.

2. Aconchega-te a Jesus na vida e na morte; entrega-te à sua fidelidade, pois só Ele te pode socorrer quando todos te faltarem. Teu Amado é de tal natureza que ninguém pode concorrer com Ele. Ele quer estar no íntimo de teu coração e aí reinar como o rei em seu trono. Podes amar as criaturas, mas a Jesus mais do que a todas elas; só nesta ordem. Ele se alegrará em morar contigo. Se confiares somente nos outros à custa de Jesus, verás que estarás perdido. Não põe tua confiança nem apoia-te na cana movediça *porque toda carne é feno e toda a sua glória esmaece como a flor do campo* (1Pd 1,24).

3. Se olhares apenas a aparência das pessoas serás facilmente enganado. Se procuras exclusivamente consolo e vantagem nos outros, quase sempre sairás prejudicado. Procura Jesus em todas as coisas, e o acharás. Se buscas apenas a ti mesmo também te acharás, mas isso não te ajuda em nada. Quem não busca a Jesus como o seu centro faz mal a si mesmo, como se todos os inimigos se voltassem contra Ele.

Capítulo 8: A íntima familiaridade com Jesus

1. Quando Jesus está presente tudo é suave e nada parece difícil; mas quando Jesus está ausente tudo se torna penoso. Quando Jesus não fala ao coração nenhuma satisfação se sustenta; mas basta Jesus dizer uma única palavra e já nos sentimos aliviados. Por acaso não se levantou logo Maria Madalena do lugar onde chorava quando Maria lhe disse: *O Mestre está ali e te chama?* (Jo 11,28). Será bendita a hora em que Jesus te chama das lágrimas para a alegria do espírito! Sem Jesus és árido e duro. Que estulto e vazio és se colocas outra coisa no lugar de Jesus! Isso é pior do que perder o mundo inteiro.

2. Que te pode dar o mundo definitivo sem Jesus? Estar sem Jesus é como estar no inferno; estar com Jesus é como estar no

céu. Se Jesus estiver contigo, nenhum inimigo te pode prejudicar. Quem acha Jesus acha um tesouro precioso, ou melhor, o bem superior a todo o bem; quem perde Jesus perde mais do que se perdesse todo o mundo. Paupérrimo é quem vive sem Jesus, riquíssimo é quem está bem com Jesus.

3. Grande arte é saber entreter-se com Jesus e grande prudência conservá-lo consigo. Sê humilde e pacífico, e contigo estará Jesus; sê piedoso e sereno, e Jesus permanecerá contigo. Rapidamente podes afugentar Jesus e perder sua graça se colocares outras coisas em seu lugar. Se o afastas e o perdes, aonde irás e a quem buscarás por amigo? Sem amigo não podes viver, e se não for Jesus o teu grande amigo estarás triste e frustrado. Portanto, és louco se confias e te satisfazes somente com os outros e deixas Jesus de lado. É melhor ter o mundo todo como adversário do que ofender a Jesus. Ama, pois, a Jesus de modo especial e acima de todos os teus amigos.

4. Sê livre e puro em teu interior sem apegar-te excessivamente a alguma criatura. É preciso cultivar grande desprendimento para oferecer a Deus um coração puro e, assim, experimentar paz e sentir como é suave o Senhor. Com efeito, nunca conseguirás essa paz se não te preparares e te deixares atrair pela graça. Só com um grande desprendimento estarás unido a Ele. De tudo é capaz aquele que é assistido pela graça de Deus; mas quando ela se retira logo ficas pobre e vulnerável; de certa forma, abandonado a ti mesmo. Mesmo assim, não deves desanimar nem desesperar, antes entrega-te inteiramente à vontade de Deus e sofra tudo o que te acontece, por louvor de Jesus; pois ao inverno sucede o verão, depois da noite volta o dia e após a tempestade reina a bonança.

Capítulo 9: Como agir diante do desamparo

1. É sinal de muita grandeza viver na obediência; colocar-se sob a direção de um superior e não dispor de seu direito. É muito

mais seguro obedecer do que mandar. Muitos obedecem mais por necessidade do que por amor; por isso sofrem e com facilidade reclamam. Não é penoso renunciar às satisfações humanas quando gozamos das divinas. Grande coisa e há muito mérito estar no desamparo tanto divino quanto humano, sofrendo com jovialidade essa ferida no coração, sem criar pretextos para comiserar-se de si mesmo e esperar merecimentos. Que maravilha é estares alegre e devoto quando te sentes assistido pela graça! Essa hora é almejada por todos. É muito suave andar carregado pela graça de Deus. Que maravilha é não sentir a carga quem é sustentado pelo Onipotente e acompanhado pelo Guia Supremo.

2. Gostamos de ter alguma satisfação e é sempre difícil para alguém renunciar a si mesmo. O glorioso mártir São Lourenço venceu o mundo orientado por seu pai espiritual. Deixou para trás todos os atrativos do mundo e sofreu pacientemente, por amor a Cristo, a separação do Sumo Pontífice São Xisto, que ele tanto amava. Assim que, com amor a Deus, superou as atrações das criaturas; à consolação humana preferiu o beneplácito de Deus. Daí tire uma lição: por amor a Deus temos que, às vezes, renunciar a uma relação com um parente e ao amor de um amigo querido. Nem sofras se algum amigo te abandonar, consciente de que, finalmente, um dia, todos nós nos havemos de separar uns dos outros.

3. Só com renhido e longo combate interior alguém aprende a dominar-se plenamente e pôr em Deus todo o seu afeto. Quando alguém confia somente em si mesmo facilmente desliza para os prazeres mundanos. Mas o verdadeiro amigo de Cristo, fervoroso seguidor de seus passos e imitador de suas virtudes não se entrega sem mais nem menos aos prazeres nem busca ansiosamente tais doçuras sensíveis, antes aceita austeridades e até se dispõe a sofrer por Cristo ao ter que assumir trabalhos pesados.

4. Quando, pois, Deus te inundar de alegria espiritual, recebe-a com ação de graças, mas nunca esqueça que é mercê divina,

e não merecimento teu. Quando isso ocorre, não te envaideças nem te entregues a uma alegria excessiva ou à vã presunção; sê, antes, muito humilde diante do dom recebido, sê mais prudente e judicioso em tuas ações, pois, passada aquela hora, voltará a tentação. Quando essa alegria interior te for subtraída, não te desesperes logo; aguarda, pelo contrário, com humildade e paciência a visita celestial, pois Deus é suficientemente poderoso para restituir-te ainda maior graça e alegria espiritual. Isso não é nenhuma novidade nem causa estranheza àqueles que são experientes no caminho de Deus, pois nos grandes santos e santas e antigos profetas houve muitas vezes semelhantes alterações.

5. Por isso, um deles, sentindo a presença da graça, exclamou: *Eu disse, em minha abundância não serei abalado jamais* (Sl 29,7). Sentindo, porém, que a graça se retirava, acrescentou: *desviastes de mim, Senhor, o vosso rosto e fiquei perturbado* (Sl 29,8). Entretanto, não desespera, mas com mais insistência roga ao Senhor e diz: *A Vós, Senhor, clamarei e ao meu Deus rogarei* (Sl 29,9). Alcança afinal o fruto de tua oração e atesta ter sido atendido, dizendo: *Ouviu-me o Senhor e compadeceu-se de mim, o Senhor se fez meu protetor* (Sl 29,11). Mas em que coisa? *Convertestes*, diz ele, *meu pranto em gozo e me cercaste de alegria* (Sl 29,12). Se isso sucedeu aos grandes santos e santas não devemos nós outros desesperar, fracos e pobres que somos, pelo fato de nos sentirmos, frequentemente, ora com fervor ora com frieza, porquanto o Espírito de Deus vai e vem segundo lhe apraz. Por isso diz Jó, o justo: *Senhor, visitai o homem na madrugada e logo o colocais à prova* (7,18).

6. Em que posso, pois, esperar ou em que devo confiar senão na grande misericórdia de Deus e na esperança da graça celestial? Quando me sinto desamparado da graça e entregue à minha própria pobreza, pouco ou nada me ajudam pessoas justas, irmãos e irmãs fervorosos e belos tratados ou cânticos e hinos melodiosos; novamente, tudo isso é de pouca ajuda, nem muito

me alegra quando me encontro privado da graça e entregue à minha própria pobreza. O melhor remédio é Deus mesmo.

7. Nunca encontrei alguém tão religioso e piedoso que não sofresse, às vezes, com a subtração da graça e sentisse o arrefecimento do primitivo fervor. Não há santo ou santa, por mais altamente arrebatados e iluminados, que, antes ou depois, não fossem tentados. Porque não é digno de alta contemplação de Deus quem por Ele não sofreu alguma tribulação. Costuma vir primeiro a tentação como sinal precursor da próxima alegria espiritual; porque aos provados pela tentação é prometido o celeste consolo. *A quem tiver vencido,* diz o Senhor, *darei a comer o fruto da árvore da vida* (Ap 2,7).

8. Deus dá a força interior para fortalecer a quem luta contra as adversidades. Segue-se então a tentação, para que não se sinta seguro da felicidade. O demônio não dorme nem a carne já está morta; por isso, não cesse nunca de aparelhar-te para a batalha, porque à direita e à esquerda estão teus inimigos que nunca descansam.

Capítulo 10: Agradecimento pela graça de Deus

1. Por que buscas descanso se nasceste para o trabalho? Dispõe-te mais à paciência do que às consolações, mais para levar a cruz do que para ter alegria. Quem dentre os mundanos não aceitaria de bom grado a consolação e a alegria espiritual se a pudesse dispor a qualquer tempo? A consolação interior supera de longe todas as delícias mundanas e todos os deleites da carne. Pois todas as delícias mundanas são passageiras e de pouco valor, mas as do espírito são suaves e honestas, nascidas que são das virtudes e infundidas por Deus nos corações puros. Mas ninguém pode dispor dessa divina consolação à medida de seu desejo, porque a guerra contra as tentações não nos dão muito tempo.

2. Grande obstáculo às visitas divinas é a falsa liberdade de espírito e a excessiva confiança em si mesmo. Deus faz bem dando-nos a graça da consolação interior; mas nós fazemos mal não atribuindo-a a Deus, com ações de graça. E se os dons divinos não nos são dados gratuitamente, é porque não somos agradecidos ao Autor que é a fonte original de tudo. Pois Deus sempre concede a graça a quem dignamente se mostra agradecido e nega ao soberbo o que costuma dar ao humilde.

3. Não quero a consolação que me tire o pesar nem desejo a contemplação que me induz ao envaidecimento; porque nem tudo o que é sublime é também santo, nem tudo o que é agradável é também bom, nem todo desejo é também puro, nem tudo que nos alegra também agrada a Deus. De boa mente aceito a graça que me faz humilde e comedido e me dispõe melhor para renunciar a mim mesmo. Quem é instruído pela graça e é experimentado com sua subtração não atribui a si o bem que faz, antes reconhece sua pobreza e pequenez. Dá a Deus o que é de Deus e atribua a ti o que é teu; em outras palavras, dá graças a Deus pela graça e pelo bem que Ele te concede fazer, mas não esqueça de atribuir a ti as culpas e as correspondentes penas.

4. Põe-te sempre no último lugar e dar-te-ão o primeiro, porque o primeiro não existe sem o último. Os maiores santos e santas diante de Deus são os que se julgam menores, e quanto mais gloriosos, tanto mais humildes são no seu conceito. Pelo fato de estarem cheios de verdade e de glória celestial não cobiçam as glórias mundanas. Fundados e firmados em Deus, nada os pode envaidecer. Atribuindo, em última instância, a Deus todo o bem que recebem, não pretendem receber a glória uns dos outros; preferem a glória que procede de Deus. Seu fim supremo e seu anseio constante reside em que Ele seja louvado neles e em todos os santos e santas acima de qualquer outra coisa.

5. Agradece, pois, pelos menores benefícios, e maiores merecerás. O muito é pouco e o mínimo dom considera como dádiva singular. Diante da grandeza do benfeitor não há dom pequeno ou de pouco valor; porque não pode ser pequena a dádiva que nos vem do soberano Senhor de todas as coisas. Mesmo quando nos envia penas e sofrimentos, ainda assim devemos nos mostrar gratos porque é sempre para o nosso bem. Se desejas a graça de Deus, sê agradecido quando a recebes e resignado quando te é tirada. Roga que ela volte, anda cauteloso e humilde para não vires a perdê-la de novo.

Capítulo 11: Amar desinteressadamente a cruz de Jesus

1. São muitos os que apreciam o Reino de Deus pregado por Jesus; mas são poucos os que querem levar a cruz que Ele mesmo levou. Há muitos que aceitam as consolações interiores, mas poucos são os que acolhem também as tribulações; muitos são os companheiros à mesa, mas poucos os que se dispõem a jejuar. Muitos querem gozar com Ele, mas poucos sofrer por Ele. Muitos seguem Jesus até ao partir o pão, mas poucos até ao beber o cálice da paixão. Muitos admiram seus milagres, mas poucos abraçam a ignomínia da cruz. Muitos amam Jesus enquanto não encontram adversidades. Muitos o louvam e bendizem enquanto recebem dele algumas consolações; se, porém, Jesus desaparece e por um pouco os deixa, logo se lamentam e se entregam a um excessivo desânimo.

2. Aqueles, porém, que amam a Jesus por Ele mesmo e não por algum outro interesse, tanto o louvam nas tribulações e angústias quanto na alegria e na consolação. Se, por qualquer razão desconhecida, não lhes é dada a alegria interior, sempre o louvariam e lhe dariam graças do mesmo jeito.

3. Ó, quanto pode o amor puro a Jesus sem misturar interesse ou amor-próprio! Não são, porventura, mercenários os que andam sempre em busca de autossatisfações? Não se amam mais a si mesmos do que a Cristo aqueles que sempre estão procurando o melhor para si mesmos e para seus interesses? Onde se achará quem queira servir desinteressadamente a Deus?

4. É raro achar alguém tão espiritual que esteja realmente desapegado de tudo. Pois o verdadeiro pobre de espírito e desprendido de todas as coisas, quem o descobrirá? *Tesouro precioso que é necessário buscar nos confins do mundo* (Pr 31,10). Se alguém dá toda a sua fortuna, isso ainda não é nada (Ct 8,7). E se fizer grandes penitências, ainda é pouco. Mesmo que compreenda todas as ciências, ainda assim está muito distante. E se tiver grande virtude e devoção ardente, muito ainda lhe falta, a saber: uma coisa que lhe é sumamente necessária. Que coisa será esta? Que, deixando tudo, renuncia a si mesmo e saia totalmente de si, sem reservar amor-próprio algum e, depois de ter feito tudo o que souber fazer, reconheça que nada fez. Não tenha em grande conta o pouco que possa ser tido como grande; antes, confesse sinceramente que és um servo inútil, como nos ensina a Verdade. *Quando tiverdes cumprido tudo o que nos for mandado, dizei: somos simples servos que fizemos o que devíamos fazer* (Lc 17,10). Então, sim, alguém poderá se chamar verdadeiramente pobre de espírito e dizer com o profeta: *sou pobre e só neste mundo* (Sl 24,16). Ninguém é mais poderoso, ninguém é mais livre do que aquele que sabe renunciar a si mesmo e a todas as coisas e colocar-se em último lugar.

Capítulo 12: A estrada real da santa cruz

1. A muitos soa dura esta palavra: *renuncia a ti mesmo, toma a tua cruz e segue a Jesus Cristo* (Mt 16,24). Mais duro ainda é

ouvir aquela sentença final: *Apartai-vos de mim, malditos, para o fogo eterno* (Mt 25,41). Pois, os que agora docilmente ouvem e acolhem a palavra da cruz não temerão a sentença da eterna condenação. Quando o Senhor vier para julgar, este sinal da cruz estará no céu. Então todos aqueles que se colocaram sob a cruz e que em vida seguiram o Crucificado se acercarão ao Cristo-juiz com grande confiança.

2. Por que temes, pois, abraçar a cruz pela qual se caminha rumo ao Reino do Céu? Na cruz está a salvação; na cruz, a vida; na cruz, a proteção contra os inimigos; na cruz, a abundância da bondade divina; na cruz, a fortaleza do coração; na cruz, o compêndio de todas as virtudes; na cruz, a perfeição da santidade. Não há salvação nem esperança de vida eterna senão na cruz. Toma, pois, a tua cruz, segue a Jesus e entrarás na vida eterna. Jesus te precedeu com a cruz às costas e nela morreu por teu amor, para que tu também leves a tua cruz e nela desejes morrer. Pois, se com Ele morreres, com Ele também viverás. E se fores solidário com Ele no sofrimento o serás também na glória.

3. Efetivamente, tudo depende da cruz e tudo está na renúncia de si mesmo; não há outro caminho para a vida e para a verdadeira paz interior senão o caminho da santa cruz e da perseverante renúncia. Vai para onde quiseres, procura quanto quiseres e não acharás caminho mais sublime em cima nem mais seguro embaixo do que o caminho da santa cruz. Organize e ordene tudo conforme o teu desejo e pensamento, e verás que hás de sofrer alguma contradição, te agrade ou não te agrade; em outras palavras, sempre haverás de encontrar a cruz. Ou sentirás dores no corpo ou tribulações no espírito.

4. Ora serás abandonado por Deus, ora perseguido pelo próximo e, o que é pior, não raro te sentirás desprezível diante de ti mesmo. E não haverá remédio nem conforto que te possa livrar ou aliviar; é preciso que sofras pelo tempo que Deus dispuser. Pois

Deus quer te ensinar a sofrer a tribulação sem alívio, para que te entregues totalmente a Ele e te tornes mais humilde pelos sofrimentos. Ninguém sente tão vivamente a paixão de Cristo como quem passou por semelhantes sofrimentos. A cruz, pois, está sempre preparada, e em qualquer lugar ela está te esperando. Não podes fugir dela; para onde quer que voltes ou para qualquer lugar que fores, tu a levarás contigo e sempre encontrarás a ti mesmo. Volta-te para cima ou para baixo, volta-te para fora ou para dentro, em toda parte acharás a cruz; e é necessário que sempre tenhas paciência, se queres alcançar a paz interior e merecer a coroa eterna.

5. Se levares a cruz com boa vontade ela te há de levar e conduzir ao termo desejado, onde acaba o sofrimento; coisa que não acontece neste mundo. Se a levares de má vontade aumentas-lhe o peso e um fardo maior te será imposto; contudo, é forçoso que a leves. Se rejeitares uma cruz, sem dúvida acharás outra; quem sabe, até mais pesada.

6. Pensas tu escapar daquilo do qual nenhum mortal pôde dispensar-se? Houve algum santo ou santa sem tribulação? Nem Jesus Cristo, Senhor Nosso, escapou dessa sorte, sequer por uma hora em toda a sua vida, pois também Ele padeceu dores e sofrimentos. *Convinha que Cristo sofresse e ressuscitasse dos mortos, e assim entrasse na sua glória* (Lc 24,26; 46). Como, pois, buscas tu outro caminho que não seja o caminho real da santa cruz?

7. Grande parte da vida de Cristo foi cruz e martírio; e tu procuras tranquilidade e prazer? Andas errado e muito errado, se outra coisa procuras, escapando dos sofrimentos e das tribulações; pois toda esta vida mortal está cheia de misérias e marcada de cruzes. E quanto mais alguém avança na vida espiritual tanto mais cruzes encontra, porque muitas vezes o amor lhe torna o exílio quase insuportável.

8. Mas apesar de tantas aflições ninguém está sem o alívio da consolação, porque o seguidor de Cristo sente o grande fruto

que advém pelo sofrimento da cruz. Pois quando alguém a toma de bom grado às costas, todo o peso da tribulação se lhe converte em confiança na divina consolação. E quanto mais a existência terrestre é crucificada pela aflição tanto mais se fortalece a existência espiritual pela graça interior. E, às vezes, se fortalece ainda mais quando suporta com amor as agruras da vida e assim assume a cruz com Cristo; por esse mesmo amor seria capaz de suportar mais sofrimentos ainda, agradando dessa forma a Deus. Realizar tudo isso não é virtude humana, mas graça de Cristo; apesar da fragilidade humana, o espírito imbuído de Cristo pode amar e abraçar aquilo que lhe parece naturalmente abominável ou o levaria a fugir.

9. A nossa inclinação natural não nos induz a carregar a cruz, a amá-la, a colocar sob controle os impulsos do corpo, a fugir das honrarias, a aceitar ofensas, a renunciar a si mesmo, a desejar ser colocado para trás, a suportar aflições e desgraças e a não almejar a prosperidade na vida. Tudo isso repugna a nossa natureza humana. Se olhares para ti mesmo darás conta como é difícil realizares todas essas coisas. Ao contrário, se confiares em Deus, do céu te será concedida coragem, e o mundo e as coisas terrenas te estarão sujeitas. Se andares escudado na fé e armado com a cruz de Cristo não temerás o inimigo diabólico.

10. Portanto, como um bom e fiel seguidor de Cristo, dispõe-te a carregar a cruz do teu Senhor que foi crucificado. Isso te dará forças para enfrentar contratempos e outros incômodos da vida, pois em toda a parte por onde quer que estiveres ou te esconderes sempre os encontrarás. Assim é a vida, e não há outro remédio contra os males da dor e da tribulação senão acolhê-los e suportá-los pacientemente. Bebe, generoso, o cálice do Senhor, se quiseres segui-lo e participar de seu destino. Abra-te a Deus para Ele te consolar assim como lhe aprouver. Tu, porém, cuida de suportar as referidas tribulações e considera-as como visitas precio-

sas de Deus, porque sabemos que *não têm proporção os sofrimentos do tempo presente com a glória futura* (Rm 8,18) que havemos de merecer, ainda que somente tu as devesses sofrer todas.

11. Quando chegares a tal ponto que a tribulação te seja doce e amável por causa do amor de Cristo, então considera-te feliz, pois achaste o paraíso na terra. Enquanto não assumires os padecimentos e enquanto tentares fugir deles o medo te perseguirá por toda a parte.

12. Se estiveres disposto a aceitar os sofrimentos e até a morte, então te sentirás melhor e acharás a verdadeira paz. Ainda que fosses arrebatado como São Paulo até ao terceiro céu, nem por isso estarias livre de sofrer contrariedades. *Eu*, diz Jesus, *mostrar-lhe-ei quanto terá de sofrer por meu nome* (At 9,16). Não podes subtrair-te dos sofrimentos se quiseres para sempre amar Jesus e pôr-te no seguimento dele.

13. Sinta como uma honra sofrer alguma coisa pelo nome de Jesus. Que grande glória resultaria para ti, que alegria para os santos e santas e que exemplo darias para os outros! Pois todos recomendam a paciência, ainda que poucos queiram praticá-la. Com razão devias padecer, de bom grado, esse pouco por amor a Cristo, quando sabemos que no mundo muitos sofrem coisas incomparavelmente maiores.

14. Saiba e tenha clara consciência de que tua vida deve ser uma morte contínua, e quanto mais cada um morre para si mesmo tanto mais começa a viver para Deus. Só é capaz de compreender as coisas do céu quem por Cristo se dispõe assumir todas as adversidades. Nada neste mundo é mais agradável a Deus nem mais proveitoso para ti do que, de bom grado, assumir tudo: tristeza e alegria, saúde e doença, por causa do amor a Cristo. Se por hipótese pudesses escolher entre carregar todas essas coisas diante de Deus ou simplesmente recrear-te com as oportunidades de prazer deste mundo, deverias fazer a primeira

escolha, porque ela te colocaria no caminho de Cristo e dos santos e santas. Na verdade, nossos méritos e o estado de nosso progresso espiritual se medem pela nossa capacidade de enfrentar corajosamente as angústias e as tribulações da condição humana.

15. Se houvesse um caminho melhor e mais fácil para a salvação que não fosse viver e padecer com Cristo, Ele mesmo seguramente o teria ensinado com palavras e exemplos. Claramente adverte a seus discípulos e a quantos querem segui-lo até a cruz, dizendo: *quem quiser vir após mim renuncie a si mesmo, tome a sua cruz e siga-me* (Mt 16,23). Seja, pois, este o resultado final de todas as lições e de todos os estudos: *é necessário passar por muitas tribulações para entrar no Reino de Deus* (At 14,21).

Terminam as admoestações que levam à vida interior

Livro III

A CONSOLAÇÃO INTERIOR

Capítulo 1: A íntima comunhão de Cristo com seu fiel seguidor

1. *Ouvirei o que interiormente me disser o Senhor meu Deus* (Sl 84,9). Feliz é quem ouve dentro de si a voz do Senhor e recebe palavras de conforto! Felizes os ouvidos que percebem o sopro do divino sussurro sem se deixar perturbar pelas sugestões vindas do mundo exterior. Felizes, sim, os ouvidos que não se ensurdecem com as vozes que reboam lá fora, mas prestam atenção à Verdade que os ensina lá dentro. Felizes os olhos que não apenas estão abertos às coisas exteriores, mas principalmente o estão para as interiores! Felizes aqueles que se aprofundam nas coisas interiores e se empenham, mediante contínuos exercícios de oração e de meditação, em compreender cada vez mais os mistérios divinos! Felizes os que, com prazer, se entregam a Deus para além dos compromissos do mundo.

2. Tome isso bem a sério, ó minha alma, e vigia as portas dos sentidos, para que possas deixar entrar as palavras que o Senhor teu Deus te quer, interiormente, comunicar. Eis o que te diz o teu Bem-amado: Eu sou *tua salvação* (Sl 34,3), *tua paz e tua vida; fica comigo e acharás paz; esqueça, por um momento, todas as coisas transitórias, mas sem desprezá-las busca as eternas.* Em tudo o que é temporal não está ausente o engano e a sedução; em que te servem todas as criaturas se o Criador te abandonar? Por isso, não te deixes iludir, mas entrega-te dócil e fiel ao teu Criador, para alcançar a verdadeira felicidade.

Capítulo 2: A verdade nos fala interiormente sem o estrépito das palavras

1. *Falai, Senhor, que vosso servo escuta* (1Rs 3,10); *vosso servo sou eu, dá-me inteligência para que conheça os vossos ensinamentos* (Sl 118,125); *abri meu coração às palavras de vossa boca; nele vosso discurso penetre como orvalho*. Diziam outrora os filhos e filhas de Israel a Moisés: *fala-nos tu e te ouviremos, não nos fale o Senhor, para que não morramos* (Ex 20,19). Não assim, Senhor, não assim vos rogo eu; antes, como o Profeta Samuel, humilde e ansioso, vos suplico: *falai, Senhor, que o vosso servo escuta* (1Rs 3,10). Não fale Moisés nem algum dos profetas, mas falai-me Vós mesmo, Senhor meu Deus, que inspirastes e iluminastes todos os profetas, porque Vós podeis, sem eles, ensinar-me perfeitamente, ao passo que eles sem Vós não me poderiam ajudar.

2. Eles podem proferir boas e belas palavras, mas não conseguem dar-lhes espírito; falam com muita elegância, mas se Vós vos calais, não inflamam o coração. Ensinam a letra; Vós, porém, explicais seu sentido. Propõem os mistérios, mas Vós decifrais a significação das imagens. Proclamam os mandamentos, mas Vós ajudais a cumpri-los. Mostram o caminho, mas Vós dais força para percorrê-lo. Eles regam a superfície, mas Vós dais a fecundidade. Eles clamam com palavras, mas Vós dais inteligência aos ouvidos.

3. Não me fale, pois, Moisés, mas Vós, Senhor meu Deus, Verdade eterna. Que não morra sem ter alcançado fruto algum, tendo sido admoestado por fora, mas sem ser abrasado interiormente; que minha condenação não seja a palavra ouvida e não praticada, conhecida e não amada, crida e não observada. *Falai, pois, que vosso servo escuta* (1Rs 3,10) *porque possuis palavras de vida eterna* (Jo 6,39). Falai-me para consolo de meu espírito e para correção de minha vida; também para louvor, glória e perpétua honra vossa.

Capítulo 3: Ouvir com humildade as palavras de Deus, mesmo que muitos não as deixem ecoar interiormente

1. Ouve, filho, ouve, filha querida: as minhas palavras são suavíssimas e superam todos os argumentos dos filósofos e dos sábios deste mundo. *As minhas palavras são espírito e vida* (Jo 6,64) e não devem ser interpretadas por critérios meramente humanos. Não se prestam a vãs divagações, mas devem ser ouvidas em silêncio, com a máxima atenção e grande amor. E eu respondi: *feliz do homem a quem instruis, Senhor, e lhe ensinais o vosso caminho para suavizar-lhe os dias maus* (Sl 93,12.13), não lhe negar consolo na terra.

2. Eu, diz o Senhor, desde o princípio ensinei aos profetas e ainda agora não cesso de falar a todos; mas muitos são insensíveis e surdos à minha voz. Não poucos preferem mais a voz do mundo do que a de Deus; mais facilmente seguem as atrações dos sentidos do que o preceito divino. O mundo promete apenas coisas mundanas e fugazes, e são acolhidas com grande entusiasmo; eu, porém, prometo bens sublimes e eternos, não obstante encontrar frieza no coração de tantos. Existe alguém que me escute atentamente e siga em tudo as minhas inspirações com o mesmo empenho com que acompanha as coisas do mundo e atende aqueles que nele comandam? *Envergonha-te, Sidon, diz o mar* (Is 23,4). E se queres saber, ouve o motivo: por um mísero salário empreendem grandes viagens e pela vida eterna muitos não dão sequer um passo. Busca-se o lucro vil; por uns centavos, às vezes, há brigas violentas; por uma ninharia e promessas mesquinhas não se teme o cansaço, nem de dia nem de noite. Mas que vergonha! Pelo bem eterno, pelo prêmio inestimável, para a honra suprema e pela glória sem fim, o menor esforço nos cansa. Envergonha-te, tu que és preguiçoso e murmurador, por serem

os mundanos mais empenhados naquilo que os perde do que tu por aquilo que te salva. Eles procuram com mais empenho a vaidade do que tu a verdade. Entretanto, não raro, suas esperanças os frustram; mas minha promessa nunca falha e aqueles que em mim confiam nunca saem de mãos vazias. Darei o que prometi, cumprirei o que disse, contanto que persevere fielmente no meu amor até o fim. Eu sou quem remunera todos os bons e sujeita a duras provas os que são meus seguidores.

3. Grava minhas palavras em teu coração e medita-as atentamente porque na hora da tentação te serão muito necessárias. Coisas que agora não entendes quando as leres, entendê-las-ás quando eu te visitar. De dois modos costumo visitar meus eleitos: pela tentação e pela consolação. E duas lições lhes dou cada dia: (1) repreendo-lhes os vícios e (2) exorto-os ao progresso na virtude. Quem ouve minha palavra e não a segue por ela será julgado no dia derradeiro (cf. Jo 12,48).

Oração para implorar a graça da devoção

4. Meu Senhor e meu Deus! Vós sois todo o meu bem. E quem sou eu para atrever-me a dirigir-vos a palavra? Eu sou vosso paupérrimo servo, um vil vermezinho, muito mais pobre e desprezível do que sei e ouso dizer. Lembrai-vos, Senhor, de que sois bom, justo e santo. Vós tudo podeis, tudo dais, tudo repletais, e só o pecador deixais de mãos vazias. *Lembrai-vos de vossa misericórdia* (Sl 24,6) e enchei meu coração de vossa graça, pois não quereis que vossas obras fiquem sem fruto.

5. Como poderei eu, nesta vida tão limitada, suportar a mim mesmo se não me sustentar a vossa graça e misericórdia? Não desvieis de mim a vossa face, não tardeis a vossa visita, não me tireis o vosso consolo, para que não fique *o meu espírito diante de vós sem água* (Sl 142,6); *ensinai-me, Senhor, a fazer a vossa vontade* (Sl 142,10), ensinai-me a andar na vossa presença, digna e humildemente; pois Vós sois a minha sabedoria, porquanto me

conheceis verdadeiramente antes de ter feito o mundo e antes de eu ter nascido e vindo ao mundo.

Capítulo 4: Andar perante Deus em verdade e humildade

1. Meu filho, minha querida filha, ande diante de mim em verdade e procura-me sempre com simplicidade de coração. Quem anda diante de mim na verdade será defendido das incursões malignas e a verdade o livrará das seduções e das maledicências dos maus. Se a verdade te libertar, serás verdadeiramente livre e não farás caso das palavras fúteis dos outros. O que dizes, Senhor, é tudo verdade; peço-vos que assim se faça comigo. A vossa verdade me ensine, me defenda e me conserve até o meu desfecho feliz. Ela me livre de todo apego excessivo e de todo amor desordenado, e assim poderei andar convosco, com grande liberdade de coração.

2. Eu te ensinarei, diz a Verdade, o que é justo e agradável a meus olhos. Relembra teus pecados com grande dor e pesar, e jamais te envaideças por tuas boas obras. Com efeito, és pecador, sujeito a muitas paixões e preso em seus laços. Tu te inclinas sempre para o nada, depressa cais, logo és vencido e logo ficas confuso e desanimado. Nada tens de que te possas vangloriar; muito, porém, para te humilhar; pois és muito mais fraco do que podes imaginar.

3. Nada, pois, do que fazes, julgue grande, nada precioso e admirável, nada digno de apreço, nada nobre, nada verdadeiramente louvável e desejável; e tua extrema vulnerabilidade te causa tristeza. Nada temas, nada critiques e fujas dos teus vícios e pecados que te devem entristecer mais do que quaisquer prejuízos materiais. Alguns não andam diante de mim com simplicidade, mas, curiosos e arrogantes, pretendem saber meus segredos e compreender os sublimes mistérios de Deus, descurando de si

próprios e de sua salvação. Estes, por sua soberba e curiosidade, não raro caem em grandes tentações e pecados porque me distancio deles. Tome a sério o juízo de Deus e evite a ira do Onipotente.

4. Não queiras colocar em questão as ações do Altíssimo; examina antes as tuas iniquidades, os males que cometestes e o bem que por negligência deixaste de fazer. Alguns põem toda a sua atenção nos livros, outros em imaginações, outros em sinais e exercícios exteriores. Alguns me trazem na boca, mas muito pouco no coração. Outros há que, iluminados no entendimento e purificados no coração, sempre suspiram pelos bens eternos; não se fixam, mais do que convém, na consideração das coisas terrenas e aceitam satisfazer o que não podem evitar, que são as exigências da natureza; estes escutam o que lhes diz o Espírito da Verdade, pois lhes ensina a valorizar como passageiras as coisas terrenas e amar mais as celestiais; sem negar o mundo, dia e noite, suspiram pelo céu.

Capítulo 5: Os admiráveis efeitos do amor divino

1. Bendigo-vos, Pai celestial, Pai de meu Senhor Jesus Cristo, por vos terdes dignado de lembrar-vos de mim, pobre que sou. *Ó Pai de misericórdia e Deus de toda consolação* (2Cor 1,3), graças vos dou porque, não obstante a minha indignidade, me alegrais às vezes com vossa consolação. Por todos os séculos, sede para sempre bendito e glorificado com vosso Filho unigênito e o Espírito Santo consolador. Ah! Senhor Deus, santo amigo de minha alma: toda vez que entrais em meu coração, exulta de alegria todo o meu interior. *Vós sois a minha glória* (Sl 118; 111); *Vós sois a minha esperança e meu refúgio no dia da minha tribulação* (Sl 58,17).

2. Mas, como sou ainda fraco no amor e imperfeito na virtude, necessito ser amparado e confortado por Vós. Por isso visitai-me

mais vezes e instruí-me com santas orientações. Livrai-me das paixões desordenadas e curai meu coração de todos os apegos excessivos, para que eu, interiormente, sanado e purificado, seja apto para amar, forte para sofrer e constante para perseverar.

3. Grande coisa é o amor. É um bem verdadeiramente inestimável que por si só torna suave o que é penoso e suporta sereno toda adversidade. Porque leva a carga sem sentir o peso, torna o amargo doce e saboroso. O amor de Jesus é generoso, inspira grandes iniciativas e nos incita sempre à mais alta perfeição. O amor tende sempre para as alturas e não se deixa prender pelas coisas que puxam para baixo. O amor deseja ser livre e isento de amarras que lhe impedem amar com inteireza. Nada mais doce do que o amor, nada mais forte, nada mais sublime, nada mais profundo, nada mais delicioso, nada mais perfeito ou melhor no céu e na terra; porque o amor procede de Deus e em Deus descansa para além do repouso que as criaturas possam propiciar.

4. Quem ama, voa, corre, vive alegre, sente-se libertado de todas as amarras. Dá tudo para todos e possui tudo em todas as coisas, porque, para além de todas as coisas, descansa no Sumo Bem, do qual se derivam e procedem todos os bens. Não olha para as dádivas, mas eleva-se acima de todos os bens até Àquele que os concede. O amor muitas vezes não conhece limites, pois seu fogo interior supera toda a medida. O amor não sente peso, não faz caso das fadigas e quer empreender mais do que pode, não se desculpa com a impossibilidade, pois tudo lhe parece lícito e possível. Por isso, de tudo é capaz e realiza coisas que quem não ama não compreende; quem não ama se enfraquece e acaba caindo. O amor vigia sempre e até dorme sem dormir. Nenhuma fadiga o cansa, nenhuma angústia o aflige, nenhum temor o assusta; mas, qual viva chama, a ardente labareda irrompe para o alto e com segurança prossegue seu curso.

5. Só quem ama compreende o que é o amor. Bem alto soa aos ouvidos de Deus a paixão da alma que diz: Meu Deus, meu amor! Vós sois todo meu e eu todo vosso!

6. Dilatai o meu amor para que possa, do fundo do coração, saborear quão doce é amar: no amor desmanchar-me e nadar. Prenda-me o amor e eleve-me acima de mim mesmo num transporte de fervor sem limites. Cante eu o cântico do amor; seguir-vos-ei até ao mais alto, ó meu Amado; desfaleça minha alma no vosso louvor, no júbilo do amor. Quero amar-vos mais do que a mim mesmo e me amarei a mim só por amor de Vós e em Vós a todos os que verdadeiramente vos amam, consoante a lei do amor que de Vós emana.

7. O amor é pronto, sincero, poderoso, alegre e amável; forte e paciente, fiel, prudente, paciente, vigoroso e nunca busca a si mesmo. Pois logo que alguém procura a si mesmo, perde o amor. O amor é circunspecto, humilde e reto; não é vacilante, não é leviano nem cuida de coisas fúteis; é sóbrio, casto, constante, sereno, recatado em todos os seus sentidos. O amor acata e preza os superiores, mas aos próprios olhos não se tem em alta conta; é piedoso e agradecido para com Deus, confia e espera sempre nele, ainda quando está desolado porque no amor não se vive sem dor.

8. Quem não está disposto a sofrer tudo e a fazer a vontade do Amado não é digno de ser chamado amante. Aquele que ama, de boa vontade abraça tudo o que é duro e amargo por amor a seu Amado, e por nenhuma contrariedade se afasta dele.

Capítulo 6: As provações de quem verdadeiramente ama

1. Filho e querida filha, não és ainda suficientemente forte e prudente no amor. Por que, Senhor? Porque por qualquer contrariedade deixas o que começou e com ânsia excessiva procuras a consolação. Quem é forte no amor permanece firme nas tentações e não dá crédito às sedutoras sugestões do inimigo. Assim como lhe causo agrado na prosperidade, não lhe causo desagrado nos sofrimentos.

2. Quem ama prudentemente não considera tanto a dádiva, mas o amor de quem a dá. Aprecia mais a intenção do que o valor do dom; mas todas as dádivas não valem o que vale o Amado. Quem ama nobremente não se prende ao dom, mas ao Amado acima de todos os dons. Nem tudo está perdido se às vezes sentires menos devoção do que desejarias a mim e aos meus santos e santas. Aquele sentimento terno e doce que experimentas às vezes é efeito da presença da graça, é uma espécie de antecipação da pátria celeste. Mas não te fies muito nele, porque vai e vem.

3. Mas lutar contra os maus movimentos do coração e recusar as insinuações do demônio é sinal de virtude e de grande merecimento. Não te perturbem, pois, as estranhas imaginações, oriundas de não se sabe de onde. Guarda firme o teu propósito e tua reta intenção, fixada em Deus. Não é ilusão o fato de subitamente seres arrebatado em êxtase e logo depois caíres novamente nas costumeiras infantilidades do coração. Sofres contra a vontade porque não és causa delas, mas não te entregues a elas; antes, as repilas porque então serão para ti ocasião de merecimento, e não de perdição.

4. Saiba que o antigo inimigo, de todos os modos, se esforça por impedir-te os bons desejos e afastar-te de todos os exercícios de devoção, nomeadamente da veneração dos santos e san-

tas, da piedosa memória de minha paixão, da salutar lembrança dos pecados, da vigilância sobre o próprio coração e do firme propósito de cresceres nas virtudes. Ele te sugere muitos maus pensamentos para te causar tédio, aversão, afastar-te da oração e da leitura espiritual. Desagrada-lhe muito a confissão humilde de teus pecados, e, se pudesse, far-te-ia abandonar a comunhão eucarística. Não lhe dês crédito nem faças caso dele, pois muitas vezes te arma ciladas traiçoeiras. É por conta dele que te vem pensamentos maus e desejos desonestos. Diz-lhe: Retira-te, espírito imundo, desgraçado, sem-vergonha; deves ser muito perverso para me insinuares tais coisas! Vai-te daqui, malvado, sedutor, porque não te entregarei coisa alguma, pois Jesus estará comigo, qual lutador imbatível, e tu ficarás confundido. Prefiro morrer e sofrer todos os tormentos do que fazer a tua vontade; cala-te e emudeça; não continuarei a te escutar, por mais que me atormentes. *O Senhor é minha luz e minha salvação, a quem temerei?* (Sl 26,1). *Mesmo que se levante contra mim um exército, não temerá meu coração* (Sl 26,3); *o Senhor é meu socorro e meu Salvador* (Sl 18,15).

5. Lute como bom soldado, e se alguma vez caíres por fraqueza, torne a cobrar maiores forças do que as anteriores; tenha certeza de que receberás copiosa graça; acautela-te, porém, muito contra a autossatisfação e a soberba. Por falta dessa vigilância andam muitos enganados e caem, às vezes, em cegueira incurável. O fracasso desses orgulhosos que loucamente exaltam a si próprios sirva-te de cautela e te confirme na virtude da humildade.

Capítulo 7: Esconder a graça sob o manto da humildade

1. Filho e querida filha, é bom e até útil não dares a perceber a graça da devoção; assim não te envaideces nem te preocupas muito com ela. É mais conveniente não te dares demasiado valor;

antes, temas não seres digno da graça recebida. Importa não estares muito apegado a tais sentimentos que bem depressa podem mudar-se no contrário. Com a presença da graça ponderes quão pequeno e pobre és sem ela. O progresso na vida espiritual não consiste tanto em teres a graça da consolação, mas em suportares com humildade, abnegação e paciência a tua privação. Não te desleixes no exercício da oração nem deixes de todo as demais boas obras que costumas praticar. Antes, faça tudo de boa vontade, como melhor puderes e entenderes; nem descuides de ti mesmo, apesar da aridez e da ansiedade da mente.

2. Logo que as coisas não correm como desejam, muitos há que se deixam levar pela impaciência e pelo desânimo. Pois nem sempre está em nossas mãos o nosso caminho, mas a Deus pertence consolar e dar a graça quando quiser e quanto quiser e a quem quiser, tudo como lhe apraz, nem mais nem menos. Alguns imprudentes perderam-se na busca da graça da devoção, porque quiseram fazer mais do que podiam, não tomando em consideração a fraqueza das suas forças e seguindo mais o impulso do coração do que os preceitos da razão. Pelo fato de serem presunçosos, bem depressa perderam a graça. Os que pretendiam pôr seu ninho no céu caíram na pobreza e na depressão, mais fundo do que Deus havia determinado; dessa forma, humilhados e empobrecidos, aprenderam a não alimentarem a pretensão de voar somente com suas próprias asas sem se colocarem à sombra das asas de Deus. Os novatos e os principiantes no caminho do Senhor podem se enganar e se perder, caso não se aconselharem com pessoas experientes.

3. Estes põem em grande risco sua própria salvação se preferem seguir a sua própria ideia do que confiar no conselho de pessoas experimentadas e, pior ainda, se continuarem aferrados à sua própria opinião. Os que se julgam sábios humildemente se deixam dirigir pelos outros. É preferível humildemente saber e

entender pouco do que possuir tesouros de ciência e ser presunçoso. É melhor para ti teres menos do que muito, se com o muito te tornares orgulhoso. Não é suficientemente prudente quem se entrega todo à alegria, esquecendo-se da antiga pobreza, do casto temor de Deus e do risco de perder a graça recebida. Nem tampouco mostra muita virtude quem, em momentos de dificuldades e por qualquer contratempo, entrega-se facilmente ao desânimo, sem pôr em Deus a devida confiança.

4. Quem, em tempos de paz, julga-se muito seguro, muitas vezes em tempos de guerra revela-se temeroso e covarde. Não cairás tão depressa na tentação e no pecado se souberes te conservar sempre humilde e pequeno no conceito que fazes de ti e souberes orientar o teu espírito com moderação.

5. Quando sentires fervor de espírito é aconselhável meditar no que será de ti quando te for tirada essa graça. E se isso de fato ocorrer, pensa que a luz pode voltar, pois a tirei só por algum momento, para tua precaução e minha glória. Tal provação, muitas vezes, te é mais proveitosa do que se tudo acontecesse conforme o teu desejo. Pois não se devem avaliar os merecimentos de alguém pelas muitas visões e consolações, nem pelos conhecimentos das Escrituras, nem pelo cargo elevado que ocupa. Mas, para conhecer o valor de cada um, considera se é fundado na verdadeira humildade e se vive cheio de amor de Deus; se sempre busca a honra de Deus com pura e reta intenção; se não se vangloria de si mesmo nem se dá demasiada importância, e se prefere antes ser ignorado e esquecido do que ser enaltecido e louvado pelos outros.

Capítulo 8: Não ter-se em grande conta aos olhos de Deus

1. *Ao meu Senhor falarei, ainda que implique pôr cinza na cabeça* (Gn 18,27). Se eu me tiver em grande conta, eis que vos ergueis contra mim, e diante da apresentação de meus pecados não posso vos contradizer. Mas se me considerar pequeno, consciente de que vim do nada e se deixar para trás todo o meu orgulho e pensar que sou pó, pois do pó provenho, então vossa graça virá jubilosa para mim e a vossa luz irá inundar o meu coração; então todo o sentimento de amor-próprio, por mínimo que seja, mergulhará no abismo do nada e desaparecerá para sempre. Então me dais a conhecer o que realmente sou, o que fui, a que ponto cheguei; porque sou nada e não o sabia. Abandonado a mim mesmo, não passo de um puro nada e sou a própria fraqueza. Mas se lançais um olhar sobre mim, logo me sinto forte e cheio de nova alegria. É maravilhoso sentir que de repente me levantais e com tanto afeto me abraçais; pois do contrário, devido ao meu próprio peso, sou conduzido sempre para o abismo.

2. Isso é obra de vosso amor, que me previne gratuitamente, socorrendo-me em mil necessidades, guardando-me dos males que são infindos. Perdi-me amando-me desordenadamente; mas buscando a Vós em primeiro lugar e amando com puro amor, achei a mim mesmo e a Vós também; e este amor me fez sentir ainda mais profundamente o meu nada. Mas Vós, ó dulcíssimo Senhor, me tratais além do que mereço e mais do que ouso esperar ou pedir.

3. Bendito sejais, meu Deus, pois embora eu não seja digno de todo o bem, ainda assim não cessa vossa gratuidade e infinita bondade de fazer bem até aos ingratos e aos que andam longe de Vós. Convertei-nos a Vós, para que sejamos gratos, humildes e espirituais, pois Vós sois a nossa salvação, a nossa força e o nosso baluarte.

Capítulo 9: Deus, a última referência de tudo

1. Filho/filha, se desejas ser verdadeiramente feliz, eu deverei ser o teu supremo e derradeiro sentido. Essa intenção purificará teu coração, tantas vezes perdido em ti mesmo e nas coisas mundanas. Se porventura buscas a ti mesmo, logo te enfraqueces e desanimas. Refere, pois, tudo a mim, principalmente porque eu sou aquele que te deu tudo. Considera todos os bens como vindos do Sumo Bem; por isso refere tudo a mim como a tua origem.

2. O pequeno e o grande, o pobre e o rico tiram água viva de mim, pois sou a fonte de vida; e os que me servem voluntária e livremente receberão graça sobre graça. Mas quem, fora de mim, quiser se autopromover ou buscar realização pessoal jamais experimentará a verdadeira alegria nem se lhe dilatará o coração, mas andará sempre preocupado e de mil maneiras angustiado. Nada de bom que existe em ti deves atribuí-lo a ti mesmo. Nem qualquer outra pessoa atribua a ti a virtude. Antes, refira tudo a Deus, sem o qual não há nada no ser humano. Eu dei tudo e quero receber tudo de volta, e exijo-o ciosamente com as respectivas ações de graça.

3. É essa verdade que não dá lugar para a vanglória. E se entrar em teu coração a graça celestial e o verdadeiro amor, não sentirás mais nenhuma inveja nem aperto de coração, nem haverá mais espaço para o egoísmo. Porque o amor divino vence tudo e multiplica as forças interiores. Se és verdadeiramente sábio, coloca em Deus tua alegria e confiança, acima de qualquer outra coisa, *porque ninguém é bom senão Deus* (Lc 18,19). Ele deve ser louvado e bendito em tudo e acima de todas as coisas.

Capítulo 10: Como é doce, no meio do mundo, servir a Deus

1. De novo, Senhor, vos falarei e não me calarei. Direi aos ouvidos do meu Deus, meu Senhor e meu Rei, que está nas al-

turas: *Quão grande, Senhor, é a abundância da doçura que reservastes aos que vos amam* (Sl 30,20). Mas o que acontecerá para aqueles que vos amam e de todo o coração vos servem? É verdadeiramente inefável a doçura da contemplação que concedeis aos que vos amam. Nisto particularmente me manifestastes a doçura de vosso amor: quando não existia, Vós me criastes; e quando andava longe de Vós, perdido no erro, me reconduzistes a Vós para vos servir, e me destes o mandamento de vos amar.

2. Ó fonte perene de amor! Que direi de vós? Como poderia eu esquecer-me que dignastes lembrar-vos de mim, mesmo quando era depravado e perdido? Além de toda esperança, usastes de misericórdia para com vosso servo, e para além de todo o mérito me presenteastes com a vossa graça e a amizade. Com que poderei agradecer-vos por tanta graça? Porque nem a todos é dado abandonar tudo, renunciar a tantas coisas mundanas e abraçar o caminho espiritual. Será porventura mérito que eu vos sirva, quando toda criatura tem o dever de vos servir? Não parece grande coisa que eu vos sirva; antes devo, pobre e indigno, sentir-me honrado e dignificado pelo fato de que vos digneis receber-me em vosso serviço e juntar-me aos vossos servos prediletos.

3. Vede, é vosso, Senhor, tudo o que possuo e com que vos sirvo; entretanto, mais me servis do que eu a Vós. Aí estão o céu e a terra que criastes para que os cuidássemos; estão atentos ao vosso aceno para fazer, cada dia, o que lhes mandais. Mais ainda: os próprios anjos destinastes ao nosso serviço. Mas, indo além dessas coisas todas, Vós mesmo vos dignastes servir o ser humano e lhe prometestes ser Vós mesmo a sua recompensa.

4. Que vos darei por essas bondades sem conta? Ah! se pudesse servir-vos todos os dias de minha vida! Que fosse apenas por um dia, pudesse prestar-vos condigno serviço! Na verdade, sois digno de todo o obséquio, de toda honra e glória eterna.

Vós sois verdadeiramente meu Senhor e eu vosso ínfimo servo, levado a agradar-vos com todas as minhas forças, sem me cansar jamais de vos louvar. Assim o quero, assim o desejo; dignai-vos, Senhor, suprir o que me falta.

5. Grande honra e glória é servir-vos para além de qualquer outro amor. Aqueles que livremente escolherem vosso santíssimo serviço alcançarão copiosa graça. Aqueles que não se deixam prender pelos prazeres mundanos encontrarão suavíssima consolação do Espírito Santo. Aqueles que por vosso nome entram no caminho estreito e não ficam reféns dos cuidados humanos conseguirão grande liberdade de espírito.

6. Ó doce e amável servidão de Deus, que torna a pessoa verdadeiramente livre e santa! Ó sagrada servidão da vida espiritual que nos faz iguais aos anjos, agradáveis a Deus, inimigos dos demônios e recomendáveis a todos os fiéis. Ó ditoso e nunca suficientemente desejado serviço pelo qual nos prometeu o Sumo Bem e que alcança a felicidade que não conhece medida nem fim.

Capítulo 11: Examinar e integrar
os desejos do coração

1. Filho/filha, muitas coisas deves aprender que ainda não sabes exatamente. Que coisas são estas, Senhor? Que alinhes perfeitamente teu desejo em conformidade com o meu consentimento; mais do que amar a ti mesmo, ausculta atentamente a minha vontade. Muitas vezes te inflamam teus desejos e com veemência te possuem; examina, porém, o que mais te move, se minha honra ou o teu próprio interesse. Se te moves por mim, ficarás bem feliz, pouco importa o que empreendes; mas se te moves por algum interesse próprio e escuso, eis que logo te atrapalharás e te afligirás.

2. Tome cuidado com os desejos precipitados e me consulte antes para que não suceda que venhas te arrepender e que desagrades aquilo que antes te agradava e buscavas com afã porque te parecia melhor. Nem todo desejo que se apresenta bom devemos logo atendê-lo, nem tampouco todo sentimento contrário deve ser logo afastado. Convém, às vezes, refrear as boas iniciativas e os desejos para que as preocupações não te distraiam o espírito; não dês escândalo por falta de discrição; enfim, não te perturbe a oposição dos outros e nunca esmoreças.

3. Outras vezes, ao contrário, é preciso usar de certa violência e enfrentar destemidamente os apetites dos sentidos, sem atender ao que a carne quer ou não quer, mas trabalhando por subordiná-la ao espírito, ainda que se revolte. Cumpre mantê-la sob controle e impor-lhe limites, de forma que esteja disposta a contentar-se com pouco e alegrar-se com simplicidade, sem se queixar por qualquer inconveniente.

Capítulo 12: A escola da paciência e a luta contra as paixões

1. Deus e Senhor meu, pelo que vejo, a paciência me é muito necessária, pois são muitas as contrariedades desta vida. Por mais que procure a paz, não há vida sem luta e sofrimento. Assim é, meu filho e minha filha, e não quero que busques uma paz sem tentações e contrariedades. Esforça-te em buscar a paz no meio das ofensas, das tribulações e das provas a que fores submetido.

2. Se dizes que não podes sofrer tanta coisa, como suportarás, então, o fogo do purgatório? De dois males sempre se deve escolher o menor. Para se livrar dos sofrimentos futuros sofra com paciência os males presentes por amor a Deus. Pensas, acaso, que nada ou pouco sofrem as pessoas que vivem no mundo? Isso não encontrarás nem entre os mais aquinhoados. Di-

rás talvez que eles têm muitos prazeres e seguem a sua própria vontade; por isso pouco lhes pesam as tribulações. Suponha que seja assim e tenham eles tudo o que desejam, mas quanto tempo achas que há de durar essa situação?

3. *Eis que, qual fumo, se desvanecerão os abastados deste mundo* (Sl 36,20); nem recordação restará de seus prazeres passados. E mesmo, enquanto vivem, não estão livres de amargura, de aborrecimento e de temor. Porque, muitas vezes, a dor que os castiga vem do próprio objeto de seus prazeres. A justiça se realiza através da amargura e da inquietação provocadas por seus prazeres, porque os buscaram de forma egoísta e desordenada.

4. Quão breves e falsos se mostram os prazeres do mundo quando buscados desordenadamente. Quem se deixa por eles embriagar e cegar espiritualmente não os entende; antes, mostrando-se fraco de inteligência, por um minuto de prazer nesta vida corre o risco de dar morte à sua alma. Tu, pois, meu filho e minha filha, *não sigas teus apetites e aprende a renunciar a tua vontade* (Eclo 18,30); *alegra-te no Senhor, e Ele te dará o que o teu coração mais anela* (Sl 36,4).

5. Se queres, portanto, verdadeiras delícias e receber de mim consolações abundantes, coloque em plano secundário as coisas mundanas e os prazeres meramente carnais e, por recompensa, terás copiosa consolação. Quando mais relativizas os prazeres que encontras neste mundo, tanto mais suaves e eficazes consolações encontrarás em mim. A princípio não o conseguirás sem algum sacrifício e trabalho; o costume inveterado te oporá resistência, mas será suplantado por outro melhor. A carne mostrará seu desejo, mas o fervor do espírito lhe porá um freio. A serpente antiga te tentará, mas tu a afugentarás com a oração e com o esforço operoso lhe fecharás a principal entrada.

Capítulo 13: A obediência e a humilde aceitação, a exemplo de Jesus Cristo

1. Filho/filha, quem procura tirar-te o espírito de obediência aparta-te também da graça; quem busca favores particulares perde os comunitários. Aquele que não acata as orientações de seu superior de forma pronta e de coração aberto mostra que ainda não é senhor de si mesmo, e muita vezes se revolta e resmunga. Aprende, pois, a escutar atentamente a teu superior para mais facilmente controlar tuas próprias vontades, pois mais facilmente se evitam as dificuldades exteriores se for fortalecido o mundo interior. Quando não atendes aos apelos do espírito te fazes o maior inimigo de ti mesmo. Se queres vencer as paixões desviantes não deves, real e seriamente, colocar-te no centro de tudo. Mas porque amas a ti mesmo de forma desordenada, sentes repugnância em acolher as orientações dos outros.

2. Pensas que és mais pelo fato de que, sendo pó e nada, te submeteste a um homem, por amor a Deus, do que eu, o Todo-poderoso e Altíssimo, que criei do nada todas as coisas, submeti-me humildemente a um homem por amor de ti? Fiz-me o mais humilde e o último para que tu venças a tua soberba com a minha humildade. Aprende, pó, a acolher o desígnio de Deus; aprende, terra e barro, a humilhar-te e a curvar-te aos pés de todos. Aprende a ser senhor de tua vontade para poder servir a todos em tudo.

3. Pratique a autocrítica; supere toda vaidade pessoal e torna-te tão humilde e aberto aos demais, que eles te façam sentir que te encontras no mesmo nível de todos: no chão duro da vida. Acolha as críticas, pois és um reles pecador, que tantas e tantas vezes ofendeste a Deus e mereceste a exclusão eterna. Pouparam-te, porém, meus olhos porque és precioso diante de mim, para que experimentes meu amor e mostres gratidão pelas gra-

ças recebidas; para que continuamente te ponhas na verdadeira e humilde escuta de Deus, mesmo sofrendo a incompreensão dos outros.

Capítulo 14: Submeta-te aos secretos desígnios de Deus para não te envaideceres de teus sucessos

1. Diante de tua presença, Senhor, temem e tremem os meus ossos combalidos e meu espírito fica totalmente apavorado. Então me dou conta de que nem os céus são puros à vossa vista. Se nos próprios anjos há maldade e não a perdoaste, como será diferente comigo? Quem sou eu diante das estrelas que caem do céu, senão pó? Aqueles cujas obras pareciam louváveis foram precipitados no abismo. Vi também que aqueles que comiam o pão dos anjos tiveram que se contentar com a lavagem dos porcos.

2. Se retirais vossa mão, Senhor, desaparece a santidade. Sem a vossa sabedoria nada se pode governar corretamente. Se deixais de sustentá-la continuamente, não há força de resistência que seja suficiente. Se vós não nos guardais, de pouco vale a nossa vigilância. Desamparados, logo afundamos e perecemos. Mas, sustentados por Vós, nos reerguemos e vivemos. Somos, com efeito, inconstantes, mas Vós nos fazeis determinados; estamos sem entusiasmo, mas Vós nos encheis de energia.

3. Oh!, devo formar um conceito humilde e justo de mim mesmo. Não devo me envaidecer pelo bem que possa haver em mim. Importa acolher, Senhor, em profundidade, os vossos misteriosos desígnios; pois, na verdade, sem Vós sou nada; melhor, um puro nada. Oh, peso imenso! Sou um mar intransponível; se Vós não me sustentásseis a cada momento, não acharias outra coisa em mim senão o nada. Aqui acaba toda soberba e toda a presunção de virtudes pessoais. Diante da profundidade de vossos desígnios a meu respeito, vã é toda a autoglorificação.

4. Como fica nossa condição humana diante de vossa presença? Não temos razão para nos orgulhar, pois somos como o barro que não pode reclamar contra quem o moldou. Quem tem um coração repleto de Deus, nem o mundo inteiro o pode levá-lo à soberba. Quem colocou toda sua esperança em Deus não será seduzido nem por todos os aduladores juntos. Diante de Deus os que falam não são nada e o som de suas palavras emudece, ao passo que *a verdade do Senhor permanece para sempre* (Sl 116,2).

Capítulo 15: Como acolher e integrar os próprios desejos

1. Filho/filha, diga isto em todas as coisas: Senhor, se for de vosso agrado, faça-se isto e aquilo. Senhor, se for para vossa honra, que isso aconteça em vosso nome. Senhor, se conforme o vosso desígnio, tal e tal coisa me seja útil e proveitosa, então que me seja concedida para com ela lhe dar honra e glória. Mas se sabeis que ela não seria boa para mim nem útil para a minha salvação, então afastai de mim tal desejo; porque nem todo o desejo procede do Espírito Santo, ainda que para mim pareça bom e justo. Ao desejar isto ou aquilo não é fácil discernir se és movido por um espírito bom ou mau; ou se é fruto apenas de tua própria vontade. Muitos se sentem no fim enganados quando no princípio pareciam imbuídos da melhor das intenções.

2. Portanto, qualquer coisa, pois, que se te apresente desejável, deves sempre desejá-la e pedir com amor a Deus e com humildade de coração, particularmente solicitar-me tudo com sincera resignação, dizendo: Vós sabeis, Senhor, o que é melhor para mim; faça-se isso ou aquilo conforme a vossa vontade. Dai-me o que quiserdes, quanto e quando quiserdes. Disponde de mim como entendeis, como mais vos agradar e para maior glória vossa. Ponde-me onde quiserdes e disponha de mim li-

vremente em tudo, pois estou na palma de vossa mão; virai-me e revirai-me a vosso desígnio. Eis aqui o vosso servo, pronto para tudo; pois não desejo viver para mim, mas para Vós. Oxalá com dignidade e perfeição.

Oração: Se faço tudo corretamente, Deus o completará

3. Concedei-me, amantíssimo Jesus, que vossa graça esteja comigo, comigo trabalhe e comigo persevere até o fim. Dai-me que deseje e queira sempre o que mais vos seja aceitável e agradável. Vossa vontade seja a minha, e a minha acompanhe sempre a vossa e se conforme em tudo com ela. Tenha eu o mesmo querer e não querer, de modo que não possa querer ou não querer senão o que Vós quereis ou não quereis.

4. Fazei que eu vos prefira a tudo o que há no mundo. Para que Vós sejais conhecido e amado, aceito até ser desprezado e esquecido. Que meu coração repouse em Vós para além de qualquer bem desejável. Vós, a verdadeira paz do coração; Vós, o único repouso; fora de Vós tudo é difícil e cheio de preocupações. *Nesta paz verdadeira*, que sois Vós, Sumo e Eterno Bem, quero dormir e descansar (Sl 4,9). Amém.

Capítulo 16: A verdadeira consolação só se encontra em Deus

1. Tudo o que posso desejar ou procurar para o meu consolo o encontro na vida futura que já se anuncia de forma incipiente nesta vida. Por mais que desfrutasse de todas as consolações e gozasse de todas as delícias deste mundo, o certo é que pouco durariam. Disso resulta, ó minha alma, que não podes achar consolo pleno e alegria perfeita senão em Deus, que consola os pobres e agasalha os humildes. Espera um pouco, ó minha alma; espera a divina promessa, e no céu terás todos os bens em abun-

dância. Se de forma desordenada desejares os bens presentes corres o risco de perder os eternos e celestes. Usa as coisas temporais sem esquecer as eternas. Nenhum bem temporal te pode satisfazer plenamente porque foste criado para gozar coisas mais excelentes.

2. Ainda que possuísses todos os bens criados, não poderias ser feliz e estar contente, pois sem Deus, criador de tudo, não se encontra a bem-aventurança e a plena felicidade. Não assim pensam os que amam apenas este mundo; os bons servidores de Cristo, entretanto, a esperam e às vezes as pessoas espirituais e puras em seu coração as gozam em antecipação, *pois estão ancoradas nos céus* (Fl 3,20). O consolo humano é breve e frágil; no entanto, é bendita e verdadeira aquela consolação que a Verdade nos permite sentir interiormente. Quem é espiritual, em toda a parte traz consigo seu consolador Jesus e lhe suplica: Assiste-me, Senhor Jesus, em todo o lugar e tempo. Seja, pois, esta a minha consolação, em deixar em segundo plano e voluntariamente a consolação humana para me contentar com a vossa. E se me faltar também o vosso consolo, aceito-o como vindo de vossa vontade, que justamente me prova em vista da suprema consolação. Porque *não dura para sempre a vossa ira nem nos ameaçais eternamente* (Sl 102,9).

Capítulo 17: Entregue todo o teu cuidado a Deus

1. Filho/filha, deixa-me fazer contigo o que quero; eu sei o que é bom para ti. Tu pensas como um ser terreno e julgas em muitas coisas sob o efeito de teu afeto humano.

2. Senhor, é verdade o que dizeis. Vossa solicitude por mim é maior do que todo o cuidado que eu possa ter para comigo mesmo. Quem não entrega a Deus todos os seus cuidados corre grande risco de cair. Faze de mim, Senhor, tudo o que quiserdes, contanto que permaneça em vós a minha vontade, reta e firme.

Pois não pode deixar de ser bom tudo o que fizerdes de mim. Se quereis que esteja nas trevas, bendito sejais, e se quereis que esteja na luz, sede também bendito. Se quereis que esteja consolado, sede bendito, e se quereis que esteja aflito, sede igualmente para sempre bendito.

3. Filho e filha, assim deves pensar se desejas andar comigo. Tão pronto deves estar para sofrer como para gozar; para a pobreza e a indigência, como para a riqueza e a abundância.

4. Por Vós, Senhor, sofrerei de bom grado tudo o que quiserdes que me sobrevenha. De vossa mão quero aceitar, indiferentemente, o bem e o mal, as doçuras e as amarguras, as alegrias e as tristezas, e espero dar-vos graças por tudo que me suceder. Livrai-me de todo o pecado, e não temerei nem a morte nem o inferno. Contanto que não me rejeiteis eternamente, não me fará mal qualquer angústia que me sobrevenha.

Capítulo 18: A exemplo de Cristo, suportar serenamente as misérias temporais

1. Filho/filha, desci do céu para tua salvação; tomei tuas misérias, não por necessidade, mas por amor, para ensinar-te a paciência e para suportar com resignação as misérias temporais. Porque, desde a hora do meu nascimento até à morte na cruz nunca me faltaram sofrimentos. Padeci grande penúria de bens terrestres; ouvi, muitas vezes, maledicências contra mim; sofri com brandura injustiças e ofensas; recebi, pelos benefícios, ingratidões; pelos milagres, blasfêmias; pelo ensinamento, repreensões.

2. Senhor, já que fostes tão paciente em vossa vida, cumprindo sempre a vontade do Pai, justo é que eu, pobre pecador, sofra também com paciência, conforme quereis, e suporte por minha salvação o fardo desta vida mortal. Se bem que a vida

presente seja pesada, torna-se, contudo, com a vossa graça, muito meritória, e com vosso exemplo e o de vossos santos e santas, torna-se para os fracos mais suportável e leve. Esta vida presente é também muito mais promissora do que outrora, na lei antiga, quando a porta do céu não estava ainda plenamente aberta e o caminho para o céu parecia mais escuro e nem todos buscavam o Reino dos Céus. Sequer aos justos, antes de vossa paixão e santa morte, foi-lhes dado entrar no reino celestial.

3. Oh!, quantas graças vos devo render por vos terdes dignado mostrar a mim e a todos o caminho direto e seguro para o vosso reino eterno. Vossa vida é a nossa vida; com santa paciência caminhamos para Vós, que sois nossa coroa de glória. Se Vós não nos tivésseis precedido e ensinado, quem cuidaria em vos seguir? Ah! Quantos ficariam para trás, bem longe, se não tivessem visto vossos luminosos exemplos! E se ainda andamos sem ânimo, com tantos prodígios e ensinamentos, o que seria se não tivéssemos tantas luzes para vos seguir?

Capítulo 19: Tolerar as injúrias e ser verdadeiramente paciente

1. Filho/filha, o que é que estás dizendo? Deixa de te queixar e tenha em mente a minha paixão e os sofrimentos dos santos e das santas. Ainda não tens resistido até o derramamento de sangue (Hb 12,4). Pouco é o que sofres em comparação ao muito que padeceram eles em tão grandes tentações, tão graves aflições, tão diferentes provações e angústias. Convém, pois, que te lembres dos pesados trabalhos dos outros, para que mais facilmente sofras os teus, que são mais leves. E se não te parecem tão leves, olha, para que isso não venha de tua impaciência. Contudo, sejam pequenos ou grandes, procura levá-los todos com paciência.

2. Quanto mais te dispuseres padecer tanto mais paciente serás em tuas ações e maiores merecimentos acumularás; o sofrimento com resignação e com a prática torna-se também mais suave. Não digas: não posso tolerar isto daquela pessoa nem estou disposto a aturar tais coisas, pois ela me ofendeu gravemente e me acusa de coisas que jamais imaginei; de outra até sofreria facilmente, o quanto julgasse que deveria sofrer. É um disparate pensar assim, pois não considera a virtude da paciência nem olha aquele que há de coroá-la, mas fica refém das pessoas que te ofenderam e das ofensas recebidas.

3. Não sofre verdadeiramente quem só quer sofrer o quanto achar razoável. O autêntico sofredor também toma em consideração a paciência que exige dos outros; se é de seu superior ou de alguém igual a ele, se é de alguém bom e santo ou mau e perverso. Mas, sem discriminar pessoas, sempre que lhe suceder qualquer contradição, aceita-a jovialmente como vinda de Deus e considera-a uma grande chance de crescimento para a tua espiritualidade. Aos olhos de Deus, qualquer coisa, por mais insignificante que seja, se a sofremos por amor a Ele, terá seu devido merecimento.

4. Prepara-te, pois, para o combate, se queres a vitória. Sem luta não podes chegar à coroa da vitória. Se não queres sofrer, renuncia, então, à coroa; mas se desejas ser coroado, luta valentemente e sofre com paciência. Sem trabalho não se consegue o descanso e sem combate não se alcança a vitória.

5. Senhor, faça-me possível pela graça o que me parece impossível pela natureza. Vós bem sabeis quão pouco sei sofrer e que logo fico desanimado diante do menor contratempo. Por vosso amor se tornem amáveis e desejáveis qualquer prova e aflição, porque sofrer e penar por Vós é extremamente importante para a minha alma.

Capítulo 20: Reconhecer a própria fraqueza e as limitações desta vida

1. *Confesso contra mim mesmo a minha maldade* (Sl 31,5); reconheço, Senhor, minha fraqueza. Com frequência a menor coisa basta para me abater e aborrecer. Proponho agir com determinação, mas assim que me sobrevém uma pequena tentação vejo-me em grandes apuros. Às vezes algo sem importância me traz grande aflição. E se, algum tempo me julgo seguro, quando menos o espero vejo-me, não raro, vencido por um simples sopro.

2. Olhai, pois, Senhor, para esta minha pequenez (Sl 24,18) e fragilidade que conheceis perfeitamente. Compadecei-vos de mim e *tirai-me da lama, para que não fique atolado nela* (Sl 68,18) e afetado para sempre. É isso que com frequência me atormenta e me confunde diante de Vós: o fato de ser tão vulnerável ao cair e tão fraco em resistir às paixões. Embora elas não me levem ao pleno consentimento, muito me atormentam e afligem seus assaltos e muito me aborrece viver sempre nesta luta inglória. Nisto reconheço a minha fraqueza, que mais depressa me vem do que se vão essas abomináveis fantasias da imaginação.

3. Oxalá, ó poderosíssimo Deus de Israel, zelador dos espíritos fiéis, possas olhar para os trabalhos e dores de vosso servo e assistir-lhe em todas as suas iniciativas. Confortai-me com a força celestial, para que não me vença nem domine o velho que está em mim, nem a fraqueza da carne, ainda que inteiramente sujeita às indicações do espírito, contra a qual será necessário lutar enquanto estiver nesta vida mortal. Ai! Que vida é esta, em que nunca faltam as aflições e misérias, em que tudo está cheio de inimigos e ciladas! Mal acaba uma dificuldade ou tentação, outra já se aproxima, e antes de acabar um combate, muitos outros já se anunciam de forma inesperada.

4. Como se pode amar uma vida tão cheia de tantas amarguras, sujeita a tantas calamidades e misérias? Como se pode chamar vida o que gera tantas mortes e desgraças? E, apesar disso, muitos a amam e nela se comprazem. Muitos acusam o mundo de enganador e vazio, e ainda assim lhes custa deixá-lo porque se deixam dominar pelos apetites da carne, a concupiscência dos olhos e a soberba da vida (cf. 1Jo 2,16); mas as penas e as misérias que se derivam dessas coisas acabam gerando ódio e desgosto do mundo.

5. Infelizmente, o prazer fugaz subjuga a mente mundana, *que julga ser uma delícia estar agachado no meio dos espinheiros* (cf. Jó 30,7), porque nunca viu nem provou a doçura de Deus nem a intrínseca suavidade da virtude. Mas aqueles que colocam em segundo plano as coisas do mundo e procuram viver para Deus, com sinceridade e fidelidade, experimentam a doçura divina, prometida aos que se mostraram realmente abnegados, e mais lucidamente conhecem os graves erros do mundo e suas muitas falácias.

Capítulo 21: Repousar em Deus vale mais do que todos os bens e dons

1. Ó minha alma, em tudo e acima de tudo descanse sempre no Senhor, porque Ele é o eterno repouso dos santos e das santas. Dai-me, ó dulcíssimo e amantíssimo Jesus, que eu descanse em Vós mais do que em toda outra criatura; mais do que na saúde e na formosura; mais do que na glória e na honra, no poder e na dignidade; mais do que em toda ciência e sutileza; mais do que em todas as riquezas e artes; mais do que na alegria e no entretenimento; mais do que na fama e no louvor; mais do que nas doçuras e consolações, esperanças e promessas, desejos e méritos: mais do que em todos os dons e dádivas que me podeis dar e infundir; mais do que em todo gozo e alegria que minha alma possa captar e sentir; finalmente, mais do que nos anjos e

arcanjos e em toda a corte celeste; acima de todo o visível, acima, enfim, de tudo aquilo que Vós, meu Deus, não sois.

2. Porque Vós, meu Deus, sois bom acima de todas as coisas; só Vós sois altíssimo, só Vós poderosíssimo, só Vós suficientíssimo e pleníssimo, só Vós suavíssimo e verdadeiro consolador, só Vós formosíssimo e amantíssimo, só Vós nobilíssimo e gloriosíssimo sobre todas as coisas, em quem se olham, a um tempo e plenamente, todos os bens passados, presentes e futuros. Por isso, é insignificante e insuficiente tudo quanto fora de Vós mesmo me dais, revelais ou prometeis, enquanto não vos vejo e possuo inteiramente, porque meu coração não pode descansar verdadeiramente nem estar totalmente satisfeito a não ser em Vós, acima de todos os dons e de todas as criaturas.

3. Ó meu Jesus, esposo diletíssimo, amante puríssimo, Senhor absoluto de toda criação, quem me dera as asas da verdadeira liberdade para voar e repousar em Vós. Oh!, quando me será concedido entreter-me totalmente convosco e experimentar vossa doçura, Senhor meu Deus! Quando estarei tão perfeitamente concentrado em Vós que me esqueça de mim mesmo por vosso amor e sinta só a Vós, acima de todo sentimento e medida, que nem a todos é dado conhecer. Agora, porém, não cesso de gemer e levo, cheio de dor, o peso de minha infelicidade, pois neste mundo sucedem tantos males, que muitas vezes me perturbam, entristecem e anuviam o espírito; outras vezes me embaraçam, distraem, aliciam e confundem, para me impossibilitar o acesso a Vós e privar das doces carícias que gozam sempre os espíritos bem-aventurados!

4. Deixai-vos enternecer por meus suspiros e pelas tantas amarguras que padeço nesta terra. Ó Jesus, esplendor da eterna glória, consolo da alma desterrada, diante de Vós minha boca fica sem voz e meu silêncio vos fala. Até quando tardará vir o meu Senhor? Venha a este seu servo pobrezinho, trazei-lhe ale-

gria. Estenda-lhe a mão e livra este miserável de toda angústia. Vinde, vinde porque sem Vós não posso ter nem um dia, nem uma hora feliz, pois Vós sois minha alegria e sem Vós está vazio meu coração. Miserável sou, como que encarcerado e carregado de grilhões, enquanto não me alegreis com a luz de vossa presença e me deis a liberdade; mostrai-me um semblante amigável.

5. Busquem outros o que quiserem em lugar de Vós, a mim nenhuma coisa jamais há de agradar senão Vós, meu Deus, minha esperança e salvação eterna. Não calarei nem cessarei de orar até que volte vossa graça e Vós interiormente me faleis.

6. Eis que estou aqui, eis que venho a ti porque me chamaste. Comoveram-me tuas lágrimas e os desejos de tua alma: a tua humilhação e a contrição do coração me trouxeram a ti.

7. Eu disse: Chamei-vos, Senhor, e desejei sentir vossa doce presença, disposto a deixar tudo para trás por vosso amor, que Vós primeiro me inspirastes a buscar-vos. Sede, pois, bendito, Senhor, pela bondade que usais para com vosso servo, segundo a vossa infinita misericórdia. Que mais pode fazer vosso servo em vossa presença, senão curvar-se profundamente e se lembrar sempre de sua maldade e mesquinhez? Pois nada há de semelhante a Vós, entre todas as maravilhas do céu e da terra. Vossas obras são perfeitíssimas, vossos pensamentos verdadeiros e vossa providência governa todas as coisas. Louvor e glória, pois, a Vós, ó Sabedoria do Pai, e a minha boca vos louva e bendiz; minha alma vos engrandece, juntamente com todas as criaturas.

Capítulo 22: Recordação dos inumeráveis benefícios divinos

1. Abri, Senhor, meu coração à vossa vontade e ensinai-me a caminhar segundo os vossos mandamentos. Fazei-me compreender o vosso desígnio, e com grande reverência e atenta

consideração recordar os vossos benefícios, gerais e particulares, para assim render-vos por eles as devidas graças. Bem sei e confesso que nem pelo menor benefício vos posso render condignos louvores e agradecimentos. Eu me reconheço pequeno face aos bens que me destes, e quando considero vossa majestade abate-se meu espírito sob o peso de vossa grandeza.

2. Tudo o que temos, no espírito e no corpo, todos os bens que possuímos, internos e externos, naturais e sobrenaturais, todos são benefícios vossos; e outras tantas provas de vossa bondade, liberalidade e generosidade por todos os bens que recebemos de Vós. E ainda que este receba mais e outro menos, tudo é vosso e sem Vós ninguém pode alcançar a menor coisa. E aquele que recebeu mais não pode gloriar-se de seu merecimento, elevar-se acima dos outros nem desprezar o menor; porque só é maior e melhor aquele que menos atribui a si e é mais humilde e mais disposto em vos agradecer. E quem se considera menor e se julga indigno é o maior de todos e mais apto para receber os melhores dons.

3. Quem, porém, recebeu menos não deve entristecer-se, queixar-se nem ter inveja do mais beneficiado; olhará, ao contrário, para Vós e louvará vossa bondade, que de forma tão abundante e generosa distribuís vossas dádivas, sem acepção de pessoas. De Vós nos vêm todas as coisas; por todas, pois, deveis ser louvado. Vós sabeis o que é conveniente dar a cada um e não nos compete perguntar por que este tem menos e aquele mais, só Vós podeis avaliar os merecimentos de cada um.

4. Por isso, Senhor meu Deus, considero como grande benefício ser desprovido de muitas coisas que trazem glória exterior e humanos louvores. Portanto, ninguém, em razão da pobreza e da insignificância de sua pessoa, deve sentir, por isso, desgosto, tristeza ou desalento, senão grande alegria e consolo, porque Vós, Deus meu, escolhestes por vossos particulares e íntimos amigos os pobres, os humildes e os desprezados deste mundo. Testemu-

nho disto são vossos apóstolos, a quem constituístes *pastores de vossa Igreja* (Sl 44,17). Todavia, viveram neste mundo tão sem lamúrias, tão humildes e com tanta simplicidade de alma, tão livres de malícia e de dolo, que se alegravam de sofrer ofensas por vosso nome (cf. At 5,41) e com grande afeto abraçavam o que o mundo abomina.

5. Nada, pois, deve alegrar tanto aquele que vos ama e reconhece vossos benefícios, como ver realizada nele a vossa vontade e o beneplácito de vossas eternas disposições. Tanto deve estar contente e satisfeito quem aceita de boa vontade ser o menor como o outro desejaria ser o maior; e tão tranquilo e contente deve estar no último quanto no primeiro lugar, tão satisfeito em ser passado para trás, ignorado e desconsiderado como se fosse o mais honrado e estimado do mundo. Porque a vossa vontade e o amor de vossa honra devem vir sempre em primeiro lugar e devem consolar e agradar mais ao vosso servo do que todos os dons presentes ou futuros.

Capítulo 23: Quatro coisas produzem felicidade

1. Filho/filha, agora vou ensinar-te o caminho da paz e da verdadeira liberdade.

2. Fazei, Senhor, o que dizeis e ficarei agradecido em ouvi-lo.

3. Filho/filha, trata de fazer antes a vontade dos outros do que a tua. Prefira sempre ter menos do que mais. Busque sempre o último lugar e esteja aberto a todos. Deseje sempre a vontade de Deus e peça para que ela se cumpra perfeitamente em tua vida. Quem assim procede, ingressa no reino da paz e do descanso.

4. Senhor, este vosso discurso é breve, mas encerra muita perfeição. São poucas palavras, mas cheias de sabedoria e de grande fruto. Se eu as pusesse em prática fielmente não me deixaria aborrecer com tanta facilidade. Pois todas as vezes que me

sinto inquieto e aflito, verifico que me desviei desse conselho. Vós, porém, que tudo podeis e desejais sempre o progresso espiritual, aumentai em mim a graça, para que possa guardar vossos ensinamentos e levar a efeito minha salvação.

Oração contra os maus pensamentos

5. *Senhor, meu Deus, não vos afasteis de mim; meu Deus, dignai-vos socorrer-me* (Sl 70,12). Pois me invadem vários pensamentos e grandes temores atormentam meu espírito. Como escaparei ileso? Como poderei superá-los?

6. *Diante de ti,* são palavras vossas, comparecerei eu *e humilharei os soberbos da terra* (Is 14,1). Abrir-te-ei as portas da prisão e te revelarei mistérios escondidos.

7. Fazei, Senhor, conforme dizeis, e vossa presença dissipe todos os maus pensamentos. Esta é a minha única esperança e consolação: a Vós recorrer em toda aflição; em Vós confiar, invocar-vos do mais profundo de mim mesmo e com paciência aguardar a vossa consolação.

Oração para pedir a iluminação do Espírito

8. Iluminai-me, ó bom Jesus, com a claridade da luz interior e dissipai todas as trevas que reinam em meu coração. Refreai os impulsos nocivos e contenhais as tentações que me fazem violência. Lutai valentemente por mim e afugentai as feras ferozes, essas traiçoeiras paixões, para que, *por vossa força, reine paz e abundância* (Sl 121,7) e ressoe perene louvor no templo santo, que é a consciência pura. Dominai os ventos e as tempestades; dizei ao mar: aplaca-te, e ao tufão: não sopres; e haverá então grande bonança (cf. Mt 8,26).

9. *Enviai vossa luz e vossa verdade* (Sl 42,3) para que resplandeçam sobre a terra; porque, enquanto não me iluminais, sou terra vazia e estéril. Derramai sobre mim vossa graça e banhai o meu coração com o orvalho celestial: abri as fontes da devoção

para que reguem a face da terra, para que produzam frutos bons e perfeitos. Erguei meu espírito abatido pelo peso dos pecados e dirigi meus desejos para as coisas do céu, para que, antegozando a doçura da suprema felicidade, não me distraia com pensamentos na coisas terrenas.

10. Fazei-me desprendido e livre de toda transitória consolação das criaturas, pois nada do que é criado pode consolar-me plenamente ou satisfazer meus desejos. Uni-me convosco pelo vínculo indissolúvel do amor, porque só Vós bastais a quem deveras vos ama e sem Vós tudo o mais é frivolidade.

Capítulo 24: Não se deve esquadrinhar a vida alheia

1. Filho/filha, não sejas curioso/a nem te entregues a cuidados inúteis. *Que tens tu com isto ou com aquilo? Tu, segue-me* (Jo 21,22). Que te importa saber se fulano é assim ou assado ou se sicrano age e fala desse ou daquele modo? Tu não és responsável pelos outros, mas deves dar conta de ti mesmo; por que te intrometes nessas coisas? Eu conheço a todos e vejo tudo o que se faz debaixo do sol; sei como cada um procede, o que pensa e quer e para onde leva a sua intenção. Deixa, pois, tudo aos meus cuidados, conserva-te em santa paz e deixa o inquieto agitar-se o quanto quiser. Sobre ele recairá tudo o que fizer ou disser, porque a mim não pode iludir.

2. Não te preocupes com a sombra de um grande nome, com a familiaridade de muitos, nem da amizade particular entre as pessoas. Pois tudo isso gera distrações e grande perturbação no coração. Eu não duvidaria falar-te e descobrir-te os meus segredos se atentamente esperasses minha chegada e me abrisses a porta de teu coração. Sê cauteloso, vigia na oração e cultive a *humildade em todas as coisas* (Eclo 3,20).

Capítulo 25: A inabalável paz do coração e o verdadeiro progresso

1. Filho/filha, eu disse aos meus discípulos: *Eu vos deixo a paz; eu vos dou a minha paz. Não vo-la dou como o mundo a dá* (Jo 14,27). Todos desejam a paz, mas nem todos buscam as coisas que produzem a verdadeira paz. A minha paz está com os humildes e mansos de coração. Na minha paciência encontrarás a tua paz. Se me ouvires e seguires a minha voz, poderás gozar de grande paz. Senhor, que hei, pois, de fazer? Em tudo repara bem no que fazes e dizes e dirige toda a tua intenção em primeiro lugar a mim, e somente depois deseje e busque outras coisas além de mim. Não faça juízos temerários acerca das palavras e das práticas dos outros nem te intrometas em coisas que não te dizem respeito; desse modo poderá ser que pouco ou raras vezes te perturbes.

2. Não é próprio da vida presente, mas do estado do eterno descanso, nunca sentir inquietação, sofrer alguma doença corporal ou perturbação espiritual. Se não sentires nenhuma aflição não julgues ter achado a verdadeira paz; nem pense que tudo está bem se não tiveres nenhum adversário ou tudo correr perfeitamente e a teu gosto. Nem penses que sejas grande coisa ou és singularmente amado por Deus pelo fato de sentires muita devoção e doçura, pois não são esses os sinais pelos quais se conhece o verdadeiro amante da virtude, nem consiste nisso o progresso e a perfeição do homem espiritual.

3. Em que consiste, pois, Senhor? Consiste em te entregares de todo o teu coração à divina vontade, sem buscares o teu próprio interesse nem no pequeno nem no grande, nem no tempo nem na eternidade, de sorte que, com ânimo inalterado, dês graças a Deus na felicidade e na desgraça, pesando tudo na mesma balança. Sê forte e constante na esperança; mesmo privado de

toda consolação interior, disponhas teu coração para maiores provações; não busques desculpas como se não deverias sofrer tanto; antes, louve a santidade e a justiça em todos os meus desígnios; então andarás no verdadeiro e reto caminho da paz e poderás ter a certíssima esperança de contemplar novamente com suprema alegria a minha face. E se chegares a te despojar totalmente de ti mesmo, fica sabendo que então gozarás da abundância da paz, consoante às tuas possibilidades.

Capítulo 26: Alcança-se a excelência da liberdade interior antes pela oração humilde do que pelas muitas leituras

1. Senhor, é próprio de quem é espiritualmente maduro não perder de vista as coisas celestiais e passar pelas mil preocupações como se não se preocupasse; não por preguiça, mas por um privilégio de um espírito livre que não se apega desordenadamente a alguma criatura.

2. Peço-vos, ó meu amantíssimo Deus, preservai-me das preocupações desta vida, para que não me envolva excessivamente nelas; preservai-me das muitas necessidades do corpo, para que não me escravize a sensualidade; de todas as perturbações do espírito, para que não desanime sob o peso das angústias. Não falo das coisas que a vaidade humana busca desvairadamente, mas das misérias que, pelo peso da condição humana mortal, penosamente oprimem o espírito de vosso servo e o impedem de elevar-se ao reino da liberdade perfeita de espírito, sempre que o desejar.

3. Ó meu Deus, doçura inefável! Que o prazer carnal não me aparta do amor às coisas celestes, já que pelo encanto de um prazer momentâneo me posso deixar fascinar. Que a carne e o sangue não prevaleçam, meu Deus; que a glória passageira do

mundo não me seduza, nem seja refém das artimanhas do maligno. Dai-me força para resistir, paciência para tolerar, constância para perseverar. Dai-me, em troca de todas as realizações deste mundo, a suavíssima unção de vosso Espírito e, para além do amor terrestre, infundi-me o amor de vosso nome.

4. Não permitais que o comer, o beber, o vestir e outras coisas necessárias ao bem-estar do corpo se transformem em peso para a minha vida espiritual. Concedei-me usar com moderação de tais recursos, sem apegar-me demasiadamente a eles. Não é lícito recusar tais coisas, pois devemos sustentar a natureza; devemos sim evitar as supérfluas e a busca dos prazeres por eles mesmos, como a santa lei o proíbe: pois corre-se o risco de que a carne se rebele contra o espírito. Que vossa mão, Senhor, me dirija e ensine a evitar todo tipo de excesso.

Capítulo 27: O amor-próprio é o que mais afasta do Sumo Bem

1. Filho/filha, é necessário que dês tudo por tudo, sem reservares nada para ti mesmo. Tome consciência de que teu amor-próprio te prejudica mais do que qualquer outra coisa no mundo. Cada objeto te prende, ora mais ora menos, consoante o amor e a afeição que lhe devotas. Se teu amor for puro, simples e bem-intencionado, não serás escravo de coisa alguma. Não cobice o que não te é lícito possuir nem possua coisa alguma que te dificulte ou te tire a liberdade interior. Admiro-me que não te entregues a mim, do íntimo de teu coração, com tudo o que possas desejar ou ter.

2. Por que te consomes em vã tristeza? Por que colocas tantos esforços nas preocupações supérfluas? Conforma-te com a minha vontade e nenhum dano sofrerás. Se buscares isto ou aquilo, se desejares estar aqui ou ali por tua comodidade ou por

teu capricho, nunca estarás tranquilo nem livre de preocupações, pois em todas as coisas há algum defeito e em todo lugar haverá alguém que te contrarie.

3. De nada adianta, pois, adquirir ou acumular bens exteriores, mas muito te ajuda espiritualmente colocá-los em segundo plano e manter desapegado teu coração. Isto não concerne apenas ao dinheiro e às riquezas, senão também vale para a ambição de honras e para o desejo de louvores fáceis, pois tudo isso passa com o mundo. Nada disso se alcança se não estiver presente o espírito de oração; se faltar ao teu coração o verdadeiro fundamento, a paz procurada fora não durará por muito tempo, isto é, se não se apoiar em mim. Tu podes mudar, mas não melhorar, porque, se aparecer a ocasião e a acolheres, tu encontrarás de novo aquilo do qual fugias e outras coisas mais ainda.

Oração para alcançar a pureza de coração e a sabedoria celestial

4. Consolai-me, Senhor, pela graça do Espírito Santo. Fortalecei o meu interior e livrai meu coração de toda preocupação inútil e de toda ansiedade, para que não me deixe enganar pelos muitos desejos das coisas terrestres, sejam irrelevantes ou preciosas, mas que as considere todas como passageiras e me lembre que eu mesmo sou passageiro, como elas. Pois *nada há de estável debaixo do sol, onde tudo se esvanece e aflige o espírito* (Ecl 1,14). Como é sábio quem assim pensa.

5. Dai-me, Senhor, sabedoria celestial para que aprenda a vos buscar e vos achar antes de tudo, a vos saborear e vos amar acima de tudo e a compreender as coisas como são, segundo a ordem de vossa sabedoria. Dai-me prudência para distanciar-me do que é lisonjeiro e paciência para suportar quem me contraria. É grande sabedoria não se deixar abalar por todo sopro de palavras nem prestar ouvidos aos traiçoeiros encantos da sereia, pois só deste modo prossegue o espírito com segurança no caminho já encetado.

Capítulo 28: Contra as más línguas

1. Filho/filha, não te aflijas se alguém fizer de ti mau juízo ou disser coisas que não gostas de ouvir. Pior ainda, deves julgar-te a ti mesmo e considerar-te o mais imperfeito de todos. Se praticares a vida interior, pouca importância darás às palavras que voam. É grande prudência calar nas horas de aflição, voltar-se interiormente a mim e não se perturbar com os juízos humanos.

2. Não faças depender a tua paz da boca dos outros; porque, quer julguem bem quer julguem mal de ti, não serás por isso diferente. Onde está a verdadeira paz e a glória verdadeira? Porventura não estão em mim? Goza grande paz quem não procura agradar aos outros nem teme lhes desagradar. A inquietação do coração e as instabilidades dos sentimentos se derivam de um amor desordenado e de um temor infundado.

Capítulo 29: Invocar e bendizer a Deus durante a aflição

1. *Senhor, bendito seja para sempre o vosso nome* (Tb 3,23), pois quisestes que me sobreviesse essa tentação e essa dificuldade. Não posso fugir dessa situação, mas tenho necessidade de recorrer a Vós para que me ajudeis e que tudo convertais em meu progresso espiritual. Eis-me, Senhor, atormentado e com o coração aflito, e quanto me abala o presente sofrimento. Pois o que direi agora, Pai amantíssimo? Espremido estou entre angústias. Salvai-me nesta hora; veio sobre mim esse transe, só para que Vós fôsseis glorificado (cf. Jo 12,17) quando estivesse muito abatido e fosse por Vós libertado. *Dignai-vos, Senhor, livrar-me* (Sl 39,24); pois, pobre de mim, que farei e aonde irei sem Vós? Dai-me, Senhor, paciência ainda por esta vez. Socorrei-me, Deus meu, e não temerei, por mais que seja atormentado.

2. E que direi face a tamanha premência? Senhor, *seja feita a vossa vontade* (Mt 26,42). Bem mereço essas aflições e angústias. Não é ruim que sofra, e oxalá seja com paciência, até que passe a tempestade e volte a bonança. Vossa mão onipotente é suficientemente poderosa para me tirar dessa tentação ou moderar-lhe a violência, a fim de que não sucumba totalmente; assim como já tantas vezes tendes feito comigo, *ó meu Deus e minha misericórdia* (Sl 58,18). Quanto mais difícil é essa mudança para mim tanto mais fácil será a mudança da destra do Altíssimo (Sl 76,11).

Capítulo 30: Pedir o auxílio divino e confiar na recuperação da graça

1. Filho/filha, *eu sou o Senhor que te conforta no dia da tribulação* (Na 1,7). Vem a mim quando te sentires aflito. O que mais te impede de receber a consolação é o fato de tardares em recorrer à oração. Em vez de orar com atenção, procuras consolar-te, entretendo-te com várias distrações exteriores. Por isso, tiras pouco proveito de tudo, e assim continuarás até reconheceres que sou eu quem salva do perigo os que em mim esperam e que sem mim não há auxílio realmente valioso, conselho útil nem remédio eficaz. Uma vez, porém, que recobraste coragem depois da tempestade, procura adquirir forças à luz da minha misericórdia; pois estou perto, diz o Senhor, para tudo restaurar, não só integralmente, mas também abundante e profusamente.

2. Por acaso há algo para mim que representa alguma dificuldade ou serei semelhante àqueles que dizem e não fazem? Onde está a tua fé? Tem firmeza e segurança! Mostra-te corajoso e magnânimo, e a seu tempo te virá a consolação. Espera por mim, espera! Eu virei e te curarei. É a tentação que te atormenta, é o temor vão que te assusta. Que ganhas com a preocupação de um futuro incerto, senão que tenhas tristeza sobre tristeza? *A*

cada dia basta o seu fardo (Mt 6,34). É em vão e inútil entristecer-te ou alegrar-te com as coisas futuras que talvez nunca venham a acontecer.

3. É humano deixar-se iludir por tais representações, mas é sinal de pouco ânimo ceder tão facilmente às solicitações do inimigo. A ele pouco importa se é por meios verdadeiros ou falsos que te seduz e te engana, se é com amor aos bens presentes ou com o temor dos males futuros que te põem a perder. *Não se perturbe, pois, teu coração nem se amedronte* (Jo 14,27). Crê em mim e ponha tua confiança em minha misericórdia. Quando te julgas muito longe de mim, não raro mais perto estou de ti. Quando pensas que está quase tudo perdido, muitas vezes está próxima a ocasião de granjeares maior merecimento. Não julgues pela impressão do momento nem te aflijas com qualquer dificuldade, venha de onde vier, como se não houvesse esperança de remédio.

4. Não te julgues inteiramente abandonado, ainda quando, de tempos em tempos, mando-te alguma aflição ou te privo de alguma consolação ansiada, porque é este o caminho por onde se vai ao Reino dos Céus. Sem dúvida, ajuda mais a ti e a todos os meus seguidores o fato de serdes exercitados nas adversidades do que se tudo corresse à vossa vontade. Eu conheço os pensamentos escondidos e sei que é muito importante para a tua salvação o fato de, às vezes, seres privado de toda consolação espiritual, para que não te orgulhes de teu bom progresso nem te envaideças por aquilo que não és. O que dei posso tirar e dar de novo, conforme me aprouver.

5. É sempre meu o que te dou; e quando tiro, não tomo coisa tua, *pois de mim procede toda dádiva boa e todo o dom perfeito* (cf. Tg 1,17). Se eu te enviar qualquer dificuldade ou contrariedade, não te revoltes nem desfaleça teu coração; eu posso num momento aliviar-te e transformar tua mágoa em alegria. Todavia, agindo eu desta maneira para contigo, sou justo e digno de louvor.

6. Se pensares bem e julgares as coisas segundo a verdade, não deves te incomodar tanto com as adversidades, nem desanimar, mas, ao contrário, alegrar-te e agradecer. Deves chegar ao ponto de até te alegrares de que te submeta a sofrimentos, sem te poupar. *Assim como o Pai me amou, eu também vos amo* (Jo 15,19), disse a meus amados discípulos; não os enviei às alegrias temporais, mas aos grandes enfrentamentos; não às honras, mas à perseguição; não aos passatempos, mas aos trabalhos; não ao descanso, mas sim à produção paciente de frutos abundantes. Meu filho/filha, lembra-te bem destas palavras.

Capítulo 31: Encontrar o Criador através das criaturas

1. Senhor, muita graça ainda me é necessária para chegar ao ponto de que ninguém nem alguma criatura me possam perturbar. Pois, enquanto me perco em alguma coisa não posso voar livremente a Vós. Aspirava essa liberdade o salmista quando suspirava: *quem me dera asas como as pombas, para poder voar e descansar* (Sl 54,7). Que há de mais comovedor do que o simples olhar sereno? Quem é mais livre do que aquele que nada deseja nesta terra? Por isso, precisas ir além das criaturas, te despojares totalmente de ti mesmo, perseverares naquele arroubo da alma e compreenderes que o autor de todas as coisas não pode ser confundido com as criaturas. E quem não fizer esse percurso não poderá livremente se deixar penetrar pelas coisas divinas. Por essa razão se encontram tão poucos contemplativos, porque são raros os que sabem despojar-se de todas as coisas acidentais.

2. Para isso faz-se necessária uma graça poderosa que levante o espírito acima dele mesmo. Enquanto alguém não for elevado em espírito e não se sentir livre face a todas as criaturas, unindo-se totalmente a Deus, pouco ajuda o quanto sabe e o quanto pos-

sui. Quem não considerar o Bem como único, imenso e eterno, permanecerá por muito tempo imperfeito e preso à terra. Porque tudo o que não é Deus é relativo e veio do nada. Há grande diferença entre a sabedoria de alguém iluminado e espiritualizado e a ciência de um letrado e estudioso. Muito mais nobre é a sabedoria que vem do céu, por inspiração divina, do que aquilo que o engenho humano adquire à custa de muito trabalho.

3. Muitos desejam a vida contemplativa mas não tratam de exercitar-se nas coisas que ela exige. O grande obstáculo é deter-se apenas nos sinais e nas coisas sensíveis, cuidando pouco da perfeita disciplina. Não sei o que é, nem que espírito nos move, nem o que pretendemos nós que passamos por seres espirituais quando empenhamos tanto trabalho e nos preocupamos com as coisas acidentais e passageiras, ao passo que raras vezes nos concentramos inteiramente na consideração de nosso mundo interior.

4. Com frequência, depois de curto recolhimento, logo nos dissipamos, sem fazer um rigoroso exame de consciência sobre nossos atos. Não prestamos atenção para onde nos conduzem nossos afetos nem deploramos nossas imperfeições interiores. Pelo fato de *toda a humanidade ter se desviado de seu caminho* (Gn 6,12) sobreveio o grande dilúvio. Estando, pois, corrompido o nosso mundo interior, forçosamente estará também corrompida nossa ação que dele nasce, mostrando nossa fraqueza interior. Só de um coração puro procede o bom fruto da vida.

5. Alguns se perguntam quanto esforço alguém fez, mas poucos se preocupam com as virtudes que o animaram. Atentamente querem saber se alguém é forte, rico, formoso, hábil, bom escritor, bom cantor, bom artista, mas não se faz caso o quanto era pobre em espírito, paciente, manso, piedoso e espiritual. A natureza mostra apenas o exterior, mas a graça revela o interior. Aquela muitas vezes falha, enquanto esta espera em Deus para não ser enganada.

Capítulo 32: Renunciar a si mesmo e libertar-se de toda cobiça

1. Filho/filha, não podes gozar de perfeita liberdade enquanto não superares inteiramente o teu egoísmo. Em escravidão vivem todos os ricos e os centrados em si mesmos, os cobiçosos, os curiosos que gostam de vagar por aí, buscando sempre autossatisfações, e não o encontro com Jesus Cristo; só disso cogitam e não percebem que se trata de coisas fugazes. Com efeito, tudo o que não vem de Deus perecerá. Conserva em teu coração esse breve e profundo conselho: deixa tudo e tudo acharás; livra-te da cobiça e terás sossego. Aprofunda-te nisso e quando o puseres em prática então entenderás tudo.

2. Senhor, isso não é obra de um dia nem um jogo de crianças; antes neste breve conselho se resume toda a perfeição religiosa e espiritual.

3. Filho/filha, não deves temer nem logo desanimar ao ouvir falar do caminho dos perfeitos, mas antes esforça-te por um estudo mais acurado ou pelo menos deseja-o ardentemente. Oxalá fosses assim e tivesses chegado ao ponto de não amares a ti mesmo, mas estivesses inteiramente resignado à minha vontade e àquele que te dei como orientador. Isso me agradaria muito, e então toda a tua vida a passarias em paz e em alegria. Para isso tendes que desprender-te de muitas coisas, e se quiseres alcançar o que me pedes deves entregá-las totalmente a mim. *Aconselho-te que me compres o ouro acrisolado para te tornares rico* (Ap 3,18), vale dizer, para teres a sabedoria celestial que ultrapassa todas as coisas terrenas. Não te prendas à sabedoria terrena, à felicidade humana e à autossatisfação.

4. Eu disse que deves fazer este sacrifício: em lugar das coisas nobres e preciosas busque o que, aos olhos dos valores deste

mundo, é menor e sem importância. Porque menor e sem importância e quase esquecida parece ser a sabedoria verdadeira e celestial. Ninguém a tem em conta nem trata de engrandecê-la na terra. Muitos a louvam com a boca mas apartam-se dela na vida. Contudo, essa é a pérola preciosa, conhecida de poucos.

Capítulo 33: O coração é instável, mas a intenção final deve ser dirigida a Deus

1. Filho/filha, não te fies em teus sentimentos atuais que depressa se mudarão em outros. Enquanto viveres estarás sujeito a mudanças, mesmo que não queiras; ora te acharás alegre, ora triste; ora tranquilo, ora inquieto; umas vezes fervoroso, outras morno; já aplicado, já preguiçoso; agora sério, logo leviano. O sábio, porém, e experimetado na vida espiritual está acima dessas inconstâncias, não se preocupando com seus sentimentos nem de que parte sopra o vento da instabilidade, mas concentra todo o esforço de seu espírito no fim devido e desejado. Assim, poderás permanecer sempre o mesmo e inabalável, dirigindo a mim, sem cessar, o objeto de sua intenção, no meio de todas as dificuldades que te sobrevierem.

2. Quanto mais pura for a tua intenção tanto mais constante serás durante as diversas tempestades. Mas em muitos se obscurece o olhar da pura intenção porque depressa a dirigem para qualquer outro objeto de prazer que se lhes apresentar. Poucos há inteiramente livres da pecha de egoísmo. Assim, os judeus foram um dia a Betânia em casa de Marta e Maria, *não só por amor a Jesus, mas também para verem Lázaro* (Jo 12,9). Cumpre, pois, purificar a intenção para que seja simples e reta e se dirija a mim sem ser desviada por outras coisas que se colocam de permeio.

Capítulo 34: Quem ama saboreia Deus sobre e em todas as coisas

1. Vós sois o meu Deus e o meu tudo! Que mais eu quero e que felicidade maior posso desejar? Ó palavra suave e deliciosa! Mas apenas para quem ama a Deus e não o troca pelo mundo com todas as suas coisas. Meu Deus e meu tudo! Para quem a entende basta esta palavra, e quem ama acha uma delícia repeti-la continuamente. Porque, quando estais presente, tudo é agradável, mas se vos ausentais, tudo perde o seu encanto. Vós dais ao coração tranquilidade, grande paz e calorosa alegria. Vós fazeis que julguemos bem de todos e em tudo vos bendigamos. Sem vós nenhuma coisa pode agradar-vos por muito tempo; mas para ser agradável e saborosa, é necessário que vossa graça esteja presente e que a tempere o condimento da vossa sabedoria.

2. Tu saboreias essa graça? E se não o fazes de forma correta? Quem em Vós não se deleita, que coisa lhe poderia ser saborosa? Diante de vossa sabedoria desaparecem os sábios do mundo e os seguidores da carne, porque nos primeiros se acha muita vaidade; nos últimos, a morte. Os que, porém, vos seguem sem prender-se às coisas do mundo e sabendo controlar os impulsos dos instintos, esses são verdadeiramente sábios, porque trocam a vaidade pela verdade e a carne pela espírito. Esses acham gosto nas coisas de Deus, e tudo quanto acharem de bom nas criaturas o referem à vossa glória como criador. Diferente, porém, e muito diferente, é o gosto que se encontra em Deus e nas criaturas, na eternidade e no tempo, na luz incriada e na luz criada.

3. Ó luz perpétua que transcende a toda luz criada, lançai do alto um raio que penetre inteiramente o íntimo do meu coração. Purificai, alegrai, iluminai e vivificai a minha alma com todas as suas potências, para que a vós se una em transportes de alegria. Oh!, quando virá aquela feliz e almejada hora em que haveis de

saciar-me com a vossa presença e ser-me tudo em todas as coisas? Enquanto isso não me for concedido minha alegria não será perfeita. Mas ai! Ainda vive em mim o ser velho, não de todo convertido nem inteiramente transfigurado. Ainda se rebela fortemente contra o espírito e move guerras interiores, nem permite que reine tranquilidade na minha alma.

4. Mas Vós, que *dominais a impetuosidade do mar e aplacais o furor das ondas* (Sl 88,10), levantai-vos e socorrei-me (cf. Sl 43,26). *Desarmai os poderes que procuram guerras* (Sl 67,31); dominai-os com a vossa força (cf. Sl 58,12). Manifestai, Senhor, as vossas maravilhas, e seja glorificado o poder de vosso amor, pois não encontro outro refúgio senão em Vós, meu Senhor e meu Deus!

Capítulo 35: Nesta vida não há segurança contra a tentação

1. Filho/filha, nunca estarás seguro/a nesta vida, mas enquanto viveres, terás necessidade de armas espirituais. Andas cercado de inimigos que à direita e à esquerda te atacam. Logo, se não te armares por todos os lados com o escudo da paciência, não estarás por muito tempo sem feridas. Ademais, se não colocares em mim teu coração, com sincera vontade de te sacrificares em tudo por meu amor, não poderás suportar tão renhido combate nem alcançar a palma dos bem-aventurados. Precisas, pois, caminhar com ânimo forte, passando por todos os empecilhos. Pois *ao vencedor será dado o maná* (Ap 2,17) e ao covarde aguarda muita miséria.

2. Se buscas descanso nesta vida, como chegarás ao descanso eterno? Não procures muito descanso, mas muita paciência. Busca a paz verdadeira antes no céu do que na terra, antes em Deus do que nas pessoas e nas demais criaturas. Deves, pois, por

amor de Deus, aceitar tudo de boa vontade, isto é, trabalhos e penas, tentações e humilhações, ansiedades, doenças, injúrias, murmurações, repreensões, marginalizações, afrontas, correções e escárnios. Tudo isso te faz progredir na virtude, prova-te como bom seguidor de Cristo e prepara a tua coroa celestial. Por breve trabalho te darei um prêmio eterno e por uma perturbação passageira uma glória infinita.

3. Pensas que sempre terás consolações espirituais à medida de tua vontade? Nem sempre a tiveram meus santos e santas, passando, ao contrário, por muitas penas, várias tentações e grandes angústias; mas eles suportaram tudo com paciência, mais confiados em Deus do que em si mesmos, porque sabiam *que não tem proporção os sofrimentos desta vida com a glória futura* (Rm 8,18) que os recompensa. Queres obter logo o que tantos apenas conseguiram só depois de copiosas lágrimas e de grandes trabalhos? *Espera no Senhor, age corajosamente* e sê firme (Sl 26,14); não desanimes, não recues, mas empenhe generosamente corpo e alma a serviço da glória de Deus. Eu te recompensarei plenamente e estarei contigo em toda aflição.

Capítulo 36: Contra os vãos juízos das pessoas

1. Filho/filha, põe firmemente tua confiança no Senhor e não temas o que pensam os outros enquanto tua consciência te der testemunho de tua sinceridade e inocência. É bom e salutar sofrer desse modo, nem isso será penoso ao coração humilde que confia mais em Deus do que em si mesmo. Muitos falam demais e por isso não se lhes deve dar muito crédito. Mas, por outro lado, não é possível contentar a todo mundo. Ainda que Paulo se empenhasse em agradar a todos no Senhor, *fazendo-se tudo para todos* (1Cor 9,22), contudo, fez pouco-caso de ser julgado pelo tribunal humano (cf. 1Cor 4,3).

2. Enquanto dependia dele, fez todo o possível para a edificação e salvação dos outros; contudo, não pôde evitar ser julgado e desprezado por alguns; por isso, pôs tudo nas mãos de Deus, que tudo conhecia, e defendeu-se com paciência e humildade contra as línguas maledicentes que inventavam calúnias e mentiras e as espalhavam como queriam. Todavia, uma vez ou outra, dava resposta, para que seu silêncio não fosse causa de escândalo para os fracos.

3. Quem és tu para temeres um ser mortal? (cf. Is 15,12). Hoje existe e amanhã desaparece. Teme a Deus e não temerás as ameaças do outro. Que mal te poderá fazer com palavras e afrontas? Mais se prejudica a si mesmo do que a ti, e seja quem for, não poderá escapar do juízo de Deus. Põe os olhos em Deus e *não disputes com palavras de queixa* (2Tm 2,14). Se agora pareces sucumbir e receber ofensa não merecida, não fiques contrariado nem diminuas a tua coroa com a impaciência, mas antes levanta os olhos ao céu, para mim, que poderoso sou para te livrar de toda confusão e ofensa e dar a cada um conforme as suas obras (Mt 26,17; Rm 2,16).

Capítulo 37: A resignação pura e íntegra para ganhar a liberdade interior

1. Filho/filha, esqueça de ti e me encontrarás. Despe tua vontade e teu amor-próprio, e sempre terás vantagem. Porque logo que te entregares a mim sem reservas aumentará em ti a graça.

2. Senhor, em que devo me resignar e quantas vezes?

3. Sempre e a toda hora, tanto no muito quanto no pouco. Nada excetuo, mas quero te achar despojado de tudo. De outra sorte, como poderás ser meu e eu teu, se não estiveres exterior e interiormente desapegado de toda vontade própria? Quanto

mais prontamente fizeres o que te peço tanto melhor te acharás; e quanto mais pleno e sincero for teu sacrifício tanto mais me agradarás e mais vantagens terás.

4. Há alguns que se entregam a mim, mas com alguma reserva, porque não têm plena confiança em Deus, e por isso tratam de atender as próprias necessidades. Outros, a princípio, tudo oferecem, mas depois, por força das dificuldades, retornam ao que era antes; é por isso que quase não progridem nas virtudes. Esses nunca chegarão à verdadeira liberdade do coração puro nem à graça de minha doce familiaridade enquanto não renunciarem inteiramente a si mesmos, oferecendo-se em cotidiano sacrifício a Deus, sem o que não há nem pode haver uma fecunda união comigo.

5. Muitíssimas vezes te disse e agora torno a te repetir: deixa-te, renuncia a ti mesmo e gozarás grande paz interior. Dá tudo por tudo, não busques, não reclames coisa alguma, permaneça pura e simplesmente em mim, e me possuirás. Terás livre o coração e as trevas não te poderão amedrontar. A isso te aplica, a isso pede, a isso deseja: ser despojado de todo o amor-próprio para que possas seguir nu a Jesus desnudo, morrer para ti mesmo e viver eternamente. Então se dissiparão todas as vãs projeções, penosas perturbações e preocupações inúteis. Logo também desaparecerá o demasiado temor e morrerá o amor desordenado.

Capítulo 38: O bom comportamento exterior e o auxílio de Deus nos perigos

1. Filho/filha, nisto deves colocar toda a tua atenção, que em todo o lugar, ação ou ocupação estejas interiormente livre e senhor de ti mesmo; controle todas as coisas, e não sejas controlado por elas. Deves ser senhor e orientador de tuas ações, e não servo ou escravo; sejas livre e um verdadeiro hebreu que chega

à condição da liberdade dos filhos e filhas de Deus. Estes se elevam acima das coisas presentes e contemplam as eternas; só de relance olham as coisas transitórias e têm a vista voltada para as celestiais. Não se deixam atrair e prender pelas coisas temporais, mas servem-se delas conforme o fim para que foram ordenadas por Deus e destinadas pelo Supremo Artífice, que nada deixou sem ordem nas suas criaturas.

2. Se, além disso, em qualquer acontecimento, não ficares preso à aparência exterior nem considerares com os olhos carnais o que vês e ouves, mas em qualquer assunto entrares logo como Moisés no tabernáculo e consultar o Senhor, ouvirás, não raro, a sua divina resposta; e sairás instruído a respeito de muitas coisas presentes e futuras. Moisés sempre recorria ao tabernáculo para resolver suas dúvidas e dificuldades; valia-se da oração para triunfar sobre os perigos e sobre as maldades humanas. Do mesmo modo, tu deves te refugiar no mais recôndito de teu coração, para, com mais intensidade, implorar o divino auxílio. Por isso, como está escrito, Josué e os filhos e filhas de Israel foram enganados pelos gabaonitas, porque primeiro não consultaram o Senhor, mas dando excessivo crédito às suas doces palavras, deixaram-se enganar por falsa piedade.

Capítulo 39: Não sejas impaciente em tuas ocupações

1. Filho/filha, confia-me sempre as tuas preocupações e eu as resolverei a seu tempo. Espera minha decisão, e isso será proveitoso para ti.

2. Senhor, de boa mente vos confio todas as coisas, porque pouco adianta a minha preocupação. Oxalá não me perturbasse com os conhecimentos futuros, mas me oferecesses sem delongas o vosso consentimento!

3. Filho/filha, muitas vezes há pessoas que procuram com ânsia algo que desejam; porém, logo que o alcançam mudam de opinião, porque as atrações do mesmo objeto não as satisfazem suficientemente e com facilidade passam para outro. Por isso não é pouca coisa alguém renunciar a si mesmo, ainda que seja em coisas pequenas.

4. O verdadeiro progresso espiritual de alguém consiste na abnegação de si mesmo; quem assim se abnegou goza de grande liberdade interior e segurança. Contudo, o antigo inimigo, o adversário de todo o bem, não desiste da tentação, armando, dia e noite, ciladas perigosas para ver se pode agarrar algum incauto no laço de seu engano. *Vigiai e orai*, diz o Senhor, *para que não entreis em tentação* (Mt 26,41).

Capítulo 40: Ninguém por si mesmo tem algo de bom, por isso não tem sentido se envaidecer

1. Senhor, quem é o ser humano para que *vos lembreis dele, ou o visiteis*? (Sl 8,5). Que fizemos para merecer a vossa graça? Como me posso queixar se me desamparais, ou como posso justamente me opor, se não me concedeis o que peço? Certamente posso pensar e com verdade dizer: Senhor, nada sou, nada posso, pouca coisa boa existe em mim, falta-me quase tudo e sempre me inclino para o nada de onde vim. E se Vós não me ajudais e interiormente não me ensinais, fico totalmente desanimado e depravado.

2. Vós, porém, Senhor, sempre sois o mesmo e permaneceis eternamente (cf. Sl 101,28) bom, justo e santo; as vossas obras, justas e santas, são todas boas e dispondes tudo com sabedoria. Mas eu, que sou mais inclinado à negligência do que ao esforço em progredir espiritualmente, não sei conservar-me no mesmo estado, porque mudo sete vezes ao dia (cf. Dn 4,13.20.22). Mas

quando, no entanto, vos apraz estender-me a mão para me socorrer, logo melhoro; porque, prescindindo do auxílio humano, só Vós me podeis ajudar e dar-me firmeza, de tal modo que jamais meu rosto se mude em outra coisa diferente, mas só a Vós se converta meu coração e em vós repouse.

3. Por isso, se eu soubesse me distanciar de toda humana consolação, a fim de adquirir a devoção, e me obrigasse a sentir a necessidade de buscar-vos, então poderia com razão esperar a vossa graça e exultar com o favor de uma nova consolação.

4. Graças vos sejam dadas, Senhor, porque de Vós procede todo bem que me sucede. Mas eu sou vaidade e *um nada diante de Vós* (Sl 38,6): e isso é muito humilhante. De que posso, pois, me envaidecer ou por que desejo ser estimado? Porventura, do meu nada? Isso seria o cúmulo da vaidade. Verdadeiramente, a vanglória é peste maligna e a pior das vaidades, porque nos afasta da glória verdadeira e nos priva da graça celestial. No momento em que alguém agrada a si mesmo desagrada a Vós, e quando aspira aos humanos louvores perde as verdadeiras virtudes.

5. Glória verdadeira, porém, e alegria santa é gloriar-se em Vós, e não em si mesmo, deleitar-se em vosso nome, e não na sua própria virtude, não buscar realização em criatura alguma, a não ser por amor de Vós. Seja louvado o vosso nome, e não o meu; sejam glorificadas as vossas obras, e não as minhas; exaltado seja o vosso Santo Nome, e não se atribua a mim nenhum dos louvores humanos. Vós sois minha glória e a alegria do meu coração. Em Vós me gloriarei e exaltarei todo dia, mas *quanto à minha pessoa, de nada me envaideço, a não ser das minhas fraquezas* (2Cor 12,5).

6. Busquem os judeus a glória recíproca, de uns para com os outros; eu busco aquela que vem só de Deus. Pois toda glória humana, toda honra temporal e toda grandeza mundana, comparadas com a vossa eterna glória, não passam de vaidade e loucura.

Ó verdade minha e misericórdia minha, Deus meu, Trindade bem-aventurada! A Vós seja dado louvor, honra, virtude e glória pelos séculos dos séculos infinitos.

Capítulo 41: O desapego de toda a honra terrena

1. Filho/filha, não te entristeças por veres os outros honrados e exaltados, ao passo que tu te sentes desprezado e humilhado. Ergue a mim, até ao céu, o teu coração, e não te aborrecerás com o menosprezo humano aqui na terra.

2. Senhor, vivemos na cegueira e facilmente nos seduz a vaidade. Se bem me examino, nunca recebi injúria de criatura alguma; não tenho, pois, motivo de justa queixa contra Vós. Mas, porque cometi tantos e tão graves pecados contra Vós, é justo que contra mim se levantem todas as criaturas. Com muita razão, pois, mereço a vergonha e o desprezo; a Vós, porém, louvor, honra e glória. E enquanto não estiver disposto a querer, de bom grado, ser desprezado e abandonado por todos e ser tido como um nada, não haverá em mim paz e tranquilidade interior, não serei espiritualmente iluminado nem perfeitamente unido a Vós.

Capítulo 42: Não deves procurar a paz nos outros

1. Filho/filha, se puseres tua paz exclusivamente em alguma pessoa por conviver contigo e com ela compartires os mesmos pensamentos e gostos, te descobrirás inconstante e inseguro. Mas, se recorreres à verdade sempre viva e permanente, não ficarás tão triste pela ausência ou morte do amigo; por mim e em mim se há de amar todo aquele que nesta vida julgaste bom e amável. Sem mim as coisas não se sustentam e a amizade não durará muito. O amor não é totalmente puro e verdadeiro sem os laços que eu tenha amarrado. De tal modo deves viver semelhan-

tes amizades, que não venham prejudicar ou diminuir teu amor por mim. Quanto mais alguém se aproximar de mim tanto mais dispensará a consolação terrena. E tanto mais alto ascende para Deus quanto baixo profundamente descer em si mesmo em sua autoestima e pequenez.

2. Mas quem atribui a si o bem que nele há esquece a presença da graça que o Espírito Santo concede aos corações humildes. Quanto mais te despojares de ti mesmo e de todo apego tanto mais virá a ti a graça em abundância. Junto com a contemplação das criaturas deves alimentar a contemplação de mim, seu criador. Aprende, por meu amor, a dominar a ti mesmo em tudo, e então poderás chegar ao conhecimento divino. Se amas de forma desordenada qualquer coisa, por pequena que seja, maculará teu espírito e retardará tua proximidade do Sumo Bem.

Capítulo 43: Cuidado com a ciência vaidosa e mundana

1. Filho/filha, não te deixes seduzir pela beleza e sutileza das opiniões humanas, porque o *Reino de Deus não consiste em palavras, mas na virtude* (1Cor 4,20). Escute as minhas palavras, que inflamam o coração, iluminam o espírito, levam ao arrependimento e produzem muita paz. Nunca estudes minhas palavras com a finalidade de pareceres mais douto e sábio. Antes, mortifica teus vícios, porque isso te traz mais progresso do que o conhecimento das mais complexas questões.

2. Por muito que estudes e aprendas terás que referir tudo e sempre ao único princípio. Sou eu que ensino a todos a ciência (cf. Sl 93,10) e dou aos pequeninos uma compreensão mais clara dos que são capazes de ensinar. Aquele a quem eu ensinar depressa será sábio e fará grandes progressos espirituais. Ai daqueles que pesquisam muitas coisas curiosas e tratam pouco

dos meios de me servir. Tempo virá em que aparecerá o Mestre dos Mestres, Cristo, Senhor dos Anjos, para tomar a lição de todos, isto é, para examinar a consciência de cada um. E *com a lâmpada na mão perscrutará então Jerusalém* (cf. Sf 1,12); desvendará o segredo das trevas, fazendo calar os argumentos das línguas humanas.

3. Eu sou o que levanta prontamente o espírito humilde, de maneira que compreenda mais e melhor as razões das verdades eternas, do que se houvera estudado dez anos na escola. Eu ensino sem ruído de palavras, sem confusão de opiniões, sem espalhafato, sem disputa de argumentos. Eu sou o que ensina a valorizar como convém as coisas terrenas, a relativizar as coisas presentes, a apreciar as eternas, a renunciar às honras, a aceitar ofensas, a sofrer escândalos, a pôr em mim toda a esperança, a amar em mim e por mim todas as coisas e a mim acima de tudo e com todo o fervor.

4. Alguns, entregando-se inteiramente ao meu amor, aprenderam coisas divinas e falavam coisas maravilhosas. Cresceram espiritualmente mais comigo do que estudando questões complexas e sutis. A uns falo, porém, coisas comuns; a outros, mais particulares; a alguns revelo-me docemente em sinais e figuras; a outros descubro os meus mistérios com muita luz. A mesma voz fala em todos os livros, mas não ensina a todos da mesma maneira; pois eu sou o Doutor, aquele que interiormente ensina a verdade, perscruta o coração, penetra os pensamentos, inspira ações, distribuindo a cada um conforme o julgar digno.

Capítulo 44: Não te deixes seduzir pelas coisas exteriores

1. Filho/filha, convém fazer-te ignorante em muitas coisas e viver na terra como se não vivesses aqui definitivamente, para

te poupares de muitas coisas más. Importa também que te faças surdo a muitas coisas, ouvindo apenas aquilo que te traz paz. Mais útil é desviar os olhos das coisas que não te agradam e respeitar a opinião de cada um ao invés de entrar em discussões. Se estiveres bem com Deus e considerares seu desígnio não te será difícil aceitares derrotas.

2 Ah!, Senhor, aonde chegamos? Eis que lamentamos uma perda temporal; trabalhamos e corremos para ter algum lucro, mas nos esquecemos do dano espiritual; mal ou tarde demais o lembramos. Olha-se muito pelo pouco ou por aquilo que nada vale, e não se faz caso por aquilo que é sumamente necessário; quem se entrega inteiramente às coisas exteriores e não reserva tempo para algum recolhimento não goza de descanso tranquilo.

Capítulo 45: Não dês crédito a todos e não descuides das palavras

1. *Socorrei-me, Senhor, na tribulação, porque é inócua a salvação humana* (Sl 59,13). Oh!, quantas vezes procurei em vão a fé, onde pensava que a havia! Ah!, quantas vezes a encontrei onde menos a esperava! Vã é, pois, a esperança que se põe nas pessoas; em Vós, meu Deus, está a salvação dos justos. Bendito, sejais, Senhor meu Deus, por tudo o que nos acontece. Nós somos fracos e inconstantes e nos enganamos; com facilidade mudamos de opinião.

2. Ninguém é tão cauteloso e circunspecto em todas as coisas que alguma vez não fique decepcionado e perplexo. Mas aquele que em Vós, Senhor, confia e vos procura de coração sincero não cai tão facilmente. E se vier a cair em alguma adversidade, pouco importa o grau de envolvimento, prontamente será por Vós libertado ou consolado, porque não desamparais para sempre a quem em Vós espera até o fim. Raro é o amigo fiel que perseve-

ra em todas as dificuldades do amigo. Vós, Senhor, sois o único amigo fidelíssimo, e não se acha outro igual.

3. Oh!, bem o soube aquela alma santa que disse: A minha mente está firmada e fundada em Cristo! Se assim acontecesse comigo não me perturbaria tão facilmente o medo humano nem me abalariam as flechas das más línguas. Quem pode prever tudo e precaver-se contra os males futuros? Se os males previstos já ferem tanto, quanto mais os imprevistos causarão graves feridas! Mas por que motivo, sendo eu tão miserável, não me preveni melhor? Por que tão facilmente dei crédito aos outros? Entretanto, somos criaturas, e nada mais que criaturas fracas, ainda que muitos nos julguem e nos chamem anjos. Em quem crer, Senhor? Em quem, senão em Vós? Vós sois a verdade que não engana nem pode ser enganada. Ao passo que está escrito: *Todo homem é mentiroso* (Sl 115,2), fraco, inconstante, inclinado a pecar, especialmente em palavras, de modo que mal se deve acreditar no que, à primeira vista, parece verdadeiro.

4. Prudentemente nos prevenistes a nos acautelarmos de certas pessoas e nos dissestes que *nossos inimigos são os que moram conosco* (Mt 10,36); que não devemos dar crédito a alguém que nos disser: *Aqui está Cristo!* Ou *está acolá* (Mt 24,23; Mc 13,21). Com muito custo aprendi essa verdade, e queira Deus que me sirva para um maior cuidado, e não para dar provas de maior insensatez! Toma cuidado, diz-me alguém, e guarda para ti o que te digo. E enquanto me calo e guardo segredo, aquele que me pediu segredo deve também guardar silêncio, senão trai a si e a mim, e lá se vai tudo por água abaixo. De pessoas assim, faladoras e levianas, livrai-me, Senhor, para que não caia em suas mãos nem cometa semelhantes faltas. Ponde em minha boca palavras verdadeiras e sinceras, e afastai de mim a armadilha da língua. Daquilo que não quero sofrer devo a todo custo precaver-me.

5. Oh!, como é bom, para viver em paz, não falar dos outros, não crer em tudo ingenuamente nem repeti-lo logo aos demais; abrir-se aos poucos e buscar sempre a Vós, o perscrutador do coração; não se mover por qualquer sopro de palavra, mas desejar que todas as coisas exteriores e interiores se façam conforme o consentimento de vossa vontade. O meio mais seguro para conservar a graça divina e fugir do que cai na vista dos outros é não desejar o que possa granjear-nos a admiração humana; antes, deve-se procurar, com todo o empenho, o que nos ajuda a melhorar a vida espiritual e o fervor do espírito. A virtude propalada e prematuramente elogiada prejudicou muita gente. Traz grande proveito espiritual conservar a graça do silêncio durante esta vida tão vulnerável, que nunca se livra de tentações e de lutas.

Capítulo 46: Confie em Deus quando te dirigem palavras ofensivas

1. Filho/filha, fique firme e espera em mim. Que são as palavras senão simples palavras? Voam pelo ar, mas não ferem a pedra. Se és culpado, trate logo de emendar-te de boa vontade. Se a consciência de nada te acusa: disponha-te a sofrer de boa vontade por amor a Deus. Não é muita coisa sofreres às vezes palavras insultuosas, já que não consegues ainda suportar golpes mais pesados. Por que coisas tão leves ferem teu coração? Porque és ainda carnal e, além do mais, fazes mais caso dos outros do que é necessário. Temes ser desprezado e por isso não queres ser repreendido por teus exageros, procurando defender-te com desculpas esfarrapadas.

2. Mas examina-te melhor e reconhece que vive ainda em ti o mundo e o leviano desejo de agradar os outros. Pelo fato de fugires abatido e confundido por causa de teus defeitos, demonstras claramente que não és verdadeiramente humilde; nem

inteiramente morto ao mundo nem o mundo está totalmente crucificado para ti. Mas escuta a minha palavra e não darás importância às dez mil palavras humanas. Mesmo que contra ti disserem coisas que a mais perversa malícia pode excogitar, que mal te faria, se não lhe deres importância, não fazendo nenhum caso como se fosse pura palha? Por acaso, tal fato poderá arrancar-te um único fio de cabelo?

3. Mas quem não domina o interior, o coração, nem tem a Deus diante dos olhos, facilmente se sente ofendido com uma palavra de repreensão. Aquele, porém, que confia em mim e não se apega à própria ideia, viverá sem temer os outros. Eu sou o juiz e conheço todos os segredos; sei como tudo se passou, quem proferiu a injúria e quem a sofreu. De mim saiu esta palavra, por minha permissão te aconteceu isso, *para que fossem revelados os pensamentos de muitos corações* (Lc 2,35). Julgarei o réu e o inocente; primeiro, porém, quis provar ambos por oculto juízo.

4. Não raro, o testemunho das pessoas é enganador; o meu juízo é verdadeiro e não será revogado. Na maioria das vezes é oculto e poucos lhe conhecem as singularidades, mas nunca erra nem pode errar, mesmo quando pareça menos reto aos olhos dos ignorantes. A mim, pois, deves recorrer em todo o juízo e não te ater ao teu próprio parecer. Pois o justo não se perturbará, seja *o que for que lhe suceda, por permissão de Deus* (Pr 12,21). Não se aborrecerá com as palavras que contra ele injustamente disserem. Mas também não se inflará de vã alegria quando outros o justificarem com razões. Ele deve pensar que *eu sou o perscrutador dos corações e dos rins* (Ap 2,23); não julgo segundo a cara e as aparências humanas. Muitas vezes o que é culpável a meus olhos é tido por louvável na opinião dos outros.

5. Senhor *Deus, juiz justo, forte e paciente* (Sl 7,12) que conheceis a fraqueza e a malícia humana; sede minha força e toda a minha confiança porque não me basta a consciência. Vós sabeis o que eu não sei; por isso devia ter recebido qualquer repreensão

com humildade e mansidão. Perdoai-me, portanto, por todas as vezes que assim não o fiz e dai-me de novo graça mais abundante para sofrer. Portanto, mais valiosa me é vossa copiosa misericórdia para alcançar o perdão dos pecados do que a minha pretensa justiça em defesa do que está oculto na consciência. E mesmo que ela de nada me acuse, nem por isso sou justificado (cf. 1Cor 4,4); porque sem a vossa misericórdia *nenhum vivente será justo a vossos olhos* (Sl 142,2).

Capítulo 47: Suportar coisas graves por causa da vida eterna

1. Filho/filha, não te deixes abater por causa dos trabalhos que assumistes por meu amor nem desanimes nas dificuldades; mas em tudo o que te acontecer te consolem e fortifiquem minhas promessas. Sou suficientemente poderoso para te recompensar além de todo o limite e medida. Não labutarás aqui por muito tempo, nem sempre estarás acabrunhado de dores. Espera um pouco e verás o fim de teus males. Chegará a hora em que cessará todo o trabalho e toda a agitação. O que com o tempo passa é insignificante e breve.

2. Faça o que podes fazer, trabalha fielmente em minha vinha e eu serei tua recompensa. Escreve, lê, canta, geme, cala, ora e enfrente corajosamente toda a adversidade; a vida eterna é digna dessas e de outras lutas maiores. Virá a paz no dia em que o Senhor sabe e não haverá mais nem dia nem noite como agora, mas luz perpétua e claridade infinita, paz consolidada e repouso seguro. Não dirás então: *Quem me libertará deste corpo de morte?* (Rm 7,24); nem exclamarás: *ai de mim porque meu exílio foi prolongado* (Sl 119,5); a morte será destruída e a salvação será eterna; libertado de todas as ansiedades, gozarás deliciosa alegria em meio de agradável e feliz companhia.

3. Oh!, se visses as coroas eternas dos santos e das santas no céu e a glória que, exultantes, já gozam aqueles que outrora, aos olhos do mundo, eram desprezados e tidos como indignos da vida; com certeza, logo te humilharias até ao pé e desejarias antes obedecer a todos do que mandar sobre um só. Nem cobiçarias os dias felizes desta vida; mas, antes, te alegrarias de ser testado por amor de Deus; e considerarias grande lucro ser tido por nada pelos outros.

4. Oh!, se achasses gosto nessas coisas e elas penetrassem profundamente no teu coração, como poderias deixar escapar uma só queixa? Porventura não haverá pena que não deva ser tolerada por causa da vida eterna? Seguramente não é pouca coisa perder ou ganhar o Reino de Deus. Ergue, pois, os olhos ao céu. Eis-me aqui com todos os meus santos e santas; eles que neste mundo enfrentaram grandes combates, ora se rejubilam, ora estão consolados, ora estão seguros, ora desfrutam o repouso; e permanecerão comigo, sem fim, no reino de meu Pai.

Capítulo 48: O dia da eternidade e as agruras desta vida

1. Ó mansão beatíssima da cidade celestial! Ó dia claríssimo da eternidade em que a noite não obscurece; mas a Suprema Verdade sempre irradia; dia sempre alegre, sempre seguro; e que o estado das coisas nunca se transforma em contrário! Oh!, se já amanhecera aquele dia e todas as coisas temporais conhecessem o seu fim! Para os santos e para as santas, sim, brilha esse dia com o fulgor de sua perpétua claridade; para nós, porém, peregrinos na terra, só de longe ele se mostra e como por um espelho.

2. Sabem os cidadãos do céu quão alegre é aquele dia, sentem os desterrados filhos e filhas de Eva quão tedioso e amargo é esse da vida presente. Os dias deste tempo são curtos e maus,

cheios de dores e agruras. Neles se vê que cada um e cada uma estão manchados por muitos pecados, enredados em muitas paixões, angustiados por muitos temores, nervosos por muitas preocupações, distraídos por muitas curiosidades, emaranhados em muitas vaidades, cercados de muitos erros, oprimidos por muitos trabalhos, acossados por tentações, debilitados pelos prazeres e atormentados pela pobreza.

3. Oh!, quando acabarão todos esses males? Quando me verei livre da escravidão dos vícios? Quando me lembrarei somente de Vós, Senhor? Quando me alegrarei plenamente em vós? Quando viverei em perfeita liberdade, sem nenhum obstáculo, sem aflição da alma e do corpo? Quando gozarei a paz bem-fundada, imperturbável e segura, paz interna e externa, paz não ameaçada de nenhuma parte? Ó bom Jesus, quando estarei diante de Vós para vos ver? Quando contemplarei a glória de vosso reino? Quando sereis para mim *tudo em todas as coisas*? (1Cor 15,28). Oh!, quando estarei convosco no reino que preparastes desde toda a eternidade para aqueles que vos amam? Pobre e desterrado estou, em terra de inimigos, onde há guerras cotidianas e extremos infortúnios.

4. Consolai-me no meu exílio, aliviai minha dor, porque todo o meu desejo suspira por Vós. Tudo quanto o mundo oferece de consolo é para mim mais tormento do que outra coisa. Desejo gozar-vos intimamente, mas não o consigo. Desejo aplicar-me às coisas do céu, mas as coisas temporais e as paixões desenfreadas me deixam abatido. Com o espírito desejava elevar-me acima de todas as coisas; mas a carne me obriga a sujeitar-me a elas contra a minha vontade. Assim, eu, infeliz, luto comigo mesmo e *sou a mim mesmo pesado* (Jó 7,20); pois o espírito me puxa para cima, mas a carne para baixo.

5. Oh!, quanto sofro interiormente, quando, ao meditar nas coisas celestiais, logo uma multidão de pensamentos carnais me

vêm perturbar a oração! *Deus meu, em vossa ira não vos aparteis de mim* (Sl 70,12). Lançai vossos raios e dissipai esses pensamentos! *Disparai vossas flechas* e se desfarão todos esses fantasmas do inimigo (cf. Sl 143,6). Concentrai em Vós os meus sentimentos; não permitais que as coisas do mundo me façam esquecer de Vós; concedei-me a graça de logo rebater e afugentar todas as imaginações do pecado. Socorrei-me, Verdade Eterna, para que nenhuma atração mundana me possa seduzir. Vinde, suavidade celestial, e diante de vossa face fuja toda impureza. Desculpai-me e misericordiosamente perdoai-me por todas as vezes que, na oração, penso em outra coisa, longe de Vós. Confesso sinceramente que costumo ser muito distraído. Pois muitas vezes não estou onde tenho o corpo, mas onde me levam os pensamentos. Estou onde está o meu pensamento e meu pensamento está comumente onde está aquilo que amo. Com facilidade me ocorre o seguinte: estou lá onde naturalmente sinto prazer ou por hábito me sinto satisfeito.

6. Por isso, Vós, Verdade Eterna, dissestes claramente: *onde está o teu tesouro aí está também o teu coração* (Mt 6,21). Se amo o céu, gosto de pensar nas coisas de lá. Se amo o mundo, alegro-me em seus prazeres e entristeço-me com suas contradições. Se amo a carne, gostosamente me entrego aos pensamentos carnais. Se amo o espírito, deleito-me em pensar nas coisas espirituais. Porque, seja qual for o objeto do meu amor, dele falo e ouço falar com gosto e trago comigo a sua imagem. Mas bem-aventurado é aquele que por amor de Vós coloca todas as criaturas em segundo plano, luta contra as tendências desviantes da natureza, põe sob severo controle, com o fervor do espírito, as atrações da carne, para, de consciência serena, oferecer-vos uma oração pura; e libertado interior e exteriormente de tudo o que é acidental merecer ser agregado ao coro dos anjos.

Capítulo 49: O desejo da vida eterna e os bens prometidos aos que lutam

1. Meu filho/minha filha, quando sentires que o céu te inspira saudades da bem-aventurança e o desejo de deixar a habitação corporal para contemplar a minha claridade sem qualquer sombra de mudanças, dilata teu coração e recebe esta santa inspiração com todo o carinho. Dá muitas graças à Suprema Bondade que age com tanta liberalidade para contigo, com tanta clemência te visita, com tanto ardor te entusiasma, tão poderosamente te levanta para que teu próprio peso não te faça sucumbir às coisas deste mundo. Isto não te vem por teus pensamentos ou esforços, mas só por mercê da graça celeste e do impulso divino, para que cresças nas virtudes, sobretudo na humildade e te prepares para futuros combates; para que te entregues a mim com todo o afeto de teu coração e te esforces por me servir com vontade determinada.

2. Filho/filha, muitas vezes arde o fogo, mas a chama não sobe sem fumaça. Assim também, os desejos de alguns se abrasam pelas coisas celestiais e contudo não estão livres da tentação e dos apelos da carne. Por isso não agem unicamente pela glória de Deus; coisa, aliás, que com tanto desejo lhe pedem. Tal é também muitas vezes o teu desejo que insinuastes com tanta ansiedade, pois não é puro nem perfeito o que está contaminado por algum interesse próprio.

3. Pede-me não o que te é agradável e cômodo, senão o que é por mim aceitável e honroso; pois se julgares retamente, deves preferir a minha vontade a todos os teus desejos e cumpri-la. Conheço teus desejos e ouvi teus frequentes gemidos. Quiseras estar já agora na gloriosa liberdade dos filhos e filhas de Deus; já te alegra o pensamento da morada eterna, da pátria celestial repleta de gozo; mas não é ainda chegada essa hora; outro é o

tempo atual, tempo de trabalho e de provação. Desejas gozar a plenitude do Sumo Bem, mas por enquanto ainda não o podes conseguir. Eu sou esse Sumo Bem; espera-me, diz o Senhor, até que venha o Reino de Deus (cf. Sf 3,8).

4. Irás na terra passar ainda por muitas provações e serás exercitado em muitas coisas. De vez em quando receberás consolações, mas não podes receber a plena satisfação. *Esforça-te, pois, e tem coragem* (Js 1,7) para fazer e suportar o que é repugnante para a natureza. Importa que te revistas do ser novo e te transformes em uma outra criatura. Deves fazer muitas vezes o que não queres e deixar o que queres. O que aos outros agrada poderá ter sucesso; contigo não ocorrerá o mesmo. O que os outros dizem será ouvido; o que tu dizes é como se não valesse nada. Os outros farão pedidos e serão atendidos, ao passo que os teus sequer serão ouvidos.

5. Os outros serão grandes na boca das pessoas, mas de ti sequer se dirá alguma palavra. Os outros serão encarregados de diversas missões, e tu serás julgado incapaz para qualquer coisa. Com isso, às vezes sua natureza ficará acabrunhada, mas muito ganharás se o suportares calado. Nessas e em outras coisas semelhantes costuma ser aprovado o servo fiel ao Senhor, para ver como sabe renunciar a si mesmo e desapegar-se de todas as coisas. Dificilmente haverá coisa em que mais te seja preciso morrer para ti mesmo do que em ver e suportar o que é contrário à tua vontade, especialmente quando te mandarem fazer coisas que te parecem inúteis e absurdas. E pelo fato de que não ousas resistir ao poder do superior do qual dependes, parece-te pesado andar a vontade dele e renunciar totalmente a teu próprio sentimento.

6. Considera, filho/filha, o fruto desses trabalhos, o fim breve e o prêmio realmente grande, e nada disso te será penoso; mas acharás consolo para os teus padecimentos. Por um pequeno desejo que agora renuncias, tua vontade no céu será sempre

satisfeita, onde acharás tudo o que quiseres e tudo o que podes desejar. Ali possuirás todo o bem sem medo de o perder. Ali a tua vontade, sempre unida com a minha, nada desejará que seja estranho ou privado. Ali ninguém se oporá a ti ou se queixará de ti, ninguém te criará obstáculos ou te trará contrariedades; antes, tudo quanto desejares já estará ai presente para preencher e satisfazer plenamente todos os teus desejos. Ali te darei glória pela ofensa sofrida, um manto de honra pela tristeza; um trono em meu reino para sempre pela escolha do último lugar. Ali brilhará o fruto da obediência, se exaltará o trabalho da penitência e gloriosamente será coroado o submetimento humilde.

7. Agora, porém, coloca-te humildemente às mãos de todos sem reparar quem foi que tal te disse ou mandou. Mas cuida muito em acolher de bom grado qualquer pedido ou aceno, seja de teu superior, de teu nível ou inferior, e trate de o cumprir com sincera vontade. Busque alguém isto e outro aquilo; gabe-se este em uma coisa, aquele em outra e receba mil e mil louvores; tu, porém, não tomes partido de nenhuma delas, mas só te alegres na renúncia de ti mesmo, na minha vontade e glória. Esta deve ser a tua opção: que tanto *na vida como na morte* (Fl 1,20). Deus seja sempre por ti glorificado.

Capítulo 50: Coloque tuas angústias nas mãos de Deus

1. Senhor Deus, Pai santo! Bendito sejas agora e sempre; porque como quisestes assim se fez; e bom é tudo quanto fazeis. Alegre-se em Vós o vosso servo, não em si, nem em qualquer outro; pois somente Vós sois a verdadeira alegria; Vós a minha esperança e coroa; só Vós, Senhor, minha delícia e glória. Que possui vosso servo, senão o que de Vós recebeu sem o merecer? Vosso é tudo o que destes e fizestes. *Pobre sou e vivo em traba-*

lho desde a juventude (Sl 87,16); e meu espírito algumas vezes se entristece até às lágrimas e outras se perturba pelos sofrimentos que virão.

2. Desejo a alegria da paz, suplico a paz de vossos filhos e filhas, aos quais apascentais na luz da consolação. Se Vós me concederdes paz, se Vós me infundirdes santa alegria, a alma de vosso servo se encherá de júbilo, entoando devotamente vossos louvores. Mas se vos afastardes, como muitas vezes o fazeis, ele não poderá trilhar o caminho de vossos mandamentos, mas antes se prostrará de joelhos, para bater no peito, porque não anda como nos dias passados, quando resplandecia vossa luz sobre sua cabeça e encontrava refúgio contra as tentações violentas debaixo da sombra de vossas asas.

3. Pai justo e sempre digno de louvor! Chegada é a hora em que será provado o vosso servo. Pai amoroso! Nesta hora é justo que o vosso servo suporte alguma coisa por vosso amor. Pai sempre adorável, chegou a hora que desde toda a eternidade prevíeis que havia de vir, que, por pouco tempo, sucumba o vosso servo exteriormente, mas vivendo interiormente sempre unido a Vós. Por pouco tempo seja vilipendiado, humilhado, fraqueje diante dos outros, oprimido por sofrimentos e desfalecimentos, para que ressuscite convosco na aurora de uma nova luz e seja glorificado no céu. Pai santo! Foi isto que ordenastes e isto que quisestes. E isto foi feito como o prescrevestes.

4. Pois é uma graça que concedeis ao vosso amigo: sofrer e afligir-se neste mundo por vosso amor, quantas vezes e através de quem o permitireis. Sem o vosso desígnio, sem a vossa providência, ou sem causa, nada acontece na terra. *É bom para mim, Senhor, que me tenhais humilhado, para que aprenda vossos justos desígnios* (Sl 118,71) e deponha toda a soberba do coração e toda presunção. É proveitoso para mim ter o rosto coberto de confusão, para que busque consolação em Vós e não em outros. Também aprendi por esse meio a acolher amorosamente vossos

insondáveis desígnios; pois castigais o justo juntamente com o ímpio; mas não sem equidade e justiça.

5. Graças vos dou, Senhor, porque não tomastes em conta as minhas maldades, embora me castigais com duros açoites, enviando-me dores e afligindo-me exterior e interiormente com angústias. De tudo quanto existe debaixo do sol, nada é capaz de me consolar senão Vós, Senhor meu Deus, médico celestial das almas; feris, sanais e *levais até às profundezas, e de lá tirais* (Tb 13,2); a vossa disciplina está sobre mim; a vossa própria vara me ensinará.

6. Pai querido, eis que estou aqui em vossas mãos e me inclino debaixo da vara de vossa correção. Feri-me as costas e o pescoço, para que submeta à vossa vontade o meu modo de ser censurável. Fazei-me discípulo devoto e humilde, como sabeis fazer, para que ande de acordo com o menor aceno que fazeis. Entrego-me, com tudo o que é meu, à vossa correção; pois é melhor ser castigado neste mundo do que no outro. Vós sabeis tudo e todas as coisas, e nada da consciência humana é escondido para Vós. Sabeis o futuro antes que se realize; não precisais de quem vos ensine ou advirta das coisas que se fazem na terra. Vós sabeis o que serve para meu progresso espiritual e quanto vale o sofrimento para limpar a ferrugem dos vícios. Disponde de mim a vossa vontade e não olheis para a minha vida pecaminosa, pois ninguém melhor e mais claramente a conhece do que Vós.

7. Concedei-me, Senhor, que eu saiba o que devo saber, ame o que devo amar; fazei-me louvar o que mais vos agrada: estimar o que Vós apreciais e evitar o que a vossos olhos é abjeto. Não me deixeis julgar pelas aparências exteriores, nem criticar pelo que ouço de pessoas inexperientes (cf. Is 11,3), mas dai-me o discernimento correto das coisas visíveis e das espirituais, e sobretudo o desejo de conhecer sempre a vossa vontade.

8. Enganam-se frequentemente as pessoas em seus juízos e não menos se enganam os mundanos, porque só amam as coisas

visíveis. Porventura ficará alguém melhor porque outro maior o louva? Com elogios o mentiroso engana o mentiroso; o vaidoso engana o vaidoso; o cego engana o cego; o doente engana o doente; na verdade, antes os confunde ao lhes tecer frívolos louvores. Porque cada um é o que é aos olhos de Deus, e nada mais, diz o humilde São Francisco.

Capítulo 51: Incapaz de fazer grandes coisas, realiza obras humildes

1. Filho/filha, não consegues conservar-te sempre fervorosamente no desejo de todas as virtudes nem permanecer em um grau mais elevado de contemplação; mas às vezes é necessário, por causa de tua natureza corrompida, descer a um grau mais baixo e carregar o fardo desta vida maçante, embora te pese. Enquanto viveres nesse corpo mortal sentirás aborrecimento e angústia no coração. Convém, pois, que na carne gemas muitas vezes debaixo do seu peso, porque não podes ocupar-te ininterruptamente dos exercícios espirituais e da contemplação das coisas divinas.

2. Então, é oportuno recorrer a simples ocupações exteriores e te alegrares com boas ações; esperar com firme confiança minha vinda e visita celestial; suportar com paciência o teu desterro e secura de espírito até que de novo venha visitar-te e te livre de todas as ansiedades. Porque eu te farei esquecer as preocupações e gozar do sossego interior. Abrir-te-ei o jardim das Sagradas Escrituras para que com o coração dilatado comeces a correr pelo caminho dos meus mandamentos (cf. Sl 118,32). E então dirás: *Não tem proporção os sofrimentos desta vida com a futura glória que nos será revelada* (Rm 8,18).

Capítulo 52: Não te julgues merecedor de consolações, mas de correções

1. Senhor, eu não sou digno de vossa consolação nem de visita alguma espiritual; por isso me tratais com justiça quando me deixais pobre e desolado. Porque, mesmo que pudesse derramar um mar de lágrimas não seria digno de vossa consolação. Outra coisa não mereço senão ser flagelado e punido por tantas ofensas e tão graves delitos que cometi. Assim, portanto, bem considerando tudo: não sou digno nem da menor consolação. Vós, porém, Deus clemente e misericordioso, que não quereis que se invalidem vossas obras, dignais-vos, para manifestar as riquezas de vossa bondade nos vasos de misericórdia, consolar vosso servo de modo sobre-humano, sem merecimento algum de minha parte. Porque vossas consolações não são como as nossas confabulações humanas.

2. Que fiz eu, Senhor, para que me désseis alguma consolação celestial? Não me recordo de ter feito algum bem, mas antes fui sempre inclinado a pecar e lerdo em me emendar. Essa é a verdade e não há como negá-la. Se dissesse outra coisa Vós estaríeis contra mim e não haveria quem me defendesse. Que outra coisa mereci pelos meus pecados senão o que chamamos de inferno e de fogo eterno? Confesso com sinceridade que sou digno de todo escárnio e desprezo; não mereço ser contado no número de vossos amigos. E ainda que ouça isso muito a contragosto, por amor à verdade, acusarei contra mim os meus pecados, para alcançar mais facilmente a vossa misericórdia.

3. Que direi eu, coberto de culpa e confusão? Não posso abrir a boca senão para dizer esta palavra: pequei, Senhor, pequei; tende piedade de mim, perdoai-me! *Deixai-me um pouco de tempo para chorar a minha dor antes de descer para a terra tenebrosa, coberta das sombras da morte* (Jó 10,21). Que mais

exigis do culpado e pobre pecador senão que se humilhe e tenha contrição de seus pecados? Pela contrição sincera e humilde do coração nasce a esperança do perdão; reconcilia-se a consciência perturbada; recupera-se a graça perdida; preserva-se a pessoa da ira futura; em ósculo santo Deus se une à alma arrependida.

4. A humilde contrição dos pecados é para Vós, Senhor, um sacrifício que muito vos agrada, pois tem um odor mais suave do que o perfume do incenso. Esse também é o precioso bálsamo que quisestes ver derramado em vossos pés sagrados, pois *nunca desprezastes o coração contrito e humilhado* (Sl 50,19). Lá se encontra o refúgio contra o furor do inimigo, ali se emendam e se lavam as manchas contraídas pela vida afora.

Capítulo 53: A graça de Deus não se comunica a quem é apegado às coisas terrenas

1. Filho/filha, preciosa é a minha graça; não tolera misturar-se com coisas estranhas nem com consolações terrenas. Urge, pois, remover todos os empecilhos da graça se desejas que ela te seja infundida. Busca lugar retirado, gosta de viver só contigo e não procures conversas fúteis com outros; mas a Deus dirige tua oração fervorosa, para que adquiras a compunção de espírito e a pureza de consciência. Não dês demasiado valor ao mundo; o serviço de Deus vem antes de todas as coisas exteriores. Pois não podes relacionar-te comigo e ao mesmo tempo entregar-te aos prazeres das coisas passageiras. Cumpre não apegar-te aos conhecidos e às pessoas queridas, mas mantenha tua mente livre de toda consolação temporal. Assim exorta também instantemente o Apóstolo São Pedro, que os cristãos *vivam neste mundo como forasteiros e peregrinos* (1Pd 2,11).

2. Oh!, quanta confiança terá aquele moribundo que não tem apego a coisa alguma deste mundo. Mas desprender assim

o coração de tudo não o compreende o espírito ainda enfermo; aquele que simplesmente leva uma vida exterior não conhece a liberdade da dimensão interior. Entretanto, se quiser ser verdadeiramente espiritual cumpre-lhe renunciar ao apego excessivo, tanto dos mais próximos quanto dos mais distantes; e preocupar-se mais consigo mesmo do que dos outros. Se venceres perfeitamente a ti mesmo, tudo o mais, com facilidade, colocarás sob teu controle. Pois a perfeita vitória é triunfar sobre si mesmo. Porque aquele que se domina a ponto de os sentidos obedecerem à razão, esta lhe obedecerá em todas as coisas; este é realmente vencedor de si mesmo e senhor do mundo.

3. Se aspiras chegar a esse ápice faz-se necessário começar decididamente e pôr o machado à raiz, para que arranques e cortes o apego secreto e desordenado que tens de ti mesmo e a todo bem particular e meramente sensível. Desse vício do amor excessivo e desordenado de si mesmo se deriva quase tudo aquilo que deve ser vencido; vencido e controlado este, logo haverá grande paz e tranquilidade estável. Mas já que poucos tratam de morrer para si mesmos e se desapegar de si, ficam reféns de si mesmos e não se podem erguer em espírito acima de si. Quem todavia deseja livremente seguir-me deve controlar todas as suas inclinações más e desordenadas e não atirar-se com amor apaixonado a criatura alguma.

Capítulo 54: As duas lógicas: a da natureza e a da graça

1. Filho/filha, observa atentamente a lógica dos movimentos da natureza e da graça; pois são bem diferentes entre si e tão sutis, que só com muito custo podem ser distinguidos; mesmo por uma pessoa espiritual e interiormente iluminada. Todos, efetivamente, querem o bem e se encontra sempre algum bem em

suas palavras e obras. Entretanto, muitos cometem falhas sob a aparência do bem.

2. A natureza é astuta; arrasta, enreda e seduz muitos e não visa outra coisa senão a si mesma. Mas a graça anda com simplicidade; afasta a menor aparência do mal; não usa artifícios e tudo faz por puro amor a Deus, no qual descansa como em seu fim último.

3. A natureza tem horror ao controle; não quer ser oprimida, vencida, sujeitar-se e submeter-se voluntariamente a alguém. A graça, ao contrário, busca a justa medida; resiste à sensualidade, prefere sujeitar-se, renuncia ao exercício da própria liberdade, aprecia a disciplina; não pretende dominar ninguém, mas quer viver, ficar e permanecer sempre debaixo da mão de Deus; continuamente pronta, por amor a Deus, a se curvar humildemente a toda humana criatura.

4. A natureza trabalha em função de seu próprio interesse e calcula o lucro que pode advir de outros. A graça, porém, não se preocupa com o que possa ser útil ou vantajoso para ela, mas com o que seja proveitoso a muitos.

5. A natureza gosta de receber honras e homenagens; a graça, porém, atribui fielmente a Deus toda honra e toda a glória.

6. A natureza teme a confusão e o desprezo, mas a graça alegra-se por *tolerar injúrias em nome de Jesus* (At 5,41).

7. A natureza gosta da ociosidade e do bem-estar corporal; a graça, porém, não quer ficar ociosa e abraça prazerosamente o trabalho.

8. A natureza aprecia possuir coisas raras e bonitas, desprezando as simples e grosseiras, mas a graça se compraz com as simples e modestas; não menospreza as elementares nem recusa o uso de roupa usada e velha.

9. A natureza se preocupa com os bens materiais, alegra-se com o lucro, mesmo modesto, fica deprimida por causa de al-

gum prejuízo e irritada por qualquer palavra ofensiva; a graça, porém, preocupa-se com as coisas eternas, não se apega às temporais, não se perturba com sua eventual perda nem se ofende com palavras ásperas porque colocou seu tesouro e sua glória no céu, onde nada perece.

10. A natureza é cheia de cobiça, quer antes receber do que dar, gosta de ter coisas próprias e particulares. Mas a graça é piedosa e comunitária, foge de excentricidades, contenta-se com pouco e considera *maior felicidade o dar do que o receber* (At 20,35).

11. A natureza orienta-se pelas criaturas, pelo seu próprio *status*, pelas futilidades e passatempos. Mas a graça nos conduz a Deus e às virtudes, vence o apego às criaturas, foge das solicitações malévolas do mundo, resiste ao apelo dos instintos carnais, limita as perambulações pelo mundo e tem vergonha de aparecer em público.

12. A natureza alegra-se com qualquer prazer exterior que satisfaça o gozo dos sentidos. A graça, porém, procura seu consolo somente em Deus e se dedica ao Sumo Bem mais do que a todas as coisas visíveis.

13. A natureza tudo faz visando seu próprio interesse e proveito; nada faz gratuitamente; pelo bem que faz sempre espera receber igual ou mais benefícios ou elogios e favores; deseja que se dê importância a suas façanhas e dons. A graça, porém, não busca qualquer vantagem temporal nem deseja outro prêmio que não seja Deus somente; e das coisas temporais deseja apenas o quanto lhe possa servir na consecução da vida eterna.

14. A natureza se gaba de muitos amigos e parentes; orgulha-se de sua posição elevada e linhagem ilustre; procura agradar aos poderosos; lisonjeia os ricos; aplaude seus coiguais. A graça, porém, ama os próprios inimigos; não se enaltece pelo grande número de amigos; não dá importância à posição ou ao título de

nobreza somente quando os vê unidos às virtudes. Favorece mais o pobre do que o rico; tem mais compaixão pelo inocente do que pelo poderoso; alegra-se com o verdadeiro, e não com o mentiroso. Estimula sempre os bons *a buscarem carismas e dons melhores* (1Cor 12,31) e as virtudes que os assemelham ao Filho de Deus.

15. A natureza logo se queixa dos defeitos e das doenças; a graça suporta com paciência a pobreza.

16. A natureza atribui tudo a si; luta e disputa em proveito próprio. A graça, porém, atribui tudo a Deus, de quem tudo dimana, como também sua origem; nenhum bem atribui a si com arrogante presunção; não questiona nem prefere a sua opinião à dos outros; mas em todo juízo e parecer se sujeita à sabedoria eterna e ao divino exame.

17. A natureza deseja saber segredos e ouvir novidades; quer exibir-se em público e experimentar muitas coisas pelos sentidos corporais; deseja ser conhecida e fazer aquilo que suscita louvor e admiração. A graça, porém, não vai atrás de novidades nem se interessa por curiosidades, porque tudo isso nasce da corrupção originária, pois nada há de novo e definitivo sobre a terra. Ensina, pois, a refrear os impulsos dos sentidos; a evitar a fútil complacência e a ostentação; a ocultar humildemente o que provoque admiração e louvor; busca em todas as coisas e em toda a ciência proveito espiritual, a honra e a glória de Deus. Não quer que a louvem nem as suas obras, mas que Deus seja bendito em seus dons que Ele prodigaliza a todos por puro amor.

18. A graça é uma luz sobrenatural e um dom especial de Deus; é propriamente o sinal dos escolhidos e o penhor da salvação eterna, pois eleva a pessoa das coisas terrenas ao amor das celestiais, e de carnal a torna espiritual. Quanto mais, pois, temos o controle e o senhorio sobre a natureza tanto maior graça é infundida, como também a cada dia mais a pessoa espiritual é renovada, conforme a imagem de Deus.

Capítulo 55: A corrupção da natureza e a eficácia da graça

1. Senhor, meu Deus, que me criastes à vossa imagem e semelhança, concedei-me a graça que declarastes ser tão grande e necessária para a salvação; que eu vença minha péssima natureza que me arrasta ao pecado e à perdição. Por isso sinto em minha carne a lei do pecado, que é contrária à lei do espírito e me mantém cativo (cf. Rm 7,23), querendo me levar a ceder em muitas coisas à sensualidade; nem poderei resistir às paixões se não me assistir vossa santíssima graça e me inflamar o coração.

2. É necessária a vossa graça, e muita graça, para vencer a natureza, propensa sempre ao mal desde a infância. Porque, viciada pelo primeiro homem, Adão, e corrompida pelo pecado, transmite a todos a pena dessa mancha, de sorte que a mesma natureza, por Vós criada boa e reta, agora deve ser considerada como enferma e enfraquecida pela corrupção, visto que seus impulsos, abandonados a si mesmos, a arrastam ao mal e às coisas inferiores. Porque a pouca força que lhe restou é como uma centelha oculta debaixo da cinza. Essa centelha é a razão natural que, embora envolta em densas trevas, discerne ainda o bem do mal, a verdade do erro; mas não se mostra capaz de fazer tudo que aprova, já que não possui a plena luz da verdade nem a sanidade de seus sentimentos.

3. Daí vem, ó meu Deus, que *no meu interior me deleito em vossa lei* (Rm 7,22); sabendo que aquilo que mandais é bom, justo e santo, que reprova todo o mal e ensina que se deve fugir do pecado. Segundo a carne, porém, estou escravizado à lei do pecado, pois obedeço mais à sensualidade do que à razão. Daí vem que *tenho vontade de fazer o bem, mas não encontro como realizá-lo* (Rm 7,18). Por isso, faço muitos bons propósitos, mas faltando-me vossa graça que auxilie minha fraqueza, desanimo

e desisto ao menor obstáculo. Assim sucede que conheço cabalmente o caminho da perfeição e vejo claramente o que devo fazer. Entretanto, oprimido sob o peso da corrupção, não me elevo ao que é mais perfeito.

4. Oh!, como me é sumamente necessária, Senhor, a vossa graça, para começar, continuar e completar o bem. Porque sem ela nada posso fazer (cf. Fl 4,13), mas tudo posso em Vós se me confortar a vossa graça. Ó graça verdadeiramente celestial, sem a qual nada valem os próprios merecimentos e pouco valor possuem os dons naturais! Sem a vossa graça, Senhor, as artes e a riqueza, a formosura e a coragem, o engenho e a eloquência não se sustentam. Os dons da natureza são comuns aos bons e aos maus, mas a graça ou a caridade é peculiar aos escolhidos porque os torna dignos da vida eterna. Tão excelente é essa graça, que nem o dom da profecia, nem o poder de fazer milagres, nem a mais alta especulação têm valor sem ela. Nem mesmo a fé, nem a esperança, nem outras virtudes vos são agradáveis sem a graça e o amor.

5. Ó graça beatíssima, que fazes rico de virtudes o pobre em espírito e tornas humilde de coração o rico em bens de fortuna; vem, desce agora sobre mim e enche minha alma de tua consolação, para que meu espírito não desfaleça de cansaço e de aridez. Suplico-vos, Senhor, que eu ache graça aos vossos olhos porque me basta a vossa graça (cf. 2Cor 12,9), embora, de resto, tenha resistido a tudo o que deseja a natureza. Ainda que seja tentado e humilhado com muitas aflições, não temerei o mal enquanto estiver comigo a vossa graça. Ela é a minha fortaleza; dá-me conselho e amparo. Ela é mais poderosa do que todos os inimigos e mais sábia do que todos os sábios.

6. Ela é a mestra da verdade e a doutora da reta ordem; a luz do coração e o alívio nas tribulações; ela afugenta a tristeza, dissipa o temor, nutre a devoção, provoca santas lágrimas. Que outra coisa sou sem a graça, senão um lenho seco e um tronco

inútil que se atira ao fogo? Que vossa graça se antecipe, Senhor, me acompanhe sempre e me conserve continuamente na prática das boas obras (*Missal Romano*. XVI Domingo depois de Pentecostes), por Jesus Cristo, vosso Filho. Amém.

Capítulo 56: Renuncie a ti mesmo e siga a Cristo pela cruz

1. Filho/filha, quanto mais saíres de ti mesmo/a tanto mais poderás achegar-te a mim. Assim como produz paz interior o não desejar coisa alguma exterior, o desprendimento interior de si mesmo favorece a união com Deus. Quero que aprendas a perfeita abnegação de ti mesmo, acolhendo, sem resistência e sem queixa, a minha vontade. *Segue-me* (Mt 9,9), pois *eu sou o Caminho, a Verdade e a Vida* (Jo 14,6). Sem caminho não se anda, sem verdade não se conhece, sem vida não se vive. Eu sou o caminho que deves seguir, a verdade que deves crer, a vida que deves esperar. Eu sou o caminho seguro, a verdade infalível, a vida interminável. Eu sou o caminho, a estrada retíssima, a verdade suprema, a vida verdadeira, a vida feliz, a vida incriada. Se perseverares no meu caminho conhecerás a verdade, *e a verdade te libertará* (Jo 8,32) e alcançarás a vida eterna.

2. Se *queres entrar na vida, guarda os mandamentos* (Mt 19,17). Se queres conhecer a verdade, crê em mim. *Se queres ser perfeito, vende tudo* (Mt 19,21). Se queres ser meu discípulo, renuncia a ti mesmo (cf. Lc 9,23; 14,27; Mt 16,24). Se queres a vida bem-aventurada, não se perca no presente. Se queres ser exaltado no céu, humilha-te na terra. Se queres reinar comigo, carrega comigo a cruz, porque só os que abraçam a cruz acham o caminho da bem-aventurança e da luz verdadeira.

3. Senhor Jesus Cristo! Porque vossa vida foi tão sofrida e desprezada no mundo, concedei-me imitar o vosso exemplo.

Pois o servo não é maior do que seu senhor nem o discípulo mais do que o mestre (cf. Mt 10,24). Exercite o vosso servo no seguimento de vossa vida, porque nela está a minha salvação e a verdadeira santidade. Tudo quanto leio e ouço fora dela não me pode alegrar ou realizar plenamente.

4. Filho/filha, já que sabes e lês todas essas coisas, bem-aventurado/a serás se as puseres em prática. *Quem conhece os meus mandamentos e os guarda, esse é o que me ama; também eu o amarei e me manifestarei a ele* (Jo 14,21). E o farei sentar comigo no reino de meu Pai (cf. Ap 3,21). Senhor Jesus! Faça-se em mim segundo vossa palavra e promessa e seja-me dado merecer o Reino. Recebi a cruz, a cruz da vossa mão; hei de carregá-la, e carregá-la até à morte, como me foi imposta por vós. Na verdade, a vida da pessoa espiritual é uma cruz, mas ela a conduz ao paraíso. O começo já está feito; não posso voltar atrás nem desistir.

5. Eia, irmãos e irmãs! Marchemos unidos, Jesus está conosco; por Jesus abraçamos essa cruz, por Jesus perseveraremos nela. Ele que é o nosso Mestre e Guia será também o nosso auxílio. Eis o nosso Rei que marcha à nossa frente. *Ele combaterá por nós* (Eclo 4,20). Destemidamente queremos segui-lo, ninguém se amedronte; estamos prontos a morrer no combate com coragem e não mancharemos a nossa glória desertando da cruz (cf. 1Mc 9,10).

Capítulo 57: Não desanimes se cometeres algumas faltas

1. Filho/filha, mais me agradam a paciência e a humildade nas derrotas do que a muita consolação e o fervor nas vitórias. Por que te magoas por uma coisinha que contra ti disseram? Mesmo que fossem coisas mais graves não te devias perturbar. Deixa passar isso agora, não é novidade alguma; não é a primeira vez nem será a última, se por acaso viveres por muito tempo.

Mas és forte enquanto não surgir alguma contradição. Sabes dar bons conselhos e animar os outros com tuas palavras; mas quando, de improviso, bate à tua porta a adversidade, logo te falta conselho e coragem.

2. Considera como a tua grande fraqueza o que tantas vezes experimentas nas pequenas coisas; todavia, é para a tua salvação que essas e semelhantes coisas te acontecem. Considera atentamente a tua grande vulnerabilidade, mas não te abale nem te perturbe por muito tempo. Suporta ao menos com paciência o que não podes suportar com alegria. Ainda que te custe ouvir esta ou aquela palavra e te sintas indignado, controla-te e não deixes escapar de tua boca nenhuma expressão fora de propósito, pois poderia escandalizar os menores. Logo se acalmará a tempestade em teu coração, e com a volta da graça a dor se converterá em doçura. *Eu ainda vivo, diz o Senhor* (Is 49,18), pronto para te ajudar e consolar, mais do que nunca, se em mim confiares e me invocares com fervor.

3. Sê mais corajoso (Br 4,30) e prepara-te para enfrentar coisas maiores. Nem tudo está perdido por te sentires frequentemente desanimado e gravemente tentado. És criatura humana, e não Deus; carne és, e não anjo. Como poderás tu perseverar sempre no mesmo estado de virtude se tal não o pôde o anjo do céu nem nossos pais no paraíso? Eu sou aquele que levanta os aflitos (cf. Jó 5,11), que os liberta das fraquezas e os elevo à minha divindade.

4. Senhor, bendita seja a vossa palavra, *mais doce na minha boca do que um favo de mel* (Sl 18,11). Que seria de mim em tantas dificuldades e angústias se vós não me confortásseis com vossas santas palavras? Não importa o que e o quanto tiver suportado, contanto que chegue ao porto final de salvação. Concedei-me um bom fim e uma feliz travessia deste mundo. *Lembrai-vos de mim, meu Deus* (Ne 13,22) e conduzi-me pelo caminho reto ao vosso reino. Amém.

Capítulo 58: De nada vale especular sobre os ocultos desígnios de Deus

1. Filho/filha, não procures discutir assuntos profundos e perscrutar os ocultos desígnios de Deus; um se sente deixado para trás, outro elevado a grande graça, um outro acabrunhado e, por fim, outro muito exaltado. Esses assuntos ultrapassam o alcance humano e não há raciocínio nem discussão que possam desvendar os desígnios de Deus. Quando, pois, o inimigo te sugere tais pensamentos ou os curiosos questionam sobre tais assuntos, responde com o salmista: *justo sois, Senhor, e justo é o vosso juízo* (Sl 118,37), ou também: *os juízos do Senhor são verdadeiros e justificáveis em si mesmos* (Sl 18,10). Meus juízos devem ser reverenciados e não discutidos, porque são incompreensíveis ao entendimento humano.

2. Não queiras também questionar ou disputar sobre os méritos dos santos e santas, qual seja o mais santo ou santa, ou o maior no Reino dos céus. Daí nascem muitas controvérsias e discussões inúteis que alimentam a soberba e a vanglória, de onde procedem invejas e discórdias; porque este prefere soberbamente um santo ou santa, aquele quer realçar o outro. Querer saber e investigar tais coisas não traz nenhum proveito, antes desagrada aos santos e às santas porque *eu não sou Deus de discórdia, e sim de paz* (cf. 1Cor 14,33). E esta paz consiste antes na verdadeira humildade do que na própria exaltação.

3. Alguns por uma devoção toda especial afeiçoam-se mais a este/esta ou àquele santo/àquela santa, mas esse amor é antes humano do que divino. Sou eu que fiz todos os santos e santas; eu lhes dei a graça, eu os cobri de glória. Eu conheço os merecimentos de cada um, eu os dotei com as bênçãos da minha doçura (cf. Sl 20,4). Eu conheci os meus amados antes dos séculos; eu os escolhi do mundo, e não eles a mim (cf. Jo 15,16.19). Eu os

chamei por minha graça e os atraí por minha misericórdia: eu os fiz passar por várias provações. Eu lhes infundi maravilhosas consolações, dei-lhes a perseverança e coroei a sua paciência.

4. Eu conheço o primeiro e o último e abraço todos com inestimável amor. Eu devo ser louvado em todos os meus santos e santas, bendito sobre todas as coisas e honrado em cada um deles, que eu tão gloriosamente exaltei e predestinei, sem prévio merecimento algum da parte deles. Quem desprezar, pois, um dos menores dos meus, deixa também de honrar o maior, porque fui eu que fiz o pequeno e o grande (cf. Sb 6,8). E quem menospreza qualquer um dos santos e santas, a mim menospreza e todos os mais que estão no Reino dos Céus. Porquanto, todos são um pelo vínculo da caridade, todos têm o mesmo pensar, o mesmo querer e se amam mutuamente com o mesmo amor.

5. Além disso, o que é mais sublime ainda, eles me amam mais do que a si mesmos e a seus méritos. Porque, elevados acima de si mesmos e desprendidos de todo amor-próprio, transformaram-se inteiramente no meu amor, no qual descansam com sumo gozo. Nada há que os possa desviar ou deprimir porque, repletos de eterna verdade ardem no fogo inextinguível do amor. Calem-se, pois, aqueles carnais e sensuais, e não discutam sobre o estado dos santos e santas porque não sabem amar senão a seus próprios prazeres. Eles diminuem e crescem na medida de suas tendências, e não como agrada à Eterna Verdade.

6. Em muitos isso é ignorância, principalmente daqueles que, pouco iluminados, dificilmente sabem amar a um santo ou a uma santa com um amor verdadeiramente espiritual. Deixam-se levar pela simples afeição e amizade humana que os leva a preferir este ou aquele; como se comportam nas coisas terrenas, assim também se comportam nas celestiais. Há, porém, incomparável distância entre o que pensam os imperfeitos e o que as pessoas espirituais entendem mediante revelação superior.

7. Guarda-te, pois, filho/filha, de falar por mera curiosidade sobre coisas que ultrapassam teu entendimento; cuida antes e trata de seres pelo menos o menor no Reino de Deus. Se porventura alguém soubesse qual deles seria o mais santo ou o maior no Reino dos Céus, que vantagem teria com esse conhecimento? Se pelo menos lhe servisse de motivo para humilhar-se diante de mim e louvar mais fervorosamente o meu Nome. Agrada a Deus muito mais quem se preocupa com a gravidade de seus pecados, com a escassez de virtudes e como está distante da perfeição dos santos e das santas do que aquele que discorre sobre a maior ou a menor glória de cada um deles. Prefira antes rezar aos santos e santas com devotas orações e lágrimas, suplicar-lhes com humildade de coração sua gloriosa intercessão do que indagar com leviana curiosidade sobre seus segredos.

8. Os santos e as santas vivem bem; diria até, excelentemente. Oxalá também as pessoas soubessem conviver e refrear suas palavras levianas. Não se gloriam dos próprios merecimentos, pois nenhum bem atribuem a si mesmos, mas tudo referem a mim que lhes dei tudo por infinito amor. Tão cheios estão do amor à divindade e de abundantíssima alegria, que nada falta à sua glória nem pode faltar à sua bem-aventurança. Quanto mais os santos e santas estão elevados na glória tanto mais humildes são em si mesmos e mais perto de mim estão e por mim são amados. Por isso, nas Escrituras eles depunham suas coroas diante de Deus, prostravam-se diante do Cordeiro e adoravam aquele que vive pelos séculos dos séculos (cf. Ap 4,10; 5,10).

9. Muitos perguntam quem seria o maior no Reino de Deus; sequer sabem se serão dignos de serem contados entre os menores. Grande coisa é ser ainda o menor no céu, onde todos são grandes, porque serão chamados *filhos e filhas de Deus* (Mt 5,9), e na verdade o são. *O menor valerá por mil* (Is 60,22) e o pecador de cem anos morrerá (cf. Is 65,20). Pois quando os discípulos

perguntaram quem era o maior no Reino do Céus receberam esta resposta: *se não vos converterdes e não vos tornardes como crianças, não entrareis no Reino dos Céus* (Mt 18,3-4).

10. Ai daqueles que recusam humilhar-se espontaneamente junto com os pequenos; porque é estreita a janela do Reino dos Céus, e não passarão por ela. Ai também dos ricos, que têm neste mundo suas consolações, porque, quando os pobres entrarem no Reino de Deus, eles ficarão de fora, chorando. Alegrai-vos, humildes, e *exultai, pobres, porque vosso é o Reino de Deus* (Lc 6,20), à condição de andardes no caminho da verdade.

Capítulo 59: Coloque só em Deus toda esperança e confiança

1. Senhor, que confiança posso eu ter nesta vida ou qual é minha maior consolação a respeito de tudo quanto existe debaixo do sol? Não sois Vós, Senhor, Deus meu, cuja misericórdia é infinita? Onde me senti bem sem Vós ou quando pude passar mal, estando Vós presente? Antes, quero ser pobre por Vós do que rico sem Vós. Prefiro peregrinar convosco na terra do que sem Vós possuir o céu. Onde Vós estais, aí está o céu; onde Vós não estais presente, lá existe a morte e o inferno. Vós sois o objeto de meus desejos, por isso por Vós devo gemer, clamar e orar. Em ninguém, finalmente, posso plenamente confiar que me dê auxílio adequado em minhas necessidades, senão em Vós somente, meu Deus. *Vós sois a minha esperança* (Sl 141,6). Vós, a minha confiança. Vós, meu consolador fidelíssimo em todas as coisas.

2. *Todos buscam os seus interesses* (Fl 2,21). Vós, porém, só tendes em vista a minha salvação e o meu progresso espiritual, e tudo converteis para o meu bem. Ainda quando me submetes a várias tentações e adversidades, tudo isso permitis para o meu proveito espiritual, pois de mil modos costumais provar os

vossos amigos. E nestas provações não devo vos amar e louvar menos do que quando me encheis de celestiais consolações.

3. Em Vós, portanto, Senhor meu Deus, é que ponho toda a minha esperança e segurança; a Vós entrego todas as minhas aflições e angústias porque tudo quanto vejo fora de Vós acho fraco e insustentável. Nada me ajuda ter amigos, não me poderão ajudar os fortes nem os prudentes conselheiros me darão conselho útil; os livros dos sábios não me poderão consolar, qualquer tesouro precioso não me poderá libertar nem algum lugar tranquilo e aprazível me proteger se Vós mesmo não me assistis, ajudais e confortais, consolais, instruís e defendeis.

4. Pois tudo o que parece adequado para alcançar a paz e a felicidade nada é sem Vós nem pode trazer-nos a verdadeira felicidade. Vós sois, pois, o aperfeiçoamento de todos os bens, a plenitude da vida, o abismo da ciência. Esperar em Vós acima de tudo é a maior das consolações dos vossos servos. *A Vós, Senhor, elevo os meus olhos* (Sl 140,8), *em Vós confio, Deus meu* (Sl 24,2), *Pai das misericórdias*! (2Cor 1,3). Bendizei e santificai a minha alma com a bênção celestial para que seja vossa santa morada e o trono de vossa eterna glória; e nada se encontre no templo de vossa dignidade o que possa ofender os olhos de vossa majestade. Olhai para mim a grandeza de vossa bondade e a multidão de vossas misericórdias, e ouvi a oração do vosso pobre servo, desterrado para tão longe, na sombria região da morte. Protegei e conservai a alma de vosso pequeno servo dos tantos perigos desta vida perversa, e com a assistência de vossa graça guiai-o pelo caminho da paz à pátria da perpétua claridade. Amém.

Livro IV

O Sacramento do Altar

Devota exortação para receber a sagrada comunhão

Voz de Cristo

Vinde a mim todos que penais e estais sobrecarregados, e eu vos aliviarei, diz o Senhor (Mt 11,78). O pão que eu darei é a minha carne, para a vida do mundo (Jo 6,52). Tomai e comei, este é o meu corpo que será entregue por vós; fazei isto em minha memória (Lc 22,19). Quem come a minha carne e bebe o meu sangue fica em mim e eu ficarei nele (Jo 6,57). As palavras que eu vos disse são espírito e vida (Jo 6,64).

Capítulo 1: Com quanta reverência devemos receber Cristo

Voz do discípulo

1. São vossas essas palavras, ó Jesus, verdade eterna, ainda que não fossem proferidas todas ao mesmo tempo nem escritas no mesmo lugar. Sendo vossas, pois, essas palavras verdadeiras devo recebê-las com gratidão e fé. São vossas porque Vós as dissestes, e são também minhas porque as dissestes para a minha salvação. Cheio de boa vontade as recebo de vossa boca para que mais profundamente sejam gravadas no meu coração. Animam-me palavras de tanta ternura, atemorizam-me os meus pecados e minha consciência impura me afasta da participação de tão profundos mistérios. Fascina-me a doçura de vossas palavras, mas me pesa a multidão de meus pecados.

2. Mandais que me chegue a Vós com grande confiança se quero ter parte convosco e que receba o manjar da imortalidade se desejo alcançar a vida e a glória eternas. *Vinde, dizeis Vós, vinde a mim todos que penais e estais sobrecarregados, e eu vos aliviarei* (Mt 11,28). Ó palavra doce e amorosa aos ouvidos do pecador: Vós, Senhor, meu Deus, convidais o pobre e o necessitado à comunhão de vosso Santíssimo Corpo, mas quem sou eu, Senhor, para ousar aproximar-me de Vós? Eis que os céus dos céus não vos podem conter, e dizeis: *Vinde a mim todos.*

3. O que quer dizer essa dignificação tão piedosa e esse convite não amigável? Como me atreverei a achegar-me a Vós, quando não posso pressupor em mim bem algum? Como posso acolher-vos em minha casa, eu que tantas vezes ofendi a vossa amorosíssima face? Tremem os anjos e os arcanjos, estremecem os santos/as santas e os justos, e Vós dizeis: *Vinde a mim todos!* Se não fosse vossa essa palavra, quem acreditaria ser ela verdadeira? Se Vós não o ordenásseis, quem tentaria aproximar-se?

4. Noé, o varão justo, trabalhou cem anos na construção da arca para salvar-se com poucos; como me poderei preparar numa hora para receber com suma reverência o Criador do mundo? Moisés, vosso grande servo e particular amigo, fabricou a arca de madeira incorruptível e revestiu-a de ouro puríssimo para guardar nela as tábuas da lei; e eu, criatura vil, me atreverei a receber com tanta facilidade a Vós, que sois o autor da lei e o dispensador da vida? Salomão, o mais sábio dos reis de Israel, levou sete anos para edificar o templo magnífico em louvor de vosso Nome e celebrou por oito dias a festa de sua dedicação, ofereceu mil hóstias pacíficas e ao som das trombetas e com muito júbilo colocou solenemente a arca da aliança no lugar que lhe havia sido preparado. E eu, o mais infeliz e o mais pobre de todos, como poderei receber-vos em minha casa, quando mal sei empregar meia hora com devoção? Oxalá, uma vez sequer a houvesse empregado dignamente!

5. Ó meu Deus, quanto se esforçaram esses vossos servos para agradar-vos! Ai, quão pouco é o que eu faço! Quão pouco tempo gasto em preparar-me para a Comunhão! Raras vezes estou de todo recolhido, rarissimamente livre de toda distração.

6. E todavia, na presença salutar de vossa divindade, não me devia ocorrer pensamento algum impróprio nem eu me devia ocupar com nenhuma outra criatura, pois vou hospedar, não a um anjo, senão ao Senhor dos anjos. Ademais, há grandíssima diferença entre a arca da aliança com suas relíquias e vosso puríssimo corpo com suas inefáveis virtudes; entre aqueles sacrifícios da lei, que eram apenas figura do futuro, e o sacrifício verdadeiro de vosso corpo, que é o cumprimento de todos os sacrifícios antigos.

7. Por que, pois, não arde mais fortemente o meu coração diante de vossa venerável presença? Por que não me preparo com mais cuidado para receber o vosso santo mistério, quando aqueles santos patriarcas e profetas, reis e príncipes, com todo o povo mostraram tanta devoção e fervor no culto divino?

8. Com todo o entusiasmo, o piedosíssimo Rei Davi dançou diante da arca da aliança em memória dos benefícios concedidos outrora a seus pais; mandou fabricar vários instrumentos musicais, compôs salmos e ordenou que se cantassem com alegria, e ele mesmo muitas vezes os cantava ao som da harpa, inspirado pela graça do Espírito Santo; ensinou ao povo de Israel a louvar a Deus de todo o coração e, a uma voz, engrandecê-lo e bendizê-lo todos os dias. Se tanta era, então, a devoção e o fervor divino diante da arca do testamento, quanta reverência e devoção devo ter agora, e todo o povo cristão, na presença do sacramento e na recepção do preciosíssimo corpo de Cristo?

9. Muitos vão correndo a diversos lugares para visitar as relíquias dos santos e santas e se admiram ouvindo narrar os seus feitos, contemplam os vastos edifícios dos templos e beijam os sagrados ossos, guardados em seda e ouro. E eis que aqui

estais presente diante de mim, no altar, Vós, meu Deus, Santo dos Santos, Criador dos seres humanos e Senhor dos anjos. Em tais visitas, muitas vezes é a curiosidade e a novidade das coisas que movem as pessoas e é parco o fruto da correção de vida que recolhem, principalmente quando fazem essas peregrinações levianamente, sem verdadeira contrição. Aqui, porém, no Sacramento do Altar, Vós estais todo presente, Deus meu e *homem Cristo Jesus* (1Tm 2,5); aqui, a pessoa que todas as vezes vos recebe digna e devotamente colhe copioso fruto de eterna salvação. Aí não nos move nenhuma leviandade nem curiosidade ou meros sentimentos, mas sim a fé firme, a esperança devota e a caridade sincera.

10. Ó Deus invisível, Criador do mundo, quão maravilhosamente agis conosco, quão suave e ternamente vos entreteis com vossos escolhidos, oferecendo a Vós mesmo como alimento nesse sacramento! Isso transcende todo o entendimento, isso atrai os corações dos devotos e acende o seu afeto. Porque esses vossos verdadeiros fiéis que empregam toda a sua vida na própria correção recebem muitas vezes deste augusto sacramento copiosa graça de devoção e amor à virtude.

11. Ó graça admirável e oculta desse sacramento, que é conhecida só dos fiéis de Cristo, mas que os infiéis e escravos do pecado não podem experimentar! Nesse sacramento se dá a graça espiritual, a alma recupera a força perdida e refloresce a formosura deformada pelo pecado. Tamanha é às vezes essa graça que, pela abundância da devoção recebida, não só a alma, mas também o corpo fraco sentem-se penetrados de vigorosas forças.

12. É, porém, de se chorar e de se lastimar muito a nossa tibieza, a negligência e o pouco fervor em receber Jesus Cristo, em quem reside toda a esperança e merecimento dos que hão de se salvar. Porque Ele é a nossa santificação e redenção (cf. 1Cor 1,30); Ele, o consolo dos peregrinos e o gozo eterno dos santos

e das santas. E assim é de se lamentar muito o pouco-caso que tantos fazem desse salutar mistério, sendo Ele a alegria do céu e a sustentação de todo o universo. Ó cegueira e dureza do coração humano, que tão pouco estima esse dom inefável; antes, com o uso cotidiano que dele faz, chega a cair na indiferença!

13. Se esse augusto sacramento se celebrasse num só lugar e fosse consagrado por um só sacerdote no mundo, com quanto desejo imaginas que acorreriam as pessoas para visitar aquele lugar e aquele sacerdote, a fim de assistir à celebração dos divinos mistérios? Agora, porém, há muitos sacerdotes e em muitos lugares Cristo é oferecido, para que tanto mais se manifeste a graça e o amor de Deus para com todos quanto mais largamente é difundida pelo mundo a Sagrada Comunhão.

14. Graças vos sejam dadas, bom Jesus, Pastor eterno, que vos dignais sustentar-nos, pobres desterrados, com o vosso precioso Corpo e Sangue e até convidar-nos com palavras de vossa própria boca à participação desses mistérios, dizendo: *Vinde a mim todos que penais e estais sobrecarregados, e eu vos aliviarei* (Mt 11,28).

Capítulo 2: Nesse sacramento se mostra a grande bondade e o amor de Deus

Voz do discípulo

1. Confiado, Senhor, na vossa bondade e grande misericórdia, a Vós me achego qual enfermo ao médico, qual faminto e sedento à fonte da vida, qual indigente ao Rei do céu, qual servo ao Senhor, qual criatura ao Criador, qual desolado ao meu piedoso Consolador. Mas *de onde me vem a graça de virdes a mim*? (Lc 1,48). Quem sou eu para que Vós mesmo vos ofereçais a mim? Como ousa o pecador comparecer diante de Vós? E Vós, como vos dignais vir ao pecador? Conheceis vosso servo e

sabeis que nenhum bem há nele para que lhe presteis esse benefício. Confesso, pois, minha pequenez, reconheço vossa bondade, louvo vossa misericórdia e dou-vos graças por vosso excessivo amor. Por Vós mesmo fazeis isso, não por meus merecimentos, mas para que a vossa bondade me seja mais sensível, maior amor me seja infundido e a humildade me seja mais eficientemente aconselhada. Porque assim vos apraz e assim ordenastes, a mim também me agrada vossa complacência e oxalá meus pecados não criem obstáculos.

2. Ó dulcíssimo e benigníssimo Jesus! Quanta reverência e perene ação de graças vos devo pela participação de vosso Santíssimo Corpo. Não se encontrou ainda ninguém que o possa explicar. Mas que hei de pensar nessa comunhão, achegando-me a meu Senhor, a quem não posso devidamente honrar, e todavia desejo receber com devoção? Que coisa melhor e mais salutar posso pensar senão humilhar-me totalmente diante de vós e exaltar vossa infinita bondade para comigo? Eu vos louvo, Deus meu, e vos exalto eternamente. Humilho-me e me entrego a vós no abismo de minha pequenez.

3. Vós sois o Santo dos Santos e eu a escória dos pecadores. Vós vos abaixai para mim que não sou digno de levantar os olhos para Vós. Vindes a mim, quereis estar comigo e convidais-me ao vosso banquete. Quereis dar-me o alimento espiritual e o Pão dos Anjos, que outro na verdade não é senão Vós mesmo, Pão Vivo que descestes do céu e dais vida ao mundo (cf. Jo 6,33.51).

4. Eis de onde procede o amor, de onde resplandece a vossa compaixão e quantas ações de graças e louvores vos são devidos por tudo isso. Oh!, quão salutar e útil foi vosso desígnio em instituir esse sacramento! Quão salutar e delicioso é esse banquete em que Vós mesmo vos destes como alimento! Quão admiráveis, Senhor, são vossas obras e quão infalível a vossa verdade! Falastes, e tudo se fez (cf. Sl 148,5), e também fez-se tudo aquilo

que ordenastes. Coisa maravilhosa e digna de fé e acima de toda compreensão humana é o fato de que Vós, Senhor meu Deus, verdadeiro Deus e verdadeiro homem, estejais todo inteiro debaixo das simples espécies de pão e de vinho, e sem serdes consumido alimentais aquele que vos recebe.

5. Vós, Senhor do universo, que não precisais de coisa alguma, quisestes por vosso sacramento morar em nós (cf. 2Mc 14,35); conservai meu coração e meu corpo imaculados para que, com alegre e pura consciência, possa muitas vezes celebrar e receber vossos mistérios para minha eterna salvação, pois os instituístes e ordenastes principalmente para a vossa honra e perpétua memória.

6. Alegra-te, minha alma, e agradece a Deus por tão excelente dádiva e singular consolação que Ele te deixou neste vale de lágrimas. Porque todas as vezes que celebrares esse mistério e receberes o Corpo de Cristo, renovas a obra de tua redenção e te tornas participante de todos os merecimentos de Cristo. Pois o amor de Cristo nunca diminui nem esgota jamais a grandeza de sua entrega. Por isso, deves-te preparar sempre para esse ato pela renovação do espírito e considerar com atenção esse grande mistério de salvação. Por isso deves considerar como algo grande, novo e jubiloso celebrar ou ouvir alguma missa, como se Cristo no mesmo dia descesse pela primeira vez ao seio da Virgem e se fizesse homem ou como se, pendendo da cruz, novamente padecesse e morresse pela salvação de todos.

Capítulo 3: A utilidade da Comunhão frequente

Voz do discípulo

1. Eis que venho a Vós, Senhor, a fim de me beneficiar de vossa generosidade e deliciar-me desse sagrado banquete *que Vós, Deus meu, preparastes na vossa doçura para este pobre* (Sl

67,11). Em Vós encontro tudo o que posso e devo desejar: Vós sois minha salvação e redenção; a esperança, a fortaleza, a honra e a glória. *Alegrai, pois, hoje, a alma de vosso servo, porque a Vós, Senhor Jesus, elevei a minha alma* (Sl 85,4). Desejo receber-vos agora com devoção e reverência: desejo hospedar-vos em minha casa, para que, como Zaqueu, mereça ser abençoado e contado entre os filhos e filhas de Abraão. Minha alma suspira por vosso corpo, meu coração deseja se unir convosco.

2. Atrai-me a Vós e ficarei satisfeito, porque sem Vós nada me pode consolar, sem Vós não posso estar e sem vossa visita não posso viver. Por isso, muitas vezes devo achegar-me a Vós e receber-vos para remédio de minha salvação, a fim de não desfalecer no caminho quando estiver privado desse alimento celestial. Assim Vós mesmo o disseste uma vez, misericordiosíssimo Jesus, quando pregáveis e curáveis diversas enfermidades: *Não os quero despedir em jejum para que não desfaleçam no caminho* (Mt 15,32). Fazei comigo do mesmo modo, pois ficastes nesse sacramento para a consolação dos fiéis. Vós sois a suave refeição da alma; quem dignamente vos receber se tornará participante e herdeiro da glória eterna.

3. A mim, que tantas vezes caio e peco, tão depressa desanimo e me abato, é muito necessário que, com oração, confissão e comunhão frequentes, me renove, purifique e me reanime para não abandonar meus santos propósitos e não fique longe por mais tempo da Comunhão. Pois a tendência de cada um é inclinar-se para o mal desde a adolescência (cf. Gn 8,21). Se a pessoa não for socorrida pela medicina celestial logo vai de mal a pior. Porque, se agora, comungando ou celebrando, sou tão negligente e morno, que seria se não tomasse esse remédio e não buscasse tão poderoso reforço? E ainda que não esteja, todos os dias, preparado nem bem-disposto para celebrar, contudo quero me fortalecer para, no tempo devido, receber os sagrados mistérios e tor-

nar-me participante de tanta graça. Porque, enquanto a alma fiel, longe de Vós peregrina nesse corpo mortal, a única e principal consolação para ela é que muitas vezes se lembre do seu Deus e receba devotamente o seu Amado.

4. Ó maravilhosa condescendência de vossa piedade para conosco, que Vós, Senhor Deus, criador e vivificador de todos os espíritos, dignai-vos vir à minha pobre alma e saciar-lhe a fome com toda a vossa divindade e humanidade. Ó ditoso coração, ó alma bem-aventurada, que merece receber com devoção a Vós, seu Deus e Senhor, e nessa união encher-se de alegria espiritual. Oh!, que grande Senhor recebe, que amável hóspede acolhe, que agradável companheiro abriga, que fiel amigo aceita, que formoso e nobre esposo abraça, mais digno de ser amado do que tudo o que se ama e deseja! Dulcíssimo Amado meu, emudeçam diante de Vós o céu e a terra com todos os seus ornamentos, porque tudo o que tem brilho e beleza é dom de vossa liberalidade e não chega a se igualar à glória de vosso Nome, *cuja sabedoria não tem medida* (Sl 146,5).

Capítulo 4: Os admiráveis benefícios da devota Comunhão

Voz do discípulo

1. Senhor, meu Deus! Prepare vosso servo com as bênçãos de vossa doçura (cf. Sl 20,4) para que mereça digna e devotamente achegar-se ao vosso augusto sacramento. Despertai meu coração para Vós e tirai-me deste profundo desânimo. *Visitai-me com vossa graça salutar* (Sl 105,4), para que goze espiritualmente vossa doçura que com abundância está oculta nesse sacramento, como em sua fonte. Iluminai também meus olhos para contemplar tão profundo mistério e fortalecei-me para crer nele com fé inabalável. Porque é obra vossa, e não de poder humano; é

sagrada instituição vossa, não invenção humana. Com efeito, ninguém, por si mesmo, seria capaz de conceber e compreender esse mistério que transcende à própria inteligência dos anjos. Que, pois poderei eu, pecador indigno, terra e cinza, investigar e compreender tão profundo e sagrado segredo?

2. Senhor, na simplicidade do meu coração, com firme e sincera fé e obedecendo ao vosso mandato, aproximo-me de Vós com esperança e reverência, e creio verdadeiramente que estais presente aqui no sacramento, Deus e homem. Pois quereis que vos receba e me una convosco em amor. Por isso, imploro vossa clemência e vos suplico a graça particular de que totalmente me entregue a Vós e me consuma em amor, sem me preocupar com nenhuma consolação. Porque esse altíssimo e diviníssimo sacramento é a saúde da alma e do corpo, remédio para toda enfermidade espiritual, cura os vícios, contém as paixões, vence ou diminue as tentações, confirma a fé, fortalece a esperança, inflama e dilata o amor.

3. Nesse sacramento, muitos benefícios concedestes e concedeis ainda com frequência aos vossos amigos, quando devotamente comungam, ó Deus meu, *amparo de minha alma* (Sl 53,6), curador das enfermidades humanas e dispensador de toda consolação interior. Porque lhes infundis abundantes consolações contra várias tribulações, os levantais do abismo do próprio abatimento à esperança de vossa proteção, os recriais e iluminais interiormente com a nova graça, de sorte que os mesmos que antes da Comunhão se sentiam inquietos e sem afeto, depois de recriados com o manjar e a bebida celestiais, sentem-se revigorados e fervorosos. Tudo isso concedeis a vossos escolhidos, para que verdadeiramente conheçam e evidentemente experimentem quanta fraqueza têm em si mesmos e quanta bondade e graça alcançam de Vós. Pois, por si mesmos são frios, insensíveis e em unção; por Vós, porém, tornam-se fervorosos, alegres e devotos. Quem, porventura, se achegará humilde à fonte da suavidade, que não receba dela algu-

ma doçura? Ou quem, junto de um grande fogo, deixará de sentir forte calor? E Vós sois a fonte sempre cheia e abundante, o fogo que sempre arde, sem jamais se apagar.

4. Por isso, se não me for dado haurir da plenitude dessa fonte nem beber até me saciar, aproximarei, todavia, meus lábios ao orifício do canal celeste, a fim de que receba dele, ao menos, uma gota, para refrigerar minha sede e não morrer de secura. E se não posso ainda ser todo celestial, nem tão abrasado como os querubins e serafins, contudo, me esforçarei por permanecer na devoção e dispor meu coração para que pela recepção humilde desse vivificante sacramento receba ao menos uma tênue faísca do divino incêndio. O que me falta, porém, ó bom Jesus, Salvador Santíssimo, supri-o pela vossa bondade e graça, pois nos dignastes chamar todos a Vós, dizendo: *"Vinde a mim todos os que penais e estais sobrecarregados, e eu vos aliviarei"* (Mt 11,28).

5. Na verdade, eu trabalho com o suor do meu rosto, sou atormentado com angústias do coração, estou carregado de pecados, molestado por tentações, implicado e oprimido por muitas paixões, e *não há ninguém que me livre e salve* (Sl 7,3), senão Vós, Senhor Deus, *Salvador meu* (Sl 24,5), a quem me entrego, com tudo o que me pertence, para que me guardeis e leveis à vida eterna. Recebei-me para a honra e a glória de vosso Nome, pois me preparastes como comida e bebida o vosso corpo e sangue. Concedei-me, Senhor Deus, *Salvador meu* (Sl 26,9) que, com a frequência de vosso mistério, veja aumentado o fervor da devoção.

Capítulo 5: A dignidade do sacramento e do estado sacerdotal

Voz do Amado

1. Se tiveres a pureza dos anjos e a santidade de São João Batista, mesmo assim não serias digno de receber ou administrar

esse sacramento. Porque não é devido a merecimento algum humano que a pessoa possa consagrar e administrar o Sacramento de Cristo e comer o Pão dos Anjos. É sublime mistério e grande é a dignidade dos sacerdotes, aos quais é dado o que aos anjos não foi concedido! Porque só os sacerdotes legitimamente ordenados na Igreja têm o poder de celebrar a missa e consagrar o Corpo de Cristo, porque não é tão somente o ministro de Deus que usa das palavras de Deus, por ordem e instituição divina; Deus, porém, é o autor principal e o agente invisível que subjaz a tudo o que queres e a cujo aceno tudo obedece.

2. Nesse augustíssimo sacramento deves, pois, mais crer em Deus onipotente do que em teus próprios sentidos ou em qualquer sinal visível. Por isso deves aproximar-te desse mistério com temor e reverência. *Olha para ti* e considera que ministério te foi confiado pela imposição das mãos do bispo (1Tm 4,16.14). Foste ordenado sacerdote e consagrado para o serviço do altar; esforça-te agora para oferecer a Deus o sacrifício, a seu tempo, com fé e devoção, e de levar uma vida irrepreensível! Não leves com superficialidade este teu encargo; ao contrário, sinta-te mais ligado aos vínculos da disciplina e obrigado à maior perfeição na santidade. O sacerdote deve ser ornado de todas as virtudes e de dar aos outros o exemplo de vida santa. Ele não deve trilhar os caminhos vulgares e comuns das demais pessoas, mas a sua convivência seja com os anjos do céu ou com as pessoas marcadas pela perfeição aqui na terra.

3. O sacerdote, revestido das vestes sagradas, faz as vezes de Cristo, para rogar devota e humildemente a Deus por si e por todo o povo. Traz o sinal da cruz do Senhor no peito e nas costas para que continuamente se recorde da paixão de Cristo. Diante de si, na casula, traz a cruz para que considere atentamente os passos de Cristo e se empenhe em segui-los com fervor. Nas costas também está assinalado com a cruz para que suporte com

paciência, por amor de Deus, qualquer ofensa que outros lhe fizerem. Diante de si traz a cruz para chorar os próprios pecados, atrás de si para deplorar com compaixão também os alheios e para que saiba que é constituído mediador entre Deus e o pecador. Não entre em frouxidão quanto à oração e ao oferecimento do Santo Sacrifício; assim merecerás receber a graça e a misericórdia. Quando o sacerdote celebra a Santa Missa, honra a Deus, alegra os anjos, edifica a Igreja, ajuda os vivos, proporciona descanso aos mortos e faz-se participante de todos os bens.

Capítulo 6: Preparação para a Santa Comunhão

Voz do discípulo

1. Senhor, quando considero vossa dignidade e minha pequenez sou tomado de muito tremor e confusão diante de mim mesmo. Porque, se não me achego a Vós, fujo da vida, e se me apresento indignamente, vos ofendo. Que farei, pois, Deus meu, *meu auxílio* (Is 50,7) e conselheiro em minhas necessidades?

2. Ensinai-me o caminho certo, mostrai-me algum breve exercício. Porque é útil saber de que modo devo, com devoção e respeito, preparar o meu coração para receber com fruto o vosso sacramento ou celebrar tão grande e divino sacrifício.

Capítulo 7: Examine a consciência e faça um firme propósito

Voz do Amado

1. Antes de mais nada deve o sacerdote de Deus, para celebrar, administrar e receber esse sacramento, aproximar-se com profunda humildade de coração e grande respeito, com viva fé e piedosa intenção de honrar a Deus. Examina cuidadosamente a

tua consciência, procura limpá-la e purificá-la o melhor que puderes, com sincera contrição e humilde confissão, de modo que nada tenhas ou saibas que te pese na consciência, que te cause remorsos e que te dificulte o livre-acesso ao sacramento. Abomine os teus pecados em geral e lamenta mais particularmente as faltas cotidianas. E, se o tempo o permitir, confessa a Deus, do fundo secreto de teu coração, toda a miséria de tuas paixões.

2. Gema e lamenta que ainda és tão carnal e mundano, tão pouco mortificado nas paixões, tão cheio de movimentos de concupiscência, tão pouco recatado nos sentidos exteriores, tão envolvido por muitas ilusões, tão entregue às coisas exteriores, tão leviano e dado ao riso e à dissipação, tão duro para as lágrimas e para a compunção, tão pronto para a lassidão e as comodidades da carne, tão indolente para a austeridade e o fervor, tão curioso para ouvires novidades e apreciar coisas bonitas, tão remisso em abraçar as coisas humildes e desprezíveis, tão cobiçoso de possuir muito, tão parco em dar, tão aferrado em guardar, tão indiscreto no falar e tão inoportuno no calar, tão desregrado nos costumes, tão precipitado nas ações, tão sôfrego no comer, tão surdo à palavra de Deus, tão lépido para o descanso, tão vagaroso para o trabalho, tão atento para conversas fúteis, tão sonolento para as sagradas vigílias, tão pressuroso para que cheguem ao fim, tão distraído na atenção, tão negligente na recitação do ofício divino das horas, tão morno na celebração da missa, tão árido na Comunhão, tão rapidamente distraído, tão raramente bem-recolhido, tão inclinado à ira, tão fácil de melindrar os outros, tão propenso a julgar, tão rígido na argumentação, tão alegre no sucesso e tão fraco nas adversidades, frequentemente tão criativo em boas resoluções e tão preguiçoso em executá-las.

3. Tendo confessado e chorado por todos esses defeitos, com pesar e vivo sentimento de tua fraqueza, toma o firme propósito de emendar tua vida e melhorá-la continuamente. Depois, sobre

o altar do teu coração, com plena resignação e inteira vontade, oferece a ti mesmo como perpétuo holocausto em honra do meu Nome, entregando-me confiadamente teu corpo e tua alma, para que assim mereças oferecer dignamente a Deus o sacrifício e receber com fruto o Sacramento do meu Corpo.

4. Pois não há oblação mais digna nem maior satisfação para expiar os pecados do que, unido à oblação do corpo de Cristo, na missa e na Comunhão, oferecer a si mesmo a Deus, pura e inteiramente. Se alguém fizer o que está em seu poder e se arrepender verdadeiramente de seus pecados, quantas vezes a mim vier pedir a graça e o perdão, sempre dirá o Senhor: *Por minha vida juro: não quero a morte do pecador, mas que se converta e viva* (Ez 33,11); *não mais me lembrarei de seus pecados* (cf. Hb 10,17), mas todos lhe serão perdoados.

Capítulo 8: O sacrifício de Cristo na cruz e sua resignação

Voz do Amado

1. Assim como eu ofereci a mim mesmo espontaneamente ao Pai eterno, com os braços estendidos e o corpo nu, de modo que nada restasse em mim que não fosse oferecido em sacrifício de reconciliação divina, assim também tu deves, de coração, oferecer-te voluntariamente a mim todos os dias na santa missa, em oblação pura e santa, com todas as tuas potências e afetos. Que outra coisa exijo de ti senão que te entregues inteiramente a mim? De tudo que me deres fora de ti não faço caso algum porque não busco teus dons, mas a ti mesmo.

2. Assim como não te bastariam todas as coisas sem mim, não me pode agradar o que sem ti me ofereces. Oferece-te a mim, dá-te todo a Deus, e será aceita a tua oblação. Considera como me ofereci totalmente ao Pai por ti e dei-te todo o meu

corpo e sangue em alimento para ser todo teu e para que tu te tornasses meu. Se, porém, te apegares a ti mesmo e não te ofereceres espontaneamente à minha vontade, não será completa a tua oblação nem perfeita a união entre nós. Portanto, se desejas alcançar a liberdade e a graça deve ser precedência sobre todas as tuas obras o oferecimento voluntário de ti mesmo nas mãos de Deus. O motivo de haver tão poucos interiormente iluminados e livres é que muitos não sabem desapegar-se totalmente de si mesmos. É imutável a minha palavra: *Quem não renunciar a tudo não poderá ser meu discípulo* (Lc 14,33). Se desejas, pois, ser meu discípulo, oferece-te a mim com todos os teus sentimentos.

Capítulo 9: Ofereça-te totalmente a Deus e ore por todos

Voz do discípulo

1. Senhor, tudo quanto existe no céu e na terra é vosso. Desejo oferecer-me a Vós em oblação voluntária e ser vosso para sempre. Senhor, na simplicidade do meu coração me ofereço hoje a Vós para ser servo perpétuo em obséquio e eterno sacrifício de louvor. Recebei-me com esse santo sacrifício de vosso precioso corpo, que vos ofereço hoje na presença dos anjos que assistem a tudo invisivelmente, a fim de que sirva para minha salvação e de todo o teu povo.

2. Senhor, ofereço-vos sobre o vosso altar de propiciação todos os meus pecados e delitos que tenha cometido em vossa presença e na de vossos santos anjos desde o dia em que pela primeira vez pequei até à hora presente, para que os consumais e queimeis no fogo de vosso amor. Também apagueis todas as manchas de meus pecados, purifiqueis minha consciência de toda culpa e me restituais a vossa graça, que perdi pelo pecado, perdoando plenamente tudo e admitindo-me, em vossa misericórdia, no ósculo da paz.

3. Que posso eu fazer em expiação dos meus pecados, senão confessá-los humildemente e chorá-los, implorando incessantemente a vossa misericórdia? Rogo-vos, meu Deus, ouvi-me benevolamente aqui onde estou, em vossa presença! Detesto sumamente todos os meus pecados e proponho nunca mais cometê-los; arrependo-me deles e hei de me arrepender enquanto viver; pronto estou a fazer penitência e a satisfazer o que for exigido, conforme as minhas forças. Perdoai-me, meu Deus; perdoai os meus pecados pelo vosso santo Nome; salvai minha alma que remistes com vosso precioso sangue. Eis que me abandono à vossa misericórdia e me entrego em vossas mãos. Tratai-me segundo a vossa bondade, não segundo a minha maldade e iniquidade.

4. Ofereço-vos todas as minhas boas obras, por poucas e imperfeitas que sejam, para que Vós as corrijais, santifiqueis, façais agradáveis a Vós e as aperfeiçoeis cada vez mais, e para que me leveis, simples servo e indolente, a um fim glorioso e bem-aventurado.

5. Ofereço-vos também todos os santos desejos das almas devotas, as necessidades de meus pais, amigos, irmãos, irmãs, parentes e de todos os que me são caros ou fizeram bem a mim e a outros; por vosso amor, também daqueles que me encomendaram e pediram orações e missas por si e para todos os seus, sejam vivos ou defuntos, para que todos sintam o auxílio da vossa graça, o socorro da vossa consolação, a proteção nos perigos, o alívio das penas, e que, livres de todos os males, vos rendam, alegres, muitas graças.

6. Ofereço-vos, finalmente, todas as orações e a hóstia de propiciação, particularmente por aqueles que, de qualquer modo, me ofenderam, contristaram, censuraram, prejudicaram ou molestaram. Enfim, por todos a quem eu tenha consternado, perturbado, contrariado ou escandalizado, com palavras ou obras, conscientemente ou por ignorância, a fim de que nos per-

doeis de nossos pecados e das mútuas ofensas. Apartai, Senhor, dos nossos corações toda suspeita, indignação, ira ou contenda e tudo que possa ofender o amor ou diminuir o laço fraternal. Compadecei-vos, Senhor, compadecei-vos de todos os que imploram vossa misericórdia; dai graças aos que dela necessitam e fazei-nos tais que sejamos dignos de gozar a vossa graça e alcançar a vida eterna. Amém.

Capítulo 10: Não deixes de comungar por um motivo insignificante

Voz do Amado

1. Deves frequentemente recorrer à fonte da graça e da divina misericórdia, à fonte da bondade e de toda pureza, para que possas ser curado de tuas paixões e vícios e merecer ficar mais forte e atento contra todas as tentações e os enganos do maligno. O inimigo sabe qual é o fruto e o eficassíssimo remédio que se encontram na Santa Comunhão; por isso, procura por todos os modos e em qualquer ocasião, quanto pode, que as pessoas fiéis e devotas sejam impedidas e afastadas da comunhão.

2. Quanto mais alguém se esforça por preparar-se para a Santa Comunhão tanto mais sofre as piores tentações de satanás. Esse espírito maligno, como vem descrito no livro de Jó (cf. Jó 1,6; 2,1), mete-se entre os filhos e filhas de Deus, para, com sua costumeira malícia, perturbá-los ou torná-los excessivamente tímidos e escrupulosos, a fim de lhes diminuir a devoção ou com suas investidas arrancar-lhes a fé, para que deixem totalmente a Comunhão ou só se aproximem dela com frieza. Mas não se deve dar importância alguma a suas artimanhas e sugestões, por mais torpes e horríveis que sejam; ao contrário, todas essas fantasias devem ser afastadas de tua cabeça. Esse malvado merece desprezo e zombaria, e por causa de suas investidas e inquietações não se deve deixar de receber a Comunhão.

3. Não raro, também causa dificuldades a excessiva preocupação a respeito da devoção ou certa ansiedade face à confissão. Aja nisto conforme o conselho dos mais entendidos e deixa a ânsia e o escrúpulo, porque perturbam a graça de Deus e impedem a devoção. Não deixes a Sagrada Comunhão por qualquer pequena dificuldade ou contrariedade, mas vai logo confessar-te e perdoa generosamente as ofensas feitas pelos outros. Se tu, porém, ofendeste a alguém, pede humildemente perdão, e Deus te perdoará de boa vontade.

4. O que adianta demorar por muito tempo a confissão ou adiar a Sagrada Comunhão? Purifica-te o quanto antes, expele já o veneno, apressa-te em tomar o remédio e achar-te-ás melhor que se por muito tempo o protelas. Se deixas hoje a Comunhão por este ou por aquele motivo, talvez amanhã te sobrevenha outro maior, e assim te podes afastar por muito tempo da Comunhão e tornar-te cada vez menos apto a recebê-la. O mais cedo que puderes, sacode de ti essa inércia e moleza, porque nada adianta viver muito tempo nessa ânsia e perturbação e privar-te dos divinos mistérios em razão de dificuldades cotidianas. Antes, te é prejudicial adiar a Comunhão por longo tempo; porque isso costuma produzir grave frouxidão. Infelizmente, alguns débeis e relaxados inventam pretextos à toa para adiar a Confissão e desejam a protelação da Comunhão para não serem obrigados a maior vigilância sobre si mesmos.

5. Ai! Que pouco amor e fraca devoção têm aqueles que tão facilmente deixam a Sagrada Comunhão! Quão feliz, porém, e quão agradável a Deus é quem vive tão santamente e guarda a sua consciência com tal pureza, que todos os dias estaria preparado e disposto a comungar se lhe fosse permitido e se pudesse fazê-lo sem qualquer problema! Quando alguém, por humildade ou por algum impedimento legítimo, deixa de comungar, uma ou outra vez, merece louvor por tanta reverência. Insinuan-

do-lhe, porém a tibieza, deve reanimar-se mesmo e fazer o que está a seu alcance, e Deus auxiliará o seu desejo, atendendo à sua boa vontade, tão apreciada por Deus.

6. Quando fores, porém, legitimamente impedido, conserve ao menos a boa vontade e a piedosa intenção de comungar, e desse modo não ficarás privado do fruto do sacramento. Porque todo cristão piedoso pode a cada dia e a cada hora, sem dificuldade e com proveito, comungar espiritualmente. Contudo, em certos dias e em tempos determinados, deve receber com afetuosa reverência o corpo de seu redentor no sacramento, e nisso ter em vista mais a honra e a glória de Deus do que a sua própria consolação. Porque misticamente comunga e invisivelmente é reforçado aquele que todas as vezes medita devotamente no mistério da encarnação de Cristo e da sua paixão e se afervora em seu amor.

7. Quem se prepara somente quando se aproxima uma festa ou o costume o obriga, muitas vezes se achará malpreparado. Bem-aventurado aquele que se oferece a Deus em holocausto todas as vezes que celebra a santa missa ou comunga! Não sejas, ao celebrar, nem demasiadamente demorado nem demasiadamente apressado, mas guarda o bom costume comum daquele com quem vives. Não deves causar incômodo ou tédio aos demais, mas seguir o caminho traçado pela instituição dos antigos e atender antes ao proveito alheio do que à tua própria devoção e satisfação.

Capítulo 11: O Corpo de Cristo e a Sagrada Escritura são sumamente necessários à vida espiritual

Voz do discípulo

1. Ó dulcíssimo Senhor Jesus, quão grande é a doçura de uma alma devota que toma parte no vosso convívio, no qual ne-

nhum outro alimento é oferecido senão Vós mesmo, seu único amado, suprema aspiração de todos os desejos de seu coração! Também a mim seria doce derramar em vossa presença lágrimas do mais terno amor e como a piedosa Madalena banhar os vossos pés com o meu pranto; mas onde está essa devoção, onde essa copiosa efusão de santas lágrimas? Por certo, na vossa presença e na dos santos anjos meu coração devia arder totalmente e chorar de alegria, pois vos tenho verdadeiramente presente no sacramento, embora oculto sob singulares espécies.

2. Contemplar-vos na vossa própria e divina claridade, eis o que meus olhos não poderiam suportar nem o mundo todo poderia subsistir perante o fulgor de vossa majestade. Por isso, viestes em socorro à minha limitação, ocultando-vos debaixo desse sacramento. Possuo verdadeiramente e adoro aquele a quem os anjos do céu adoram; mas eu, por enquanto, só pela fé; eles, porém, com clara visão e sem véu. Eu me devo contentar com a luz da verdadeira fé e nela caminhar até que amanheça o dia da claridade eterna e desapareçam as sombras das figuras (cf. Ct 17,4.6). *Mas quando vier o que é perfeito* (1Cr 13,10) cessará o uso dos sacramentos, porque os bem-aventurados na glória celeste não necessitam do remédio sacramental. Gozam sem fim da presença de Deus, contemplando a sua glória face a face, e transformados de claridade em claridade no abismo da divindade gozam da visão do Verbo de Deus encarnado, como foi no princípio e permanecerá para sempre.

3. Ao lembrar essas maravilhas qualquer outra consolação me causa tédio; porque, enquanto não vejo claramente o meu Senhor em sua glória nada valorizo de tudo o que neste mundo vejo e ouço. Vós, meu Deus, sois testemunha de que nenhuma coisa me pode consolar nem criatura alguma me sossegar, senão Vós, meu Deus, a quem desejo contemplar eternamente. Mas tal não é possível enquanto vivo nesta vida mortal. Por isso me con-

vém ter grande paciência e submeter-me a Vós em todos os meus desejos. Porque também os vossos santos e santas, Senhor, que exultam agora convosco no Reino dos Céus, esperavam durante a sua vida terrestre, com muita fé e paciência, a vinda da vossa glória. O que eles creram eu creio também; o que eles esperaram eu espero igualmente; aonde eles chegaram espero que hei de chegar também pela vossa graça. Até então caminharei na fé, confortado com os exemplos dos santos e santas. Terei ainda os livros santos para consolo (cf. 1Mc 12,9) e espelho de minha vida e sobretudo terei vosso corpo sagrado como singular remédio e excelente refúgio.

4. Reconheço que neste mundo duas coisas me são sobretudo necessárias, sem as quais esta vida miserável me seria insuportável. Confesso que enquanto estou preso no cárcere deste corpo necessito de duas coisas: alimento e luz. Por isso, Senhor, destes, a mim, fraco, o vosso sagrado corpo para sustento da alma e do corpo, e *pusestes a vossa palavra qual candeia diante dos meus pés* (Sl 118; 105). Sem essas duas coisas não poderia viver bem, porque a Palavra de Deus é a luz da minha alma e o vosso sacramento é o Pão da Vida. Podem ser chamadas duas mesas, colocadas de um e de outro lados (cf. Ez 40,40) do tesouro da Santa Igreja. Uma é a mesa do santo altar, onde está o Pão Sagrado, isto é, o Corpo de Cristo. A outra é a mesa da lei divina, que contém a doutrina santa que nos ensina a verdadeira fé e nos conduz com segurança através do véu do santuário, onde está o Santo dos Santos (cf. Hb 6,19; 9,3).

5. Graças vos dou, Senhor Jesus, luz da luz eterna, pela mesa da sagrada doutrina que nos ministrastes por vosso servos, os profetas, os apóstolos e outros santos e santas doutores. Graças vos dou, Criador e Redentor das gentes que, para dar a todo mundo uma prova de vosso amor, preparastes uma grande ceia onde oferecestes em comida não já o cordeiro simbólico, senão o

vosso Santíssimo Corpo e Sangue, enchendo de alegria todos os fiéis com esse sagrado banquete e inebriando-nos com o cálice da salvação, nos quais se encerram todas as delícias do paraíso e juntamente convosco se banqueteiam os santos, as santas e os anjos com as mais suaves delícias.

6. Oh!, quão grande e venerável é o mistério dos sacerdotes, aos quais é dado consagrar com palavras santas o Senhor de majestade, bendizê-lo com os lábios, tocá-lo com as mãos, recebê-lo em suas bocas e distribuí-lo aos outros! Oh!, como devem ser limpas as suas mãos, pura a boca, santo o corpo, imaculado o coração em que tantas vezes entra o Autor da pureza! Da boca do sacerdote, que tantas vezes recebe o Sacramento de Cristo não deve sair palavra que não seja santa, honesta e útil.

7. Seus olhos, que costumam contemplar o Corpo de Cristo, devem ser modestos e castos. Puras e erguidas ao céus sejam também suas mãos, que tantas vezes tocam o Criador do céu e da terra. Especialmente aos sacerdotes se diz na lei: *Sede santos, que também eu, o Senhor vosso Deus, sou santo* (Lv 19,2).

8. Assista-nos vossa graça, ó Deus onipotente, para que nós, que assumimos o ministério sacerdotal, possamos digna e devotamente servir-vos com toda pureza e boa consciência. E se não podemos viver com tanta inocência, como devemos, concedei-nos ao menos a graça de chorar devidamente os pecados cometidos e doravante vos servir com mais fervor, no espírito de humildade, com firme propósito e boa vontade.

Capítulo 12: A zelosa preparação para a Sagrada Comunhão

Voz do Amado

1. Sou amante da pureza e dispensador de toda santidade. Busco um coração puro e este é o lugar de meu repouso. Pre-

para-me um grande cenáculo e bem-ornamentado, e nele celebrarei a páscoa com meus discípulos (cf. Mc 14,15; Lc 22,12). Se queres que eu venha a ti e fique contigo, lance fora o *velho fermento* (1Cor 5,7) e limpe a morada de teu coração. Não se prenda a nada do mundo e livre-se do tumulto dos vícios, assenta-te qual *passarinho solitário no telhado* (Sl 101,8) e recorde teus pecados na amargura de tua alma. Porque todo amante prepara para seu amado o melhor e mais belo aposento, porque nisso se conhece o amor de quem acolhe o amado.

2. Sabe, porém, que não podes chegar a uma digna preparação com aquilo que fazes, ainda que empregasses nela um ano inteiro, sem se preocupar com mais nada. Mas só por minha bondade e graça te é permitido se achegar à minha mesa, como se um mendigo fora convidado à mesa de um rico e não tivesse outra coisa com que pagar os benefícios recebidos senão com humilde agradecimento. Faze o que podes, e faze-o com zelo; não por hábito ou por necessidade, mas por reverência, respeito e amor, recebe o Corpo do teu amado Senhor e Deus, que se digna te visitar. Sou eu quem te chamou e mandou que assim se fizesse; eu suprirei tudo que te falta; vem recepcionar-me.

3. Quando te concedo a graça de devoção, agradeça a teu Deus, não que sejas digno, mas porque tive misericórdia de ti. Se não tens devoção, mas te sentes muito árido, persevera na oração, suspira, bate à porta e não cesses até que mereças receber uma migalha ou uma gota de minha graça salvadora. Tu necessitas de mim e eu não de ti. Não vens tu me santificar, mas sim eu que venho te santificar e te fazer melhor. Tu vens para que, santificado por mim e unido a mim, recebas nova graça e de novo fervorosamente te animes para a correção. *Não negligencies esta graça* (1Tm 4,14), mas prepara com todo o cuidado teu coração e recebe nele o teu Amado.

4. Importa, porém, que não só te prepares pela devoção antes da Comunhão, mas também que a conserves cuidadosamente depois da recepção do sacramento. Não é menor a vigilância que se exige depois da Comunhão do que a fervorosa preparação antes de recebê-la. Pois essa boa vigilância posterior é novamente a melhor preparação para alcançar maior graça; do contrário, muito indisposto se torna quem logo depois se dissipa com recreações exteriores. Guarda-te de falar muito, permaneça na solidão e goza de teu Deus, pois possuis aquele que o mundo todo não pode tirar de ti. A mim deves se entregar inteiramente, de sorte que não vivas em ti, mas em mim, sem nenhuma outra preocupação.

Capítulo 13: Aspira com todo o coração à união com Cristo no sacramento

Voz do discípulo

1. Quem me dera, Senhor, *encontrar-me sozinho convosco* (Ct 8,1) para vos abrir o meu coração e vos gozar como deseja a minha alma, a ponto que ninguém reparasse em mim nem criatura alguma se preocupasse comigo ou olhasse para mim, mas que só Vós me falásseis e eu a Vós, como costuma falar o amante com seu amado e conversar o amigo com seu amigo? Isso peço, isso desejo: ser unido todo a Vós e libertar o meu coração do apego a todas as coisas criadas, e pela Sagrada Comunhão e frequente celebração da santa missa achar cada vez mais gosto pelas coisas celestiais e eternas. Ah! Senhor, Deus meu, quando estarei todo unido a Vós, absorto em Vós e completamente esquecido de mim mesmo! Vós em mim e eu em Vós; concedei que fiquemos assim unidos!

2. Vós sois, na verdade, *meu amado, escolhido entre milhares* (Ct 5,10), no qual deseja a minha alma morar todos os dias de sua vida. Vós sois verdadeiramente meu rei pacífico; em Vós está

a suma paz e o verdadeiro descanso, e fora de Vós só há fadiga, dor e infinita miséria. *Vós sois verdadeiramente um Deus escondido* (Is 45,15) e vosso convívio não é com os ímpios e a vossa conversação é com os humildes e simples. *Quão suave, Senhor, é vosso Espírito* (Sb 12,1). Para mostrardes a vossa doçura aos vossos filhos e filhas, dignais-vos saciá-los com o Pão suavíssimo que desceu do céu (cf. Sb 16,25; 21,20). Na verdade, *não há outra nação tão grande que tenha seus deuses tão próximos de si como Vós, nosso Deus, estais perto de todos os fiéis* (Dt 4,7) aos quais vos dais como alimento delicioso para consolá-los diariamente e erguer seus corações ao céu.

3. Que nação há tão ilustre como o povo cristão ou que criatura debaixo do céu recebe tanto amor como a alma devota a quem Deus se une para nutri-la com a sua gloriosa carne. Ó graça inefável, ó admirável condescendência, ó amor imenso, prodigalizado singularmente a todos. Mas que direi ao Senhor por essa graça e tão exímia caridade? Oferta mais agradável não posso fazer a meu Deus senão lhe entregar o meu coração todo inteiro, para que o una intimamente consigo. Então exultarão de alegria todas as minhas entranhas quando minha alma estiver perfeitamente unida a Deus. Então Ele me dirá: Se tu queres estar comigo eu também quero estar contigo. E eu lhe responderei: Dignai-vos, Senhor, ficar comigo, pois eu, de bom grado, quero estar convosco. Esse é meu desejo supremo: que meu coração esteja unido convosco.

Capítulo 14: O ardente desejo de receber o Corpo de Cristo

Voz do discípulo

1. *Como é grande, Senhor, a abundância da vossa doçura que reservastes para os que vos amam!* (Sl 30,20). Quando me recordo,

Senhor, de alguns devotos que se aproximam do vosso sacramento com o maior fervor e afeto, fico muitas vezes confuso e envergonhado de mim mesmo, por me achegar tão tíbio e frio ao vosso altar e à mesa da Sagrada Comunhão, por ficar tão árido e sem fervor de coração; por não estar de todo abrasado diante de Vós, meu Deus, nem tão veementemente fascinado e comovido como estavam muitos devotos que, pelo grande desejo da Sagrada Comunhão e pelo amor sensível de seu coração não podiam conter as lágrimas, mas com a boca da alma e do corpo ao mesmo tempo suspiravam ardentemente por Vós, a fonte viva, não podendo mitigar nem saciar essa fome de outro modo senão recebendo o vosso corpo com toda a alegria e com avidez espiritual.

2. Oh!, essa fé verdadeira e ardente é prova manifesta de vossa sagrada presença! Esses verdadeiramente reconhecem seu Senhor ao partir do pão, porque seu coração está caminhando com eles (Lc 24,30ss.). Como estou distante de tal devoção e afeto, de tão veemente amor e fervor. Sede-me benévolo, ó bom, ó doce, ó benigno Jesus, e concedei a este vosso pobre mendigo que sinta, na Sagrada Comunhão, ao menos alguma vez, um pouco do afeto cordial do vosso amor, para que se fortaleça minha fé, cresça minha esperança em vossa bondade e a caridade jamais diminua, uma vez que foi tão bem-despertada e habituada ao celestial maná.

3. Vossa misericórdia é poderosa para me dar a graça desejada de visitar-me, cheio de clemência, no dia em que vos aprouver, com o espírito de fervor. Pois ainda que não esteja abrasado de tão ardentes desejos, como vossos privilegiados devotos, sinto, todavia, com a vossa graça o desejo de seus ardorosos desejos e peço e suplico o favor de participar do fervor de todos esses vossos amigos e ser associado à sua santa companhia.

Capítulo 15: A graça da devoção como fruto do humilde despojamento de si mesmo

Voz do Amado

1. Com perseverança deves buscar a graça da devoção, pedi-la insistentemente, esperá-la paciente e confiadamente, recebê-la agradecidamente, guardá-la humildemente e saber operar cuidadosamente com ela; suplicando a Deus o tempo e o modo da visita celestial até que se digne de fato visitar-te. Deves principalmente humilhar-te quando pouca ou nenhuma devoção sentes em teu interior, sem todavia, ficar abatido ou demasiadamente entristecido. Muitas vezes Deus dá num momento o que recusou por largo tempo, e às vezes concede no fim a oração que no princípio negou.

2. Se a graça fora sempre prontamente concedida e oferecida à vontade, a pessoa fraca não a poderia suportar. Por isso a deves esperar com firme confiança e humilde paciência. Mas atribui a culpa a ti e aos teus pecados quando te for negada ou inconscientemente retirada. As vezes é bem pouco o que impede ou esconde a graça, se é que se pode chamar pouco ou não muito o que priva de tão grande bem. E se removeres esse pequeno ou grande empecilho e se te venceres perfeitamente a ti mesmo terás o que pediste.

3. Porque quando de todo o teu coração te entregares a Deus e não buscares coisa alguma a teu gosto e desejo, mas inteiramente te puseres em suas mãos, achar-te-ás, tranquilo, unido a Ele e nada te será tão delicioso e agradável como a aprovação da divina vontade. Todo aquele, pois, que com coração singelo dirige a sua intenção a Deus e se desprende de todo amor ou aversão desordenada a qualquer coisa crida, está bem-disposto para receber a graça e é digno de alcançar a devoção porque o Senhor dá a sua bênção onde encontra o coração vazio. E quan-

to mais perfeitamente alguém deixa em segundo plano as coisas terrenas e morre a si mesmo pelo seu despojamento tanto mais depressa vem a graça, mais abundantemente entra nele e mais alto lhe eleva o coração livre.

4. Então verá e terá alegria exuberante e ficará maravilhado; seu coração se dilatará, porque a mão do Senhor está com ele (cf. Ez 3,14; Lc 1,66). Pelo fato de possuir a si mesmo entregou-se inteiramente às mãos dele e para sempre. *Eis como será abençoado* (Sl 127,4) *quem busca a Deus de todo o seu coração e não permite que sua alma se apegue a futilidades* (Sl 23,4). Esse é que na recepção da Sagrada Eucaristia merece a graça inefável da união com Deus porque não olha para a sua devoção e consolação, mas sobretudo busca a honra e a glória de Deus.

Capítulo 16: Revele tuas necessidades a Cristo e peça a sua graça

Voz do discípulo

1. Ó dulcíssimo e amabilíssimo Senhor, a quem desejo agora devotamente receber, Vós conheceis minha fraqueza e a necessidade que padeço; sabeis em quantos males e vícios estou emaranhado, quantas vezes estou oprimido, tentado, perturbado e manchado! A Vós venho como remédio e peço-vos consolação e alívio. Convosco conscientemente falo, meu Deus, todas as coisas, e a quem são manifestos todos os segredos do meu coração; Vós sois o único que me pode consolar e socorrer perfeitamente. Sabeis os bens de que mais necessito e quão pobre sou em virtudes.

2. Eis-me aqui, diante de vós, pobre e nu, a pedir graça e implorar misericórdia. Fartai este vosso pobre mendigo, aquecei minha frieza com o fogo de vosso amor, iluminai minha cegueira com a claridade de vossa presença. Fazei que me seja amargo tudo o que é pervertido neste mundo, que leve com paciência as

penas e as contrariedades e não valorize tanto as coisas passageiras nem me prenda a elas. Levantai o meu coração a Vós no céu, não me deixeis perder aqui na terra. Só Vós, desde hoje e para sempre, me sereis doce e agradável, porque só Vós sois minha comida e bebida, meu amor e minha alegria, delícia minha e meu único bem.

3. Oh!, se me inflamásseis totalmente com a vossa presença e me consumísseis e transformásseis em Vós a ponto de tornar-me um só espírito convosco pela graça da união interior e pela força ardente do amor. Não me deixeis sair de vossa presença árido e faminto, mas usai para comigo de vossa misericórdia, como tantas vezes admiravelmente o fizestes com vossos santos e santas. E que maravilha seria se ardesse totalmente em Vós e me consumisse, sendo Vós o fogo que sempre arde e nunca se apaga, o amor que purifica os corações e ilumina o intelecto.

Capítulo 17: O ardente amor e o veemente desejo de receber a Cristo

Voz do discípulo

1. Com suma devoção e ardente amor, com todo o afeto e fervor do coração desejo receber-vos, Senhor, como muitos santos, santas e pessoas devotas o desejaram, que vos agradaram principalmente pela santidade de sua vida e pela ardentíssima devoção que os animava. Ó Deus meu, amor eterno, meu único bem, felicidade interminável! Desejo receber-vos com o mais ardente afeto e a mais digna reverência que santo ou santa algum jamais puderam sentir.

2. E ainda que seja indigno de todos esses sentimentos de devoção, ofereço-vos, todavia, o afeto do meu coração, como se eu só tivera todos aqueles gratíssimos e inflamados desejos. Mas tudo quanto pode conceber e desejar um coração piedoso, eu vo-lo dou

e ofereço com profunda reverência e íntimo fervor. Nada quero reservar para mim, mas eu e tudo o que é meu quero espontânea e livremente sacrificar, Senhor, Deus meu, Criador e Redentor meu! Desejo receber-vos hoje com tal afeto e reverência, com tal louvor e honra, com tal agradecimento, dignidade e pureza, com tal fé, esperança e amor como vos desejou e recebeu vossa santíssima mãe, a gloriosa Virgem Maria, quando humilde e devotamente respondeu ao anjo que lhe anunciou o mistério da encarnação: *Eis aqui a serva do Senhor, faça-se em mim segundo a vossa palavra* (Lc 1,38).

3. E como vosso bem-aventurado precursor João Batista, o mais excelente dos santos, quando ainda estava nas entranhas maternas, exultou de alegria na vossa presença por impulso do Espírito Santo, e vendo-vos, meu Jesus, mais tarde andando entre os homens com profunda humildade e devoto afeto dizia: *O amigo do esposo que está junto dele e o que o ouve regozija-se ouvindo a voz do esposo* (Jo 3,20); assim também eu quisera ser inflamado de veementes e santos desejos e entregar-me a Vós de todo o meu coração. Por isso vos ofereço o júbilo de todas as almas devotas, seus ardentes afetos de amor, os êxtases de seu espírito, suas iluminações sobrenaturais e visões celestiais e vo-las apresento com todas as virtudes e louvores que vos tributaram ou irão tributar todas as criaturas do céu e da terra, por mim e por todos os que se recomendaram às minhas orações, para que sejais por todos dignamente louvado e para sempre glorificado.

4. Aceitai, Senhor, Deus meu, os votos e desejos de infinitos louvores e imensas ações de graças que vos são justamente devidas, segundo a vossa inefável grandeza. Isso vos ofereço e desejo oferecer cada dia e a cada momento e convido com minhas súplicas e rogos todos os espíritos celestes e todos os vossos fiéis a vos agradecerem comigo e vos louvarem.

5. Louvem-vos todos os *povos, tribos e línguas* (Dn 7,14); com suma alegria e ardente devoção glorifiquem o vosso santo e

dulcíssimo Nome. E todos aqueles que com devoção e reverência consagram vosso augusto sacramento e com viva fé o recebem, mereçam achar graça e misericórdia diante de Vós e peçam a Deus humildemente por mim, pecador. E quando tiverem conseguido a desejada devoção e o gozo da união convosco e voltarem da mesa sagrada, consolados e maravilhosamente recreados, dignem-se também se lembrar deste pobre homem.

Capítulo 18: Que ninguém curiosamente investigue esse sacramento, mas seja um humilde seguidor de Cristo, submetendo a razão à fé

Voz do Amado

1. Mantenha certa precaução face ao desejo curioso e inútil de investigar esse profundíssimo mistério se não te queres afogar num abismo de dúvidas. *Quem quer perscrutar a majestade será ofuscado por sua glória* (Pr 25,27). Deus pode ser e fazer mais do que aquilo que alguém pode compreender. Contudo é permitida uma piedosa e humilde investigação da verdade, desde que sempre seja apta a ser ensinada, seguindo as sãs opiniões dos Santos Padres.

2. Bem-aventurada a simplicidade que deixa os caminhos dificultosos das discussões para andar no caminho plano e firme dos mandamentos de Deus! Muitos perderam a devoção porque quiseram investigar coisas demasiadamente altas. O que se exige de ti é fé e vida sincera, não sublime inteligência, nem profundo conhecimento dos mistérios de Deus. Se não entendes nem compreendes as coisas que estão abaixo de ti, como alcançarás as que estão acima de ti? Sujeita-te a Deus e submete teu juízo à fé, e te será dada a luz da ciência, conforme te for útil e necessário.

3. Alguns são gravemente tentados acerca da fé nesse sacramento; mas isso não se deve imputar a eles, senão ao inimigo.

Não te importes nem disputes com teus próprios pensamentos nem respondas às dúvidas que o demônio te sugere, mas crê nas palavras de Deus, crê nos seus santos, santas e profetas (cf. 2Cr 20,20), e de ti fugirá o inimigo malvado. Muitas vezes é de grande utilidade ao serviço de Deus passar por tais provações, porque o demônio não tenta os infiéis e os pecadores que já os têm seguros; tenta os fiéis devotos, porém ele o faz e perturba de vários modos.

4. Persevera, pois, na fé, firme e indubitável, e achega-te ao sacramento com profunda reverência. E quanto ao que não podes compreender entrega-o tranquilamente a Deus onipotente. Deus não te engana, mas se engana quem demasiadamente confia em si mesmo. Deus anda com os simples, revela-se aos humildes, *dá inteligência aos pequenos* (Sl 118; 130), permite descobrir o sentido às mentes puras e esconde sua graça aos curiosos e soberbos. A razão humana é fraca e pode enganar-se, mas a fé verdadeira não pode se enganar.

5. Toda razão e pesquisa natural deve seguir a fé; não deve precedê-la nem enfraquecê-la. Pois a fé e o amor aqui estão acima de tudo e operam ocultamente nesse santíssimo e diviníssimo sacramento. Deus eterno, imenso e infinitamente poderoso faz coisas grandes e incompreensíveis no céu e na terra; ninguém pode penetrar as maravilhas de suas obras. Se as obras de Deus fossem facilmente compreendidas pela razão humana, então nem deveriam ser chamadas admiráveis e inefáveis.

Livro V

Seguimento de Jesus pelos caminhos da vida

Capítulo 1: Deus não é a solidão do Uno, mas a comunhão dos Três

1. Jesus: Filho/filha, fizemos juntos um longo percurso de descida. De degrau em degrau tentamos percorrer o caminho espiritual interior. Eis que chegamos finalmente ao ponto mais profundo. Alcançamos o Sinai interior, lá onde Moisés recebeu de Javé a revelação dos segredos divinos mais íntimos. Ele voltou ao povo com o rosto transfigurado. Não foi esse o efeito em tua vida?

2. Filho/filha, agora teu espírito está preparado para seres levado ao Monte das Bem-aventuranças, onde se ocultam os mistérios da suprema e amorosa Realidade. Eles são mistérios sacramentais, quer dizer, mistérios que se revelam por sinais visíveis e se escondem atrás desses mesmos sinais. Por isso, arma-te de atenção e de disposição para captar os sinais e de descobrires o que se esconde atrás deles. Dessa forma, a razão devota pode apreendê-los mais e mais num processo sem fim e por toda a eternidade. Esses mistérios não se apresentam como o limite da razão, mas como o ilimitado dela. Por isso podem ser em parte conhecidos, mas sempre ficam desconhecidos em todo conhecimento. É a razão pela qual nos atraem e nos fascinam, pois sempre podemos conhecer mais e mais. Nunca esmoreça nessa busca de conhecimento salutar.

3. Filho/filha, com humildade te pergunte: "Quem sou eu, meu Senhor, para receber tamanha graça? A minha mente anda entorpecida por conhecimentos inúteis. Poderei apreender vossas revelações? Mande teu Espírito para aquecer meu coração e abrir minha mente, e assim tornar-me apto a vos compreender e a vos amar. *Vinde Espírito Criador, visita as mentes de teus fiéis.*

4. Jesus: *Conheço o pó de que és feito* (cf. Sl 103,14). Mas sei também do poder do Espírito para te levar às profundezas divinas (cf. 1Cor 2,10). Digo-te que o primeiro dos mistérios, o mais fontal de todos, o mistério dos mistérios, é Deus mesmo, fonte de todo ser e de toda vida, e o Senhor de todo o futuro. Ele se anunciou de muitas formas: pela criação, pela história humana, pelos sábios, profetas, santos e santas – mesmo sendo pessoas simples que sempre existiram nas muitas culturas –, e em particular em cada pessoa humana. Mas através de Jesus de Nazaré Ele nos entregou tudo o que nos queria comunicar e nós podíamos apreender. Nele Deus mesmo se revelou assim como é. Amantíssimo Mestre, como poderei vos agradecer tamanha bondade para comigo, abrindo os vossos segredos mais íntimos? Especialmente este que mostra a íntima natureza do vosso mistério divino: Deus não é a solidão do Uno, mas a comunhão dos Três: do Pai e do Filho e do Espírito Santo. Quando Jesus vos chama de *Abba*, meu querido Paizinho, é porque se sentia seu Filho. Não existe filho sem pai nem pai sem filho.

5. Pai e Filho se amam, contemplam-se mutuamente e falam um para outro. Esse "Sopro" que sai de cada uma de suas falas de amor se chama Espírito Santo, "Sopro Divino". Assim, temos três pessoas divinas que sempre estão, estiveram e estarão juntas. Elas emergem sempre conjuntamente. Não há o Pai sem o Filho, não há o Filho sem o Pai e não há a Fala entre o Pai e o Filho, que é o Sopro que sai das falas de ambos. Este é o Espírito Santo. Cada uma das divinas pessoas não pode existir e viver sem as outras. Ninguém é antes nem depois. Ninguém é maior ou menor. São três eternos, três infinitos e três onipotentes que sempre simultaneamente se relacionam e se amam.

6. Repara filho/filha: não penses que sejam três deuses. Cada um é único, e o único não é número como o número três, que é a soma de $1+1+1=3$. Se fossem número eles se somariam.

E por que parar no três? Poderíamos infinitamente acrescentar um número a outro número. Mas como são únicos, eles não se somam; porque o único não é número não pode ser somado. Daí não serem três deuses, mas um único Deus-comunhão-relação--amor. Mesmo cada um sendo único pode se relacionar com os outros únicos entre si. Daí nasce a comunhão entre eles. O mistério destes três únicos reside nisso: eles sempre estão se interconectando e voltando-se uns para os outros. Cada Pessoa está na outra Pessoa, é pela outra Pessoa, existe através da outra Pessoa e coexiste com a outra Pessoa de forma tão íntima e completa, que surgem como um só Deus comunitário e trinitário. Eles são como uma única fonte com três margens infinitas, mas sempre relacionadas entre si, constituindo essa fonte eterna. Ó Deus do mistério inefável de amor e de comunhão, faltam-me palavras para te agradecer a comunicação de tão indizível Realidade. Como filho/filha, sinto-me envolvido nesse relacionamento tão profundamente amoroso, que me transporto para horizontes nunca imaginados, mas fascinantes de comunhão, de amor, de beleza e de realização pessoal.

7. Jesus: Mas repara bem, meu filho/minha filha. As três pessoas são diversas para poderem se relacionar e se entregar uma à outra. Caso contrário, Deus seria solitário em sua divindade. Podes imaginar um Deus absolutamente só em sua eternidade? Ninguém se entretém somente consigo mesmo. Todos, também as coisas do universo, somos inter-retro-conectados. Tudo é relação. Nada existe fora da relação. Não poderia ser diferente com Deus, que é a fonte da inter-retro-conexão de todos com todos. Por isso Ele irrompe como três divinas pessoas. Elas são um único movimento de relações includentes. Por isso são um único Deus.

8. Jesus: Filho/filha, se Deus é Trindade-comunhão-amor, como podes tu não viveres também em comunhão com todos

os que estão à tua volta, amar os distantes e se conectar com todas as coisas, com os rios, as florestas, os animais, com as estrelas mais longínquas e especialmente com o teu próprio coração onde o Pai gera o Filho na força do Espírito Santo?

Capítulo 2: A revelação é a total autoentrega de Deus

1. Jesus: Filho/filha, deves compreender que comunhão e amor, por sua própria natureza, são realidades que se expandem. São como a luz que brilha e se difunde por todo o universo. Elas, por um dinamismo intrínseco, querem se comunicar e se dar a outrem. Em nosso caso temos a ver com processos de comunicação e de revelação de uma Pessoa para com as outras pessoas. Isto significa que Deus-Trindade, por sua própria essência, está sempre se revelando assim como é: comunhão, relação e amor. Seria pouco se Deus-Trindade quisesse revelar verdades, dar a conhecer seu desígnio e comunicar seus mandamentos. Ele faz mais: entrega a si mesmo totalmente a nós e ao universo. Sai de si completamente para ser recebido por sua criação.

2. Esse outro somos nós, cada um de nós, homens e mulheres, é o inteiro universo. Esse outro és tu, querido(a) filho/filha. És como um cálice precioso a receber o vinho sagrado que é Deus-comunhão. Deus-Trindade criou todo o universo e te moldou, dotado de espírito e de amor. Ele entrou em ti e se inseriu no universo. E deu-te a faculdade de também poderes entrar nele e percebê-lo no íntimo do universo. Esse é o sentido secreto de toda a criação: ser o recipiente do Deus-Trindade. Esta é também a tua vocação primeira e a vocação de cada ser humano: permitir que Deus-Trindade venha e estabeleça comunhão contigo e faça em ti a sua morada. Mas não só: nós também podemos entrar no mistério do Deus-Trindade e sermos membros do Reino da Trindade.

3. Jesus: veja, filho/filha queridos, qual é a tua dignidade. Para que propósito sagrado foste criado; para acolhermos dentro de ti a inteira Trindade e tu poderes ser acolhido dentro dela. Quando olhares para qualquer pessoa, por humílima que seja, pense que Deus-Trindade está nascendo dentro dela. Fez dela seu templo no qual se apraz habitar, e de lá nunca mais sairá. Nós podemos sair, fechando portas e janelas; mas isso será em vão, porque Deus-Trindade nunca deixará de habitar em nós. Caso contrário voltaríamos ao nada, de onde fomos um dia tirados.

4. É de sua natureza que o Deus-Trindade se comunique sempre e nos ame perpetuamente. Então, meu querido e querida, volte o olhar da mente para dentro de ti. Irás encontrar, incandescente, a presença forte e amorosa do Pai, do Filho e do Espírito Santo. Não estão apenas em ti. Penetram e emergem no infinitamente grande e em cada coisa que no universo existe; também no infinitamente pequeno e nas partículas e energias que por lá se movem; mas estão plenamente presentes no mais profundo de teu coração, em cada um dos seres humanos, no todo e em cada parte no todo.

Capítulo 3: A família divina assume a família humana

1. Jesus: Filho/filha, pelo fato de ser família divina, a Santíssima Trindade veio ao encontro da família humana. Primeiro a criou: pai, mãe e filhos/filhas. Criou previamente todas as precondições físico-químicas e ecológicas, ao longo da evolução, para que fosse possível a existência de uma família. E dignou-se escolher uma família do povo – simples, trabalhadora e piedosa – e um lugar tão desconhecido, que não consta em nenhuma página da Bíblia nem na crônica de Jerusalém ou de Roma: a vilazinha de Nazaré. Lá vivem pessoas que se amam como se amam os membros de uma família: Jesus, Maria e José.

2. O Pai encontrou em José alguém adequado ao seu mistério. O Pai é um mistério fontal, o princípio sem princípio. José é igualmente uma figura misteriosa: ninguém sabe de onde veio nem como viveu e como morreu. Nunca disse uma palavra. Apenas teve sonhos, a linguagem própria do mistério mais profundo. A ele o Pai amou e quis se personificar nele. O pai terrestre José se tornou a presença concreta do Pai celeste. O mistério de um é o mistério do outro. *Como o Pai trabalha* (Jo 5,17), José também trabalhou como carpinteiro e camponês mediterrâneo. Ele é o patrono da Igreja doméstica, daquela que não ostenta poderes, Igreja dos humildes, dos invisíveis, dos ignorados e dos operários, dos anônimos que constituem a grande parte da humanidade e dos cristãos. Querido/a filho/filha, como não agradecer ao Pai celeste por ter se acercado ao pai José, ter-se personalizado nele para ficar sempre conosco, no seio de nossa família. Quem tem um Pai divino tão próximo como nós temos?

3. O Filho encontrou em Jesus de Nazaré – da mesma profissão que o pai, artesão e camponês, pregador ambulante, contador de histórias, profeta e proclamador da proximidade do Reino de Deus – alguém que poderia acolhê-lo plenamente. O Reino que Ele pregou é o desígnio da Trindade de purificar toda a criação, realizar todas as virtualidades colocadas dentro dela e elevá-la a ser o templo da Trindade. O projeto de Jesus foi o de começar a realizar o Reino de Deus. Em razão dessa missão o Filho veio, e com incomensurável simpatia e ternura se encarnou no homem Jesus de Nazaré. Fez-se em tudo igual a nós, menos naquela ruptura que nos separa de Deus. Assumiu toda nossa condição humana, feita de luz e de sombras, de alegrias e de lágrimas. Conheceu Ele também as tentações e *teve que aprender na obediência* (Hb 5,8). Ele é de fato o Filho encarnado, o "Emanuel", o Deus Conosco. Filho meu/filha minha, seguindo os passos de Jesus e imitando suas atitudes também te tornarás

filho/filha muito amado/amada no Filho. Essa é a tua e a nossa suprema dignidade.

4. O Espírito Santo – que em todas as línguas semitas é feminino – encontrou em uma mulher do povo, caseira e cheia de unção – Maria de Nazaré – um coração e uma mente tão abertos que podia acolhê-lo. Foi sobre Maria que o Espírito Santo desceu, fixou morada definitiva nela – *armou sua tenda sobre ela* (Lc 1,25) – e nunca mais saiu dela. Maria foi espiritualizada. Tornou-se a presença carnal e histórica do Espírito Santo. Se bem pensarmos, foi Ele, o Espírito Santo, quem primeiro veio a este mundo. Ofereceu-se a Maria. Esta, como humilde serva, disse *fiat* (sim). Acolheu sem nenhuma restrição a visita do Espírito Santo. Esta acolhida tão feminina por parte de Maria fez com que o Filho em seu seio começasse a ganhar forma, a ser a encarnação do Filho Eterno.

5. Num momento Maria ocupa o centro da história da salvação. Nela estão presentes duas pessoas divinas: o Espírito Santo e o Filho. E o Pai, que paira sobre eles, está a seu modo presente na figura de José, que a acolheu, cuidou de seu filho e se fez o provedor da Sagrada Família. Por isso, Maria pode ser entendida como o Espírito presente entre nós. Ela nos revela o rosto feminino de Deus e se transformou no templo no qual habita o Filho Eterno. Meu filho/minha filha, quando olhares para as mulheres que passam pela rua, saiba que elas são irmãs de Maria, portadoras do Espírito, que é Espírito de vida e que faz delas, como mulheres, as geradoras de todas as vidas que entram neste mundo. Ela foi a geradora do Filho, nosso Irmão, que se encarnou em nossa miséria. E todos nós somos filhos e filhas no Filho, na força do Espírito Santo.

Capítulo 4: O mistério do mundo

1. Jesus: Filho/filha, erga os olhos para o céu em uma noite estrelada; contempla as miríades de estrelas; calado e reverente,

não surgiria em ti as perguntas: Quem criou esta esplêndida beleza? Quem dirige o curso das estrelas? Quem se esconde atrás deste universo? Olha ao redor e veja a multiplicidade de seres, de borboletas coloridas, de pássaros saltitantes, de flores sorridentes, dos animais nas suas espécies próprias, sem falar nos peixes e na flora marinha, nos rios corredios e nos lagos tranquilos. Existe ainda a imensa comunidade de vida dos micro-organismos sob a terra, de número incalculável, os verdadeiros trabalhadores, responsáveis pela fertilidade dos solos. Veja as paisagens, os montes e os vales, os rios, os lagos e os oceanos. Sentimo-nos parte desse todo, participando da natureza: respiramos o ar, bebemos a água, comemos os alimentos, pisamos os solos e convivemos com todos os demais seres numa grande comunidade terrenal. São todos nossos irmãos e irmãs vivendo na mesma Casa Comum, a Mãe Terra. Não desprezes os conhecimentos do universo e das coisas que a inteligência humana, iluminada pelo Espírito, está descobrindo. Isso nos ajuda a entender melhor os desígnios do Criador. Como dizia o mestre Santo Tomás de Aquino: um erro sobre o mundo pode nos induzir em um erro sobre Deus. Una o conhecimento de Deus com o coração e com a mente, e o conhecimento humano com nossas faculdades cognitivas interiores e exteriores. Ambos vêm de Deus.

2. Agora te digo: depois do mistério do Deus Trino, o maior mistério é a existência do mundo. Por que ele existe? Não poderia a Trindade Santíssima coexistir só ela no seu mistério e entrelaçarem-se amorosamente as divinas pessoas? Por que existe algo fora do Deus-Trindade? Não poderia ser o nada em vez do ser? E contudo existe o ser junto com o Ser Supremo. O que ele pode significar? Deus de amor e fonte de toda compreensão, abri-nos a inteligência para vislumbrar e aquecei o coração para sentir a vossa grande obra que é a criação.

3. Filho/filha: abre o coração para uma intensa oração. "Sabemos, Deus-Trindade, que sois um mistério de extravasamento

de amor e de relacionamento ilimitado. Em vossa infinita sabedoria, quisestes criar companheiros e companheiras do vosso amor. Criastes um espelho no qual Vós, as três divinas pessoas, pudésseis se ver como que de fora. O espelho é o inteiro universo, somos cada um de nós. Por isso, somos 'imagem e semelhança de Deus'. Se sois, ó Deus, amor que sempre se expande, então nós somos também criados de amor que irradia e se expande em todas as direções. Deus-Trindade, olhais a Vós mesmos em nós e por nós. E a nossa alegria é podermos desempenhar essa inefável missão de sermos o vosso espelho. Amém".

4. Todos os seres, especialmente nós humanos, nascemos do coração amoroso e da mente inteligente do Pai e do Filho e do Espírito Santo. Vós sois o Deus-Trindade que nos deu as condições para, de certa forma, podermos fazer alguma ideia de como ocorreu a criação do mundo. Em um momento de vossa plenitude eterna, a Trindade Santíssima quis comunicar-se para fora do círculo trinitário. Fez surgir um oceano de energia sem margens. Repleto de potencialidades que, segundo seu misterioso desígnio, poderiam ganhar forma e emergirem como seres de todos os tipos e especificidades. Alguns o chamam de Fonte Originária de todo o Ser, de Abismo Alimentador de todo o Universo ou simplesmente de Energia de Fundo de todas as Coisas.

Capítulo 5: Por que existe alguma coisa e não prevaleceu o nada?

1. Jesus: agora, filho/filha amados, vou levantar pelo menos um pouco, o véu que encobre a fonte de onde tudo se origina. Se vamos especular um pouco não é por curiosidade, mas por amor que quer conhecer as razões da mente divina e, assim, ter mais motivos de louvor e de gratidão. Por que existe alguma coisa e não o nada? Podemos responder: de um Fundo Inominável de

Energia irrompeu um pontozinho, milhões de vezes menor do que a cabeça de um alfinete, dotado com bilhões de graus centígrados de calor. Tudo o que no futuro emergiria estava potencialmente lá dentro: energias primordiais, matéria e informações. Nós todos, homens e mulheres, junto com as galáxias, as estrelas, os planetas, as luas e demais corpos celestes e seres existentes, lá estávamos potencialmente coexistindo, nos relacionando e nos amando. Meu querido filho/minha querida filha, sinta essa profunda comunhão preexistente com tudo o que existe e ainda vai existir. Lá estavas como que no coração amoroso de Deus. Como não louvá-lo e amá-lo? Como sementinhas quase invisíveis, lá estavas carregado com tudo o que precisavas para subsistir. Lá na frente, depois de bilhões de anos, sob determinadas condições, irrompestes como seres de consciência, inteligência, sentimento e amor.

2. De repente, sem sabermos como nem por que, aquele pontozinho se inflou até chegar ao tamanho de uma maçã, e então explodiu. Foi uma explosão inimaginável ocorrida há 13,7 bilhões de anos. Explosão silenciosa porque não havia ainda espaço e tempo para fazer-se ouvir. Mas se manifestou na forma de minúsculas ondas vibratórias. Estas se expandiram em todas as direções. Ainda hoje, em qualquer parte do universo é possível perceber uma vibração fraquíssima, último eco daquela explosão primordial.

3. Inicialmente tudo era pura energia, partículas ínfimas sem peso nem medida. Mas com a explosão criou-se um campo semelhante a um finíssimo véu que até hoje enche todo o universo. Ao tocarem nas paredes desse véu a energia ganhou massa e irrompeu como material: hadrions, prótons, nêutrons, átomos e centenas de outras partículas elementares. Deles somos feitos, bem como todas as coisas existentes.

4. Essas partículas, junto com os gases produzidos pela explosão, expandiram-se a uma velocidade inacreditável. Na medida em que se expandiram foram se resfriando e ficando cada vez mais

densos. Foi quando começam a aparecer as primeiras grandes estrelas vermelhas. Elas funcionaram como verdadeiras fornalhas. Dentro delas, com inacreditável calor e com as combinações dos átomos entre si, foram se formando aqueles elementos que entram na composição do universo e de todos os seres que nele existem: carbono, nitrogênio, cobre, estanho, prata, ouro, ferro e todos os cerca de cem elementos necessários à existência e à vida.

5. Houve o momento, cerca de 12 bilhões de anos, em que aquelas estrelas também explodiram. Produziram clarões de luz que sequer podemos imaginar. Elas morreram, mas morreram para permitir mais vida. Espalharam os elementos que continham dentro de si para todas as direções. Novamente se formaram incomensuráveis nuvens e dentro delas viajaram as partículas forjadas em seu seio.

6. Essas nuvens foram se esfriando e as partículas criaram conglomerados. Desses conglomerados nasceram cerca de cem bilhões de galáxias, a nossa Via Láctea, as trilhões de estrelas, entre elas o Sol, os planetas como a Terra, os satélites como a Lua e todos os seres hoje existentes. Meu filho/minha filha, és filho/filha das grandes estrelas vermelhas. És formado do pó cósmico. Não é por isso que brilhas e sentes calor interior e o impulso para brilhar? Sim, porque carregas a potência das estrelas.

Capítulo 6: A grande florada da evolução: o surgimento da vida

1. Jesus: Filho/filha, saiba que a vida surgiu em um momento avançado do processo da evolução, impulsionado pela força do Espírito Criador. Como tudo está ainda nascendo, podemos chamar esse processo de cosmogênese, a gênese do cosmos. Três são as constantes cosmológicas (espécie de princípios permanentes) que ocorrem nesse processo e que permitiram a vida emergir.

2. A primeira é a *interdependência* de todos com todos. Todos estão conectados, à semelhança da Santíssima Trindade, de sorte que tudo tem a ver com tudo em todos os momentos e em todas as circunstâncias. Ninguém está fora da relação. O universo, mais do que a soma de todos os seres existentes, é constituído pelo conjunto de redes de conexões entre todos. Essa inter-relação também se chama *simbiose*. Ela significa o acordo de cooperação que todos os seres têm entre si porque estão ligados uns aos outros. Não é isso, queridos meus, um espelho da Santíssima Trindade? Nela todas as pessoas estão eternamente relacionadas umas às outras. Se elas são assim, como poderia ser diferente o universo? Cada um de nós está enredado nessas relações, conectado com as energias do universo, das estrelas, do Sol, da Lua, da Terra e dos seres que nela habitam. Por isso somos seres sociais, sempre conectados uns aos outros por natureza. No espírito de São Francisco falaríamos do Irmão Sol, da Irmã Lua, da Irmã Terra, do Irmão Rio, da Irmã Montanha, da Irmã Água, pura e casta, e até do Irmão Lobo.

3. A segunda é a *complexidade*. Quer dizer, as redes de relações, as partículas e as energias, na medida em que o processo avança em todas as direções, criam complexidades. Ou seja, mais e mais seres e fatores de toda natureza se agregam, se relacionam, formam sistemas e ordens que se autorregulam e se auto-organizam. O universo vai se autocriando. Ele se autocria sob a minha providência, na medida em que vai se expandindo. Muitíssimos fatores se conjugam para constituir essas ordens complexas. A complexidade é como um rizoma, aquele bulbo de raízes de uma planta, do qual saem as raízes em todas as direções. Se Deus-Trindade não é a solidão do Uno, aqui também, a criação não é a expressão de uma única causalidade, mas da conjunção de todos os fatores, energias e informações; portanto, da comunhão dos diversos e diferentes componentes, à semelhança da Trindade.

4. A terceira característica de todo o processo cosmogênico é a *interioridade*. Quanto mais os seres se relacionam e se tornam complexos mais se enrolam sobre si mesmos. Quer dizer, formam uma realidade interior, possuem um nível de consciência de si, formam uma subjetividade e se relacionam com a realidade exterior, com a objetividade. Todos os seres vivos possuem certo grau de interioridade e subjetividade, cada um a seu modo. Por isso podemos dizer que eles têm o seu jeito de se relacionar e de fazer a sua síntese.

Filho/filha, escute atentamente esta maravilhosa realidade: de repente, num oceano primitivo, ou num brejo originário, irrompeu misteriosamente a vida: uma bactéria, mãe de todas as formas de vida. Era simples. Mas ela também estabeleceu mais e mais relações com o meio, dialogou quimicamente com o ambiente circundante, se complexificou e criou um mínimo de interioridade. Isso ocorreu há mais de três bilhões de anos.

5. A Terra já tinha cerca de 4,4 bilhões de anos. Ela criou as condições para que a vida surgisse. Só quem é vivo pode gerar vida. Por isso, hoje sabemos que a Terra não é uma realidade morta, uma espécie de balcão ou baú, cheio de bens e serviços, disponíveis para a nossa utilização. Ela não só tem vida sobre ela; ela mesma é viva. Os astronautas, da Lua e de suas naves espaciais, notaram claramente que entre a Terra e a Humanidade vigora uma grande unidade complexa e única. Ela combina os elementos químicos, físicos e ecológicos de tal forma que sempre se faz produtora de vida. Junto com as energias presentes nela, energias vindas de todas as partes do cosmos e especialmente com a colaboração dos próprios seres vivos, ela criou a biosfera. É aquela camada fina que fica a 30-40km acima de nossas cabeças. A atmosfera virou biosfera, o *habitat* adequado aos seres vivos. Tudo, junto com os outros fatores, é uma criação da própria vida. Ela não encontrou um mundo pronto, mas lentamen-

te foi criando para si um mundo adequado para viver, evoluir e se reproduzir.

Filho/filha, vou dizer algo misterioso que sempre esteve nos desígnios do Criador. Ele quis que nós mesmos fôssemos a porção da Terra que sente, que pensa, que ama, que cuida e venera. Somos um subcapítulo do capítulo da vida, mas com uma singularidade: vida consciente e portadora do espírito.

Filho/filha: agradeçamos a Deus-Providência que conduziu tudo com tal calibragem e com tal equilíbrio de todas as forças que permitissem o nosso aparecimento sobre este planeta. A Terra é esse berço. Ela é sim a nossa Casa Comum de quem devemos cuidar. Ela se mostra nossa Mãe generosa que nos gerou e continua nos sustentando. O Espírito de vida a habita e a torna sempre capaz de se fazer geradora de todo tipo de espécies de seres vivos.

Capítulo 7: Aplaude o universo: irrompeu a vida humana

1. Jesus: Filho/filha, contempla com gratidão a emergência da vida humana que constitui um dos maiores saltos que a evolução jamais deu, impulsionada pelas energias do Espírito. Há 75 milhões de anos emergiu um animal, pequeno, não maior do que um coelhinho. Ele se desenvolveu, começando na África, até surgirem, há 35 milhões de anos, os primeiros primatas, nossos ancestrais, comuns a nós e aos símios superiores. Um ramo desses primatas se desenvolveu mais e mais, com a criação de um cérebro capaz de suportar o espírito. São nossos ancestrais antropoides. Eles foram evoluindo mais e mais, crescendo em interioridade, pois seu cérebro se tornava cada vez mais complexo e capaz de fazer intermináveis conexões. Foi então que, finalmente, há cem mil anos irrompeu o *homo sapiens*, que somos todos nós, seres portadores de consciência, capazes de inteligência,

de cuidado, de solidariedade e de amor. Tudo isso se passou na África, onde os seres humanos viveram milhões de anos e onde se formaram as estruturas psíquicas e espirituais que subjazem à nossa existência como humanos. Naquele continente surgiu o pensamento, a percepção do sagrado, as estruturas interiores de sensibilidade, de amor, de solidariedade e de compaixão que até hoje orientam nossa vida. Por isso, com honra, podemos dizer que somos todos, por nossa origem, africanos. A África será sempre a nossa Mãe África.

2. Mas infelizmente faziam-se sentir também os impulsos contrários que ao longo e ao largo da história iriam dramatizar a vida humana pessoal e coletiva: a violência. Ela se ordenava inicialmente para nos defender e proteger contra as ameaças da natureza. Mas aos poucos foi perdendo o seu equilíbrio e senso de justa medida. A violência produziu os impulsos de rejeição, de ódio e de morte. Por isso, a condição humana é complexa. Somos *sapiens sapiens* (seres de inteligência de propósito), mas simultaneamente também somos *demens demens* (seres capazes de atos de demência, de exclusão e de morte dos outros). A religião, a ética e a cultura são formas que criamos para equilibrar essas energias positivas e negativas em nós, de tal forma que a luz tenha mais força do que a sombra. Por volta de 150 mil anos atrás o ser humano começou sua grande migração: espalhou-se pelo mundo todo. Lá onde chegava ele organizava o seu *habitat*, quer dizer, garantia as condições de sobrevivência. Primeiro em pequenos agrupamentos, junto a lagos e rios, onde era fácil o alimento, depois em vilas e por fim em cidades.

3. Filho/filha, estamos refletindo sobre a tua trajetória dentro do processo de evolução para entenderes tua própria realidade, conduzida pela mão ponderosa e amorosa do Criador, do Filho que tudo acompanha e do Espírito que tudo conduz para o alto. Passo a passo o ser humano criou civilizações que são for-

mas organizadas de convivência e de relações para com a natureza. Com sua engenhosidade criou técnicas para amenizar a dureza da vida e assegurar mais meios de mantê-la. Inventou as artes, as pinturas, os monumentos, a poesia, o teatro e a música. Inventou igualmente a escrita, com a qual guardou a memória dos povos em registros cunhados em pedras ou em pedaços de madeira, com leis, poemas e narrativas míticas. Ultimamente criou a tecnociência, com infindáveis inventos que nos levaram até a Lua e nos trouxeram de volta, como também outros aparatos de comunicação que nos aproximam e nos fazem sentir que somos de fato uma única família. E principalmente inventou as religiões e os caminhos espirituais, mediante os quais, com doutrinas, ritos, danças e símbolos entraram em contato com o Criador, venerando-o com supremo respeito e se sentindo carregados por Ele.

4. Depois da grande expansão a partir da África começou o processo de retorno. Todos os povos começaram a se encontrar dentro da mesma Casa Comum. Surgiu assim a planetarização. Irrompeu a consciência coletiva de que somos uma espécie junto com outras. Sentimos que somos responsáveis pelo destino comum e os cuidadores de tudo o que existe e vive.

5. Descobrimos que formamos uma grande unidade: Terra e Humanidade; nós nos pertencemos mutuamente. Somos filhos e filhas da Mãe Terra. Melhor, convém repetir, somos aquela porção da Terra que sente, pensa, ama, cuida e venera. Por isso, homem vem de *humus*, terra boa e fértil, ou descendemos de *Adam*, que em hebraico significa ser filho e filha da *Adamah*, ou seja, a Terra cultivável e fecunda. Somos Terra pensante e amante, pronta para ser o templo da Trindade.

Capítulo 8: O Deus-Trindade emergiu em nossa história

1. Jesus: Filho/filha, considera esse longo caminhar como uma preparação para o surgimento do humano. O universo como que intuía que lá adiante nós iríamos irromper. Por isso preparou tudo como um berço para nos receber. Mas o objetivo principal não era apenas criar seres conscientes e inteligentes. A intenção primeira era gestar um ser capaz de acolher o Infinito dentro do finito. Precisava que houvesse alguém tão aberto, qual cálice que recebe o vinho precioso, para abrigar Deus dentro de si. Esse ser veio maturando ao longo de toda a evolução até irromper na história.

2. Havia uma mulher, simples, piedosa e trabalhadora, vivendo em uma pequena vila e em uma casa modesta como a dos demais vizinhos. Seu nome era Míriam. Ela sonhava, como todas as mulheres judias, que o Messias viria, e que de alguma delas Ele nasceria. Míriam se dispunha a receber dentro de si o Salvador das gentes.

3. Eis que um dia, quando estava em oração, sentiu um estremecimento dentro de si. Soou-lhe suave aos ouvidos uma voz que só poderia ser do mundo celestial e angelical: *O Espírito Santo virá sobre ti e a força do Altíssimo armará sua tenda sobre ti. E é por isso que o Santo gerado em ti será chamado Filho de Deus* (Lc 1,35). E essa voz reafirmava convincentemente: *Eis que conceberás em teu seio e darás à luz um filho, e lhe darás o nome de Jesus* (Lc 1,31).

4. Míriam, depois chamada pelos cristãos simplesmente de Maria, trêmula e quase murmurando, respondeu: *Eis aqui a serva do Senhor. Faça-se em mim segundo a tua palavra* (Lc 1,38). Desde aquele momento Maria foi a portadora do Espírito Santo, aquele Espírito que estava presente desde o primeiro momento

da criação, que acompanhou cada salto da evolução, que nunca deixou que o caos predominasse no universo, que criou a vida e projetou a vida humana. Agora Ele se hospedou nela para ficar definitivamente nela e conosco.

5. A presença do Espírito, o primeiro a chegar na criação, é sempre criadora e amorosa. Ele preparou a vinda do Filho do Pai. Por isso esse Espírito gerou nela a santa humanidade de Jesus, que na medida em que crescia ia sendo assumida pelo Filho Eterno. O Filho se fez carne no seio de Maria e, à semelhança do Espírito, começou a morar definitivamente em nosso meio (cf. Jo 1,9), e nunca mais nos deixou.

6. Em um determinado momento da história tudo passou a girar ao redor dessa mulher, Maria. Ela é portadora de duas pessoas divinas: do Filho e do Espírito, que dentro dela estão dando forma à sua humanidade. Ela é o templo mais sagrado que jamais existiu neste mundo. Ela *é bendita entre as mulheres* (Lc 1,42). Ela se cala, medita e se entrega a um desígnio divino, cujo significado talvez nem consiga captar totalmente. Mas *guardava todas estas coisas em seu coração* (Lc 2,19) e as meditava. Ela é uma mulher de fé e sabe que esse seu filho *será uma grande alegria para todo o povo* (Lc 2,10) e para todo o universo. Ele será *o Salvador, o Cristo Senhor* (Lc 2,11) de todas as coisas, conduzindo-as ao Reino da Trindade.

7. Faltava ainda completar a vinda total de Deus à sua criação: o Pai, aquela fonte de amor eterno e em eterna comunhão com o Espírito e o Filho. Como não viria Ele também para estar com o Filho e o Espírito animando, redimindo e levando à plenitude toda a criação? Eis que em José, artesão de madeiras e camponês, encontrou alguém que lhe fosse adequado e no qual moraria para sempre entre nós. José não disse uma só palavra; só teve sonhos. Trabalhou e deu proteção a Maria e a Jesus quando tiveram que fugir ao exílio no Egito para escapar da matança de

inocentes crianças, ordenada por Herodes. O sonho é a linguagem do mistério mais profundo em nós. O Pai é esse mistério. Trabalhar é o que o Pai faz dentro de sua criação (cf. Jo 5,17); proteger é a missão de todo o pai. José tinha uma similaridade com o Pai celeste; tinha tudo para ser o seu receptáculo. E o Pai se personificou em José e veio também Ele morar entre nós. A partir de agora a família divina está inteira na família humana: O Pai e o Filho e o Espírito Santo, presentes em forma corporal em José, em Jesus e em Maria.

Capítulo 9: A origem de Jesus: nosso Irmão e Libertador

1. Jesus: filho/filha, depois desse percurso que contemplou o mistério de Deus-Trindade dentro da criação, concentremo-nos agora na figura de Jesus, o Cristo, o Filho Eterno que se fez um de nós. Contemplaste já a imitação de Cristo. A partir de agora vamos completá-la com a meditação do seguimento de Jesus. A imitação e o seguimento desse Jesus e Cristo é o nosso grande propósito e também o desafio mais exigente de toda a nossa vida.

2. Consideremos primeiramente a genealogia de Jesus, quer dizer: a sua origem. Vejamos como o fazem os evangelistas. São Marcos coloca Jesus já adulto dentro de sua família. Ele nada refere sobre seu nascimento e sua infância. São Mateus insere Jesus dentro de toda a história de Israel, começando por Davi (1,1-17) e culminando em José, esposo de Maria. São Lucas vai mais longe e situa a origem de Jesus dentro da história humana, pois o leva até Adão (Lc 3,23-38). São João, por fim, projeta a origem de Jesus para dentro de Deus. Pois *no princípio estava Ele com Deus* (Jo 1,2). Depois *se fez carne e veio habitar no meio de nós* (Jo 1,14).

3. No entanto, as origens de Jesus alcançam tempos muito mais ancestrais. Ele possui a idade do universo, surgido há 13,7

bilhões de anos. Aí devem ser buscadas as origens cósmicas de Jesus. O universo inteiro se orientou para aquele momento em que Ele imergiu no processo de evolução e veio do seio da Santíssima Trindade ao nosso encontro.

4. Concretamente, sua história encontra sua origem naquele pontozinho ínfimo, cheio de energia e de informação que há muitos bilhões de anos se inflacionou ao tamanho de uma maçã e depois explodiu. Espalhou as energias, as partículas materiais e as informações nele contidas em todas as direções. Ele estava misteriosamente lá dentro daquele minúsculo ponto e depois dentro das grandes estrelas vermelhas que logo a seguir se formaram. Como que em uma fornalha foram sendo criados todos os elementos necessários à constituição da nossa Via Láctea, do sistema solar, do Planeta Terra e de nossas vidas. Jesus carrega dentro de si aqueles elementos primordiais: o ferro que corria com o sangue em suas veias; o cálcio e o fósforo que davam consistência a seus ossos; o nitrogênio, responsável por seu crescimento; o carbono e o oxigênio, sem os quais a vida nunca se formaria.

5. Efetivamente Jesus é um ser cósmico, fruto como todos nós, desse imenso processo de evolução. Mas não apenas em seu corpo, em sua base material físico-química, como também em sua interioridade e subjetividade, fruto da rede de relação e de cooperação de todos com todos. A psique que mergulha na noite dos tempos primordiais recolheu em Jesus todos os movimentos psíquicos do inconsciente cósmico, mineral, vegetal, animal e humano. Nele se encontram traços dos sonhos e arquétipos mais ancestrais. Como todos nós, Jesus também é um africano, porque no continente africano, pela primeira vez, irrompeu o processo de hominização e surgiu a consciência para, depois, se espalharam pelo resto do mundo.

6. Como todos nós humanos, Jesus é um animal, da classe dos mamíferos, da ordem dos primatas, da família dos hominidas,

do gênero *homo* e da espécie *sapiens sapiens*. Em seu corpo vivem vibrando quatrocentos bilhões de células, ordenadas por um código genético que se constituiu há 3,8 bilhões de anos, quando, de um mar primevo, surgiu a vida. Seu cérebro, como o nosso, é articulado por 50 bilhões de neurônios que fazem 100 trilhões de conexões por minuto. Os órgãos que se formaram ao longo da evolução, como o olho, o ouvido e o tato são os mesmos que nós possuímos. Interiormente vem dotado, no lobo frontal, de um órgão interno, chamado "ponto Deus", pelo qual todos nós, e Jesus especialmente, captamos a presença amorosa e misteriosa de Deus, ligando e religando, unindo e reunindo todas as coisas.

7. Por fim, Jesus é filho do povo hebraico, privilegiado por sempre orientar sua vida e sua história à luz do desígnio de Deus. Ele foi iniciado nas tradições de seu povo e na piedade familiar por José e por Maria. Conseguiu seu sustento pelo trabalho, aprendendo de seu pai, artesão e camponês, a manejar a madeira e a levar a lida do campo. Sua vida foi passada no anonimato; não consta em nenhuma crônica da época por nós conhecida.

8. Filho/filha, pense que Jesus é também filho de Míriam, adotado por José. Amaram-se e viveram em família, vivendo as tradições religiosas de seu povo e sentindo-se judeus entre judeus nos modos de pensar, de agir e se ligar à tradição milenar.

9. Além do mais, Jesus é um homem, e não uma mulher. Carrega dentro de si como arquétipos as características dos homens, no seu lado luminoso de trabalho e criatividade, mas também o lado sombrio de vontade de poder e de domínio. Ele aprendeu a equilibrar essas polaridades para conferir plenitude e irradiação à sua personalidade. Mas como em todo o masculino (*animus*) há sempre uma dimensão feminina (*anima*) e em todo feminino uma dimensão masculina, Jesus mostrou eximiamente a dimensão feminina pelo cuidado para com os pobres e sofredores, pela acolhida às mulheres que o cercavam como

Marta, Maria, Madalena e a samaritana, pela sensibilidade de poder captar a presença do Pai na beleza das flores do campo e das aves do céu, nos mostrar um Pai com características de mãe que espera e perdoa o filho pródigo; garante a beleza da festa de casamento em Caná transformando água em vinho para que a festa fluísse alegremente. Só quem integrou o feminino em seu masculino pode mostrar tal sensibilidade. Provavelmente foram as mulheres que o seguiam e amavam que lhe ajudaram a fazer essa síntese tão harmoniosa.

10. Por fim, Jesus é um homem de seu tempo. Como a grande maioria, esperava a irrupção iminente do Reino de Deus que revolucionasse toda a realidade. Era a visão dos apocalípticos (daqueles que esperavam a vinda iminente do Messias, pondo fim a todas as maldades) à qual Jesus muito provavelmente aderiu. Mas como se entregava sempre à vontade divina, deixou para o Pai estabelecer o tempo e o momento dessa grande irrupção. O importante para Ele era conquistar pessoas para essa esperança. E o fez com o máximo empenho, criando um pequeno grupo ao seu redor, os apóstolos, gente simples do povo, para ajudá-lo nessa missão. Percorria vilas e cidades, pregava nas praças e nas sinagogas, curava doentes, ressuscitava mortos, perdoava pecados; numa palavra, como confessa São Pedro ao centurião romano Cornélio: Jesus *passou pelo mundo fazendo o bem* (At 10,18).

11. Junto com o Reino existe o antirreino: a maledicência, a dureza de coração e o ódio. Não se pode pensar no Reino sem essa polarização. Não se entra automaticamente no Reino senão mediante uma mudança de vida que chamamos de conversão. Por isso muitos resistiram a essa mudança, pois toda mudança implica perder vantagens, aceitar renúncias e criar novos hábitos. Havia representantes do antirreino. Por isso logo cedo organizaram uma dura oposição a Jesus que, ao largo de sua peregrinação pelas terras da Palestina, foi crescendo, a ponto de

quererem eliminá-lo (cf. Mc 3,6). Mas Jesus não ditava sua vida pela busca de segurança; Ele se orientava pela vontade do Pai, que o foi descobrindo na medida em que pregava e suscitava a adesão de seguidores. Sentia-se na palma da mão do Pai de bondade. Por que temer?

Capítulo 10: Pai nosso/pão nosso: o projeto de Jesus

1. Filho/filha, agora que te inteiraste da situação concreta dentro da qual Jesus viveu sua vida, desenvolveu sua missão e enfrentou oposições, como expressões do Reino e do antirreino, seguramente, para o teu bem espiritual, quererás saber diretamente: *O que quis finalmente Jesus quando passou entre nós?* Trata-se de procurar saber qual foi sua ideia geradora de tudo, que projeto tinha em sua mente, *qual o sonho que o mobilizava.* Não pense que seja pura curiosidade intelectual. Queremos saber para entender melhor a imitação e o seguimento da vida, do pensamento e da prática de Jesus. E assim amá-lo melhor, imitá-lo e segui-lo com coerência.

2. Como sabes, os evangelhos estão cheios de palavras e ensinamentos legados por Jesus de Nazaré. Mas eles começaram a ser escritos pelo menos trinta anos após a sua execução na cruz. Houve um tempo de grande silêncio até que as comunidades cristãs que se expressaram através dos textos de cada evangelista começassem a sistematizar primeiramente em pequenos cadernos: o caderno dos ditos de Jesus, o caderno dos milagres, o caderno das diatribes com as autoridades religiosas do tempo, o caderno da paixão e morte e principalmente o caderno dos relatos da ressurreição. Só no final de tudo se costuraram esses vários cadernos, deram-lhe certa ordem e, assim, nasceram os quatro livros, chamados evangelhos.

Mas nunca deves esquecer, querido filho/filha, que uma coisa são os escritos evangélicos e outra coisa é o Evangelho. O Evangelho como Boa-nova do Pai e do Espírito é a pessoa de Jesus, sua prática e seus ensinamentos. É esse Evangelho que salva e que deve ser descoberto através dos quatro evangelhos. Tenha sempre isso em mente: quando leres os textos dos evangelhos, vá além dos textos, para assim teres um encontro vivo e íntimo com o verdadeiro Evangelho salvador e libertador, que é Jesus Cristo em pessoa, morto e ressuscitado. O evangelho como livro não substitui Jesus. É um testemunho do Jesus histórico como foi percebido pelos seguidores e suas respectivas comunidades.

3. Os quatro livros dos evangelhos colocam muitas coisas na boca de Jesus, todas importantes. Mas nós que queremos imitar suas atitudes e seguir os seus passos queremos ir mais fundo. De todas essas palavras que o revelam, qual é a palavra que melhor indica sua intenção e nos mostra o que Jesus falou e como viveu entre nós?

Querido filho/filha, eu diria simplesmente: é o *Pai-nosso*. Essa oração do Pai-nosso, que estás acostumado/a a rezar tantas vezes por dia, contém o segredo de Jesus. Já os primeiros cristãos achavam que aí está o resumo de tudo o que o Mestre nos queria comunicar.

4. Logicamente, de sua boca nasceram palavras que são típicas de Jesus e que as comunidades guardaram zelosamente. Uma delas é *Abba*, uma palavra que as crianças usavam para se dirigir ao seu pai ou ao seu avô. Significava: *meu querido paizinho, querido vovozinho*. Como se nota, são palavras que mostram grande intimidade de Jesus com Deus.

Filho/filha, se queres te sintonizar totalmente com Jesus, comece por senti-lo como se estivesse falando dentro de teu coração. Deves fazer a passagem da cabeça, onde está a ideia de *Abba*, para o coração, onde se encontra a experiência viva do *Abba*.

5. Mas voltemos ao Pai-nosso. Por que aí está a intenção e o propósito mais íntimo da mensagem de Jesus? Primeiro há indícios claros que vêm do próprio Jesus, pois no Pai-nosso Ele não fala dele, não fala da Igreja, não fala da missa, não fala da Eucaristia, não fala dos sacramentos, não fala dos padres, dos bispos e do papa. Quer dizer, tudo o que é importante para a Igreja de hoje não o era para Jesus. Para Ele havia coisas mais importantes. Duas ressaltam, e aí está o segredo de sua mensagem: o *Pai nosso* e o *pão nosso*.

6. Filho/filha, repara bem que, quando Jesus fala do Pai *nosso*, não diz Pai meu. Não diz meu Senhor. Diz Pai *nosso*: Pai de todos os seres humanos, independentemente de onde estiverem e em que situação se encontrem. E esse Pai é o *Abba*, paizinho bondoso. Ele não se comporta como um juiz que contabiliza nossos atos bons ou maus. Não é um Pai punidor de nossos pecados, mas aquele que anima, acolhe e perdoa; até *ama os ingratos e maus* (Lc 6,35-36). Ele acolhe de volta em sua casa *o filho pródigo* (Lc 15,11-32). A principal característica do Deus de Jesus, *Abba*, é a misericórdia ilimitada.

7. A invocação Pai *nosso* nos remete à dimensão mais marcante do ser humano: o impulso para cima, para o céu, para as estrelas de onde viemos, para o coração de Deus, dentro do qual estávamos desde toda a eternidade e para onde queremos regressar. Nosso olhar se volta para cima, nossas mãos se estendem para o alto, nossa mente mergulha no infinito do firmamento e alcança o Reino da Trindade.

Filho/filha, pare nessa palavra *Pai nosso* e medita longamente a partir do coração. Então sentirás o carinho do Pai bondoso, o consolo do Pai de todas as misericórdias e a doçura de estar sendo carregado pelo Pai que mostra características de mãe.

8. A outra invocação é o *pão nosso*. Do céu nos voltamos para a Terra. Somos filhos e filhas da Mãe Terra. Somos seres

de necessidades, com fome e sede. Temos que atendê-las com o trabalho de todos. Já saciamos a fome de Deus, fome insaciável porque o Pai nosso sempre nos chama mais e mais para o alto. Mas temos fome de pão, pão material, pão que sacia nossa fome e nos permite viver. Veja: não digo o meu Pão, mas o Pão *nosso*. O Pão de todos, pois todos têm o direito de ter acesso ao pão e, assim, de viver. Só matamos verdadeiramente a fome quando repartimos o pão com os outros. Não somos animais famintos que comem cada um por si; somos seres humanos sociais que vivem e convivem e que também aprenderam a repartir e a não dizer apenas "eu", mas "nós". Sentamo-nos à mesa, em familiar comensalidade, para repartirmos e consumirmos juntos o *pão* feito por todos e para todos.

9. Filho/filha, se reparares bem, o pão não é algo apenas material. Nele se escondem energias vitais da Terra, dos solos, das águas, do Sol. Nele está presente o trabalho humano de plantar, ceifar, armazenar, moer e transformar em farinha, e desta o pão. Aí está aquele que garante que o pão chegue à nossa mesa. Em tudo há suor, carinho e, por vezes, lágrimas. Portanto, o pão vem carregado de significações profundas que deves meditar ao tomares o pão em tuas mãos. Mais ainda: foi pão o que Jesus repartiu entre o povo faminto (cf. Mt 14,19; Mc 8,5) e também foi pão que Ele tomou em suas mãos sagradas e distribuiu na última ceia, dizendo que era o seu corpo (cf. Lc 22,19-20). É o pão eucarístico de nossas celebrações. Essas ressonâncias do pão devem ser captadas em teu coração ao pronunciares a palavra *pão*.

10. Mas o *pão nosso* possui ainda uma significação escondida: é o pão que falta nas mesas de grande parte da humanidade, ou é a côdia de pão duro que as crianças roem entre lágrimas. Dar um pedaço de pão ao faminto é mais do que um ato humano de solidariedade, é um ato divino de salvar uma vida que desfalece. Não há maior dignidade do que distribuir pão e saciar

os famintos. Por isso, filho/filha, trata com sumo respeito cada pedaço de pão. Se puderes, não o corte, mas o parta com as mãos como fazia Jesus e o repartas com os outros. Lembra-te que o Mestre foi reconhecido pelos jovens de Emaús ao partir o pão (cf. Lc 24,30). Considera que tens a vida nas mãos, vida necessária para tantos famintos.

11. Só quem unir o *Pai nosso* com o *Pão nosso* pode dizer no fim: *Amém*. Só quem mantiver essa unidade sagrada estabelecida pelo Mestre – *Pai nosso* e *pão nosso* – guarda a sua herança. Não fiques apenas com o Pai nosso, cantando, dançando e louvando. Se junto não tiveres a preocupação do pão nosso, tua oração é vã e não chega a Deus. Da mesma forma, se somente te preocupas com o pão nosso e te esqueces do Pai nosso, teu gesto pode ser humanitário, mas não revela o divino do pão nosso.

Filho/filha, se estás ocupado/a com tuas orações e alguém bate à tua porta pedindo pão, corre e atende primeiro ao pedinte. O Cristo está mais presente no pobre do que em tuas orações. Dizia um místico antigo, com toda a verdade: *se estás em êxtase com Deus e um pobre bate a tua porta pedindo pão, deixa o Deus do êxtase e vá atender o pobre. O Deus que deixas no êxtase é menos seguro do que o Deus que encontras no pobre.*

12. Destas considerações, querido filho/querida filha, tira esta lição: nunca separe aquilo que Deus uniu: o *Pai nosso* do *pão nosso*. Se romperes essa aliança bem-aventurada deves perguntar-te pela qualidade de tua fidelidade ao propósito de Jesus. Ele uniu as duas fomes: a fome de Deus com a fome de pão. Precisamos atender às duas fomes para estarmos no caminho verdadeiro de Jesus. Olhar para cima, para o Pai nosso pode ser fácil; mas difícil é olhar para baixo e notar o pão nosso que falta nas mesas de tanta gente. Mantenha o céu unido com a Terra, a necessidade da comida celestial com a comida terrenal.

Capítulo 11: O suspiro dos povos: venha o vosso Reino

1. No Pai nosso há uma invocação que representa a resposta do Pai bondoso ao suspiro de toda a humanidade: *venha a nós o vosso Reino*. Vivemos num mundo que tem as dimensões do antirreino. Uns sofrem injustiças, outros carregam feridas na alma, outros ainda andam desesperados e perdidos por aí sem rumo, levando uma vida pecaminosa sem ver uma luz no fim de seu túnel existencial. *Infeliz de mim! Quem nos libertará deste corpo de morte?*, exclama São Paulo (Rm 7,24). A resposta vem do céu: é pela instauração do Reino de Deus, o grande sonho de Jesus. Ele representa uma revolução total, universal, estrutural, corporal, espiritual e terminal. O Reino transforma todas as nossas relações, não na superfície, mas em sua raiz fundamental, começando conosco, fazendo-nos seres novos; muda as relações para com os outros, vendo-os como irmãos e irmãs; para com a sociedade, instaurando a justiça social a partir dos pobres; para com a natureza, curando doentes, ressuscitando mortos e acalmando tempestades; e a relação para com Deus, perdoando nossos pecados e fazendo-nos sentir seus filhos e filhas.

2. Inaugurando seu Reino, Deus se mostrará Senhor de todas as dimensões sombrias de nossa existência e revelará o que está escondido em nós: o brilho de sermos de fato filhos e filhas queridos do Pai celeste. Mas não há portas automáticas que se abrem para o Reino de Deus. Elas só se abrem para nós se mudarmos de vida e nos alinharmos ao sonho de Jesus. As palavras são claras: *O Reino está chegando e está em nosso meio; crede nessa alegre notícia* (Mc 1,15). Afirmar que "está chegando" implica dizer que o Reino é um processo; ele está sempre vindo dia após dia. Lá onde prevalece o amor, a justiça é feita, o direito é observado e as pessoas se abraçam como irmãos e irmãs; aí começa a se realizar, ao ritmo de nossas mudanças, o Reino de Deus.

3. Filho/filha, veja que dom recebeste de nosso Pai celeste: não vives no inferno das maldades humanas, embora existam, mas no Reino do Pai, feito de amor, de cuidado, de perdão e de misericórdia. Mas precisas, filho/filha, saber: o Reino se constrói contra o antirreino, que é a presença da maldade, da exclusão, do ódio e da morte. Jesus sentiu em sua vida a força desse negativo, que é o antirreino. Com infinita tristeza, dizem os testemunhos antigos: *Jesus veio para o que era seu, e os seus não o receberam* (Jo 1,11). Logo cedo tramaram a sua morte (cf. Mc 3,6).

4. O proclamador da grande esperança, o Justo, o Profeta e o Santo é rejeitado e até eliminado fisicamente. Mas os sonhos nunca morrem. São eles que levantam caídos, animam desesperançados e devolvem o vigor para viver e lutar. Assim, o sonho de Jesus não podia morrer com Ele. Por isso continuamos a gritar: venha a nós o vosso Reino; apressa a tua vinda; faze justiça contra aqueles que derramaram o sangue dos inocentes; inaugura o novo homem e a nova mulher, e renova a face da Terra. Tu, Jesus, és o mais forte que vence o forte (cf. Mt 3,27). A morte não terá a última palavra, mas a transfiguração da vida em sua plenitude. Venha o teu Reino. Não vivemos de saudades de tua vida passada, mas celebramos agora a tua presença viva de ressuscitado entre nós. Vem, Senhor Jesus, no esplendor do teu Reino de bondade, de humildade, de amor, de justiça e de paz.

Capítulo 12: Perdoa nossas dívidas assim como nós também perdoamos os nossos devedores

1. Filho/filha, precisas te conscientizar de que tens uma dívida impagável. Fostes criado, por pura bondade, por Deus. Estavas em seu coração desde toda a eternidade. Em um momento de sua história divina Ele te fez irromper dentro do mundo em evolução. É uma dívida de gratidão por tua existência; não havia

nenhuma necessidade em te fazer nascer. Gratidão com gratidão se paga; não te canses de agradecer a Deus. Se Ele te criou foi por alguma razão amorosa. Procure descobrir o teu lugar dentro do mistério de Deus e da evolução, e não te canses de agradecer pelo dia, pelo minuto e pelo momento.

2. Há ainda outra dívida que tens para com o Pai. Somos seres vulneráveis e pecadores. Pecamos muitas vezes ao dia contra Deus; mostramo-nos ingratos face à sua graça; contraímos uma dívida para com Deus. Como pagá-la? Jesus nos dá a fórmula exata: *perdoai e sereis perdoados* (Lc 6,37); *setenta e sete vezes* (Mt 18,23), quer dizer: perdoai sempre. E diz mais: *sede misericordiosos como vosso Pai é misericordioso* (Lc 6,36). Se tu sentes a irrestrita misericórdia de Deus sobre teus pecados e faltas, deves vivê-la também para com quem te ofendeu e te humilhou. Assim deves entender a palavra do Pai nosso: "assim como nós perdoamos". Não se trata de uma espécie de negociação com Deus ou de algum condicionamento prévio. Trata-se, isso sim, de manter a mesma atitude que tu sentiste da parte de Deus, que generosamente te perdoou. Se Ele te perdoou, por que não irias perdoar também, que és uma simples criatura, totalmente dependente de Deus? Perdoar é virar a página; é a coragem de recomeçar; é não permitir que a amargura escreva o último capítulo, mas o amor, a misericórdia e a compaixão.

3. Mas tens ainda outra dívida de gratidão: deves a vida ao amor de teus pais. Eles um dia te quiseram, te acolheram e te amaram. Se tua mãe não tivesse um infinito cuidado por ti, ou outra pessoa que te cuidou, não saberias como descer do berço e buscar o alimento necessário. Morrerias de inanição. Portanto, querido filho/querida filha: és fruto do cuidado de teus pais e daqueles que lhes fizeram as vezes. Eles continuam cuidando de tua vida e de teu destino ao longo de toda a vida. Nascido do coração de quem te amou ou te cuidou, jamais sairás dele.

4. Há ainda outra dívida de gratidão para com todos os que compartem a vida contigo. Nós não vivemos, convivemos; somos todos interdependentes. O que seria de tua vida se não fosses bem-vindo no grupo em que vives? Se não tivesses uma mão que se estendesse quando estavas caído? Um ombro que se oferecesse quando estavas enfraquecido? Um olhar de compaixão quando estavas prostrado? És devedor da bondade de tanta gente. Sem essa solidariedade mínima que existe nos seres humanos e que nos faz realmente humanos, teríamos nos entredevorados e não chegaríamos até aqui. Teríamos desaparecido da história da evolução e da vida.

5. Mas há também outra dívida que nos vem do lado trágico e obscuro da existência humana. Muitas pessoas, por necessidade, e inteiros países se veem obrigados a pedir socorro financeiro, atingidos por algum cataclismo ou mergulharam em alguma crise social da qual não têm como sair sozinhos. Os organismos de ajuda e os bancos, não raro, emprestam com juros exorbitantes e com prazos curtos. Muitos não conseguem saldar suas dívidas; vendem bens públicos e bens naturais para pagá-las, e muitas vezes isso é insuficiente. Tais emprestadores, a maioria cruéis e sem piedade, verdadeiros abutres, tomam conta da política do país, arruínam nações inteiras e levam pessoas ao desespero e ao suicídio. O dinheiro passa a valer mais do que a vida humana. Essa dívida é perversa e clama aos céus.

6. Jesus conheceu situações semelhantes: dívidas que vinham dos impostos escorchantes do Império Romano, impostos para o templo, para a manutenção dos políticos, da casta sacerdotal e da ordem pública. Pagava-se imposto sobre tudo: sobre a terra, sobre as sementes, sobre as frutas e até sobre o cominho. O povo gritava sob o peso das dívidas, especialmente na Galileia, terra de Jesus, fértil e produtora de muitos alimentos. Todos temiam perder suas posses. Na nova ordem introduzida por Jesus,

o Reino de Deus, a economia que iria imperar seria aquela da solidariedade e do dom, e não da acumulação e do endividamento. Quando Jesus lançou seu programa de libertação na sinagoga de Nazaré (Lc 4,18.21), fala do *ano da graça do Senhor* (Lc 4,19). Era a expressão popular para dizer que o tempo de pagar dívidas teria passado e a partir de então todos repartiriam tudo entre si, para ninguém ser escravo de dívidas e para não haver mais pobres entre eles, como mais tarde foi vivido nos Atos dos Apóstolos (cap. 2 e 4).

Capítulo 13: A ética de Jesus: o amor incondicional e a ilimitada misericórdia

1. Filho/filha, prédicas são fáceis de se fazer, pois elas são apenas palavras que saem da boca; práticas são mais difíceis, porque são ações que saem das mãos. As primeiras prometem a salvação, que é entrar no Reino da Trindade; mas as segundas fazem o caminho e abrem a porta do céu. A prática das mãos interessava a Jesus. Ela se resume em poucas palavras: "viva a prática do amor incondicional, e então terás tudo: o coração das pessoas na terra e o coração de Deus no céu". Mas repara bem: não se trata do amor que normalmente existe na família, entre amigos e esposos. Esse é normal e cotidiano. Quem não o tem?

2. A característica básica é a de ser um amor incondicional, quer dizer, um amor que não espera retribuição. Não exclui ninguém, nem os inimigos, pois Deus ama a todos, *até os ingratos e maus* (Lc 6,35). O amor a Deus e o amor ao próximo se identificam, pois se trata de um movimento só (cf. Mt 22,37-40).

3. Mas aqui está a diferença: quando Jesus se refere ao amor ao próximo não pensa naqueles que estão mais próximos de nós. Esses todos o tem. Jesus vai mais longe: pensa naqueles que nin-

guém olha, nos que são os mais distantes, os invisíveis, aqueles pequenos e humildes que ninguém considera. Esses são os intencionados pelo amor anunciado por Jesus.

4. Amar significa, então, fazer desses distantes uns próximos, e de próximos, irmãos e irmãs. Isso exige dar-lhes atenção, escutar suas histórias de vida, geralmente dramáticas, estar ao lado deles e, sempre que pudermos, mesmo com sacrifício, ajudá-los. E por fim há uma característica no amor de Jesus que Ele nos desafia a viver: *amai-vos uns aos outros como eu vos tenho amado,* um amor que vai até o extremo de dar a vida para todos (cf. Jo 13,34).

5. Filho/filha, o amor incondicional não é totalmente amor se não vir acompanhado de misericórdia. Esta constitui uma característica do amor incondicional de Jesus. *Sede misericordiosos como vosso Pai celeste é misericordioso* (Lc 6,36). O Pai mostra misericórdia irrestrita ao receber de volta o filho pródigo que havia se transviado (Lc 15,11-32). Jesus mesmo, no alto da cruz, tem uma palavra de misericórdia: *Pai, perdoai-lhes porque não sabem o que fazem* (Lc 23,34). Perdoar e perdoar sempre (cf. Mt 18,22). Para Jesus não basta sermos bons, como o filho do pai que ficou em casa, cuidando da herdade e observando todas as tradições religiosas. Ele era bom, mas não tinha misericórdia. Por isso é o único a ser criticado por Jesus.

Filho/filha, alargues o coração; não permitas que nenhuma amargura ou desejo de vingança penetre nele. Não deixes que o passado feche as portas do futuro. Tenha a coragem de virar a página para escrever na nova uma história de amor e de misericórdia. Se perdoas, as feridas sofridas se fecharão e a paz voltará ao teu coração.

6. Esse amor sem limites se revela no Sermão da Montanha. Esses tópicos, junto com o Pai-nosso, devemos contá-los entre as palavras originais de Jesus, reveladoras de seu projeto de vida.

Curiosamente, no Sermão da Montanha Cristo toma decididamente o partido das vítimas e dos que socialmente são menos considerados, chamando-os de bem-aventurados; quer dizer, portadores das bênçãos divinas: os pobres, os que choram, os mansos, os famintos e sedentos de justiça, os compassivos, os puros de coração, os pacíficos, os perseguidos por causa da justiça, os que padecem insultos e perseguições pela causa do Reino e suportam mentiras e todo tipo de mal (cf. Mt 5,3-12). Todos esses são bem-aventurados.

7. Filho/filha, o importante é entenderes essas bem-aventuranças no Espírito de Jesus; Ele não veio trazer uma lei mais radical do que aquela já existente no tempo. Ao contrário, em seu lugar coloca o amor no centro. Se as leis favorecem o amor, Ele as acolhe; mas se o dificultam, Ele passa por cima. As bem-aventuranças devem ser entendidas como um critério: de quanto nos aproximamos ou nos afastamos do amor e da misericórdia para com os outros, especialmente dos mais penalizados. Se damos centralidade ao amor, se nos fazemos sensíveis a todos esses que carregam pesadas cruzes em suas vidas. Onde falta o amor aí entra o poder de um sobre o outro; e onde prevalece o poder, aí desaparece o amor e inexiste a misericórdia. É o amor que abre portas e janelas para a inclusão irrestrita e é a misericórdia que faz de todos nós bons samaritanos que se sensibilizam face ao desconhecido e caído na estrada e se preocupam com sua cura, pagando todas as despesas, e até as eventuais futuras (cf. Lc 10,30-35).

8. Quando inspirados no espírito das bem-aventuranças, os pobres se sentirão cidadãos do Reino; os que choram conhecerão a consolação; os pacíficos serão chamados a administrar a Terra; os famintos e sedentos de justiça verão o sonho de um tipo de sociedade onde verdadeiramente cada um recebe o que precisa e dá tudo o que pode; os que se compadecem com os sofrimentos dos outros experimentarão misericórdia; os puros de coração

perceberão a proximidade concreta de Deus; os portadores da paz serão reconhecidos como filhos e filhas de Deus; os perseguidos por causa da justiça serão os herdeiros natos do Reino; e os que forem insultados e perseguidos por causa do sonho de Jesus serão especialmente bem-aventurados (cf. Mt 5,3-11). Veja, querido filho/querida filha: Jesus fez uma verdadeira inversão de valores; o que não conta passa a contar, e o que não é, passa a ser. Tente alinhar tua vida por esse critério do Jesus histórico e, assim, estarás seguramente no caminho do Reino de Deus. *Seguir Jesus é assumir sua causa, viver seu exemplo de vida, participar de seus riscos e eventualmente aceitar o seu destino*. Como transparece, Jesus não nos propôs simplesmente um feixe de verdades; Ele nos ensinou a viver, a amar e a perdoar.

Capítulo 14: O Reino e o antirreino: a execução do Messias

1. Meu filho/minha filha, na história há luzes e sombras, há bondade e maldade, há graça e pecado. Essas realidades sempre vêm juntas. Ninguém de nós é só portador de bem; acompanha-o sempre a sombra do mal. E essa realidade nos segue e persegue em cada momento, até o último dia de nossa vida. Essa dinâmica é nossa e também do inteiro universo. Vigora uma incompletude em tudo o que existe e em tudo o que fazemos. Só quando chegarmos à culminância do processo da evolução, só quando o Reino implodir e explodir plenamente na história tudo chegara à sua plenitude.

2. Por isso, meu filho/minha filha, é importante, desde o início, fazer conscientemente uma opção por aquelas coisas que apontam para a plenitude, para a bondade, para a luz e para a graça. Só em Jesus irrompeu o homem completo e inteiro em sua bondade e em sua graça. O Reino se realizou plenamente

em sua pessoa. Mas Ele tinha clara consciência de que entre nós o Reino de Deus sempre se constrói contra o reino deste mundo, o reino do pecado; em uma palavra: o antirreino. Ambos travam uma luta permanente e feroz. E devemos saber de que lado estamos.

3. Jesus não ficou livre desse enfrentamento. Aquele que só quis o bem sucumbiu à sanha do mal. Pregou a alegria do Reino que vai se construindo na medida em que nós mesmos vamos nos incorporando a ele e se deu conta da força do negativo, presente no reino da maldade, presente neste mundo e no coração das pessoas. Por causa de seu estilo de vida nova, de sua prática cheia de esperança e de libertação do legalismo e de uma religião só de aparências, teve de enfrentar dois tipos de processos: um religioso e um político.

4. O *processo religioso* foi movido pelo conjunto das forças religiosas dominantes no tempo: os fariseus, que se consideravam os grandes observadores das leis e das tradições, e os sacerdotes e sumo sacerdotes, ou seja, as autoridades do templo ligadas às forças de ocupação romana. Face à rigidez da lei, Jesus anunciava o amor incondicional; face ao espírito de vingança, o perdão; face à ostentação exterior de falsa piedade exigia transparência, humildade e o reconhecimento dos próprios pecados; face àqueles que estabeleciam quem era puro e quem impuro, exigia a inteireza da reta intenção; face aos que cobravam o dízimo da hortelã, da erva-doce e do cominho, e também o jejum rigoroso, pedia justiça, misericórdia e fidelidade (cf. Mt 23,23); face aos que estabeleciam hierarquias Ele pregava que todos somos iguais, irmãos e irmãs. Mais importante do que a observância do sábado era ter sensibilidade e amor e tirar alguém que caiu num poço (cf. Mt 12,10).

5. Jesus não estava interessado em introduzir uma nova religião; havia tantas na época. Ele queria o homem novo e a mulher

nova, imbuídos de amor, de cuidado, de perdão e de misericórdia. Tais exigências constituíam uma revolução nas formas de se praticar a religião na época. Foi razão suficiente para os observantes das normas e os piedosos moverem um processo religioso, acusando-o das piores coisas: amigo de gente de má companhia, de blasfemo, de possesso do demônio e de inimigo de Deus. E mais: perceberam que Ele se aproximava tanto de Deus, chamando-o de uma forma nova: *Paizinho querido (Abba)*, a ponto de se sentir seu Filho e como tal se elevava à altura de Deus. Isso para um judeu constituía um escândalo intolerável, uma suprema blasfêmia. A pena era: *será condenado de morte e obrigado a morrer fora das portas da cidade* (Hb 13,12), que significava um claro sinal de maldição divina.

6. Mas Jesus sofreu também outro processo: *esse, político*. Quem anuncia o Reino de Deus se confronta diretamente com o Reino de César. Tal coragem constituía um crime de lesa-majestade. A pena era a condenação à morte capital pela cruz, conferida aos subversivos e a quem se negava reconhecer o imperador como deus. Jesus foi, portanto, condenado duplamente: pelo sumo sacerdote Caifás e todo o Sinédrio e por Pilatos, representante do poder imperial romano. Foi traído por Judas, abandonado pelos discípulos, negado por Pedro, preso, torturado, coroado de espinhos e violado por toda as formas que podemos imaginar.

7. Por fim, teve que carregar pesada cruz até o alto do Monte Calvário. Lá foi elevado, tendo os pulsos e os pés atravessados por grossos pregos que o sustentavam sob terríveis dores e falta de ar. Ao longe alguns discípulos observavam temerosos. Aos pés da cruz, sua mãe Maria, outras mulheres amigas, estas que nunca traíram Jesus, e o evangelista fiel, João, aquele a quem Jesus amava.

8. Não bastassem os sofrimentos físicos, conheceu o sofrimento espiritual, o mais terrível que os místicos também conhecem como a "noite escura e terrível do espírito", a tentação do

desespero. Ele que só viveu na intimidade do Pai, que o anunciou como o *Abba* bom e misericordioso que a todos acolhia, agora pareceu que Ele desapareceu de sua consciência.

9. Jesus fez a experiência terrível da morte de Deus. Por isso grita: *Eloí, Eloí, lamá sabactani* (Mc 15,34), que quer dizer: Meu Deus, meu Deus, por que me abandonaste? Esta frase é tão verdadeira que foi conservada pelos evangelhos na forma como Jesus a pronunciou em aramaico. É uma frase terrível. Jesus enfrenta a tentação mais avassaladora que pode existir: a tentação da desesperança. Esta é muito pior do que a tentação da falta de fé. Esta nos faz perder o caminho, a desesperança nos rouba a direção e nos destrói o horizonte de onde pode nascer o sol. Mas Jesus atravessou a tentação do desespero entregando-se ao Mistério que Ele não mais entendeu, mas que, na entrega, continua ainda a confiar nele. São Marcos nos revela a profundidade da desesperança de Jesus, dizendo com crueza: *Dando um imenso grito, Jesus expirou* (Mc 15,37).

10. Meu filho/minha filha, se Jesus conheceu a tentação mais terrível que pode haver: a tentação da desesperança; se sentiu-se sem nenhum apoio; se desceu até o inferno do abandono; se sofreu o tramontar da presença de Deus, como podes tu queixar de tuas crises espirituais, de tua sequeira interior e do sentimento da ausência de Deus em tua vida? Digo mais: chegou um momento em que Jesus se encontrou absolutamente nu, no corpo e na alma. Teve que despojar-se de tudo. Mesmo no meio dessa absurda solidão e da inominável escuridão teve uma última coragem; mesmo sem entender mais nada sussurrou: *Pai, em tuas mãos entrego o meu espírito*, palavras que São Lucas nos conservou para nos insinuar a solução da desesperança de Jesus (Lc 23,46). Ela não triunfou; prevaleceu a entrega total de Jesus ao Mistério.

11. Filho/filha, que lições deves tirar da experiência do inferno vivida por Jesus? Tu podes viver tranquilo, alegre por sentir-te

amado e agraciado por Deus. Mas a vida pode preparar-te amargas surpresas: pode te fazer mergulhar na escuridão; podes não sentir-te mais na palma da mão de Deus; podes até perguntar: Deus existe de fato? Ninguém, nem tu, estás livre dessa travessia tormentosa. É então que deves pensar com Jesus, sofrer com Jesus, suportar a escuridão com Jesus, sentir o abandono com Jesus, descer até a última solidão de tua alma com Jesus. E aí perseverar e esperar que alguma luz venha de algum lugar que só Deus conhece. Se perseverares nessa travessia conhecerás o destino último de Jesus: a irrupção de um sol que não conhecerá mais ocaso, uma vida nunca mais ameaçada pelo sopro da morte. Saberás o que significa ressurreição.

Capítulo 15: A ressurreição como a realização do Reino de Deus na pessoa de Jesus

1. Filho/filha, só quem, como Jesus, se esvaziou totalmente pode ser plenificado totalmente. O Pai e o Espírito plenificaram Jesus. Eles o ressuscitaram. Porque desceu até o inferno (cf. Fl 2,9) pôde ser levado até ao mais alto do céu. A ressurreição de Jesus não é como a de Lázaro, que foi, na verdade, a reanimação de um cadáver que, no final, acabou morrendo novamente. Ressurreição é a realização, na pessoa de Jesus, daquilo que Ele pregou: o Reino de Deus. Por isso a ressurreição é a inauguração do novo céu e da nova terra, a irrupção do ser humano novo, tão inteiro que nele não pode penetrar mais a morte. Ressurreição significa a plena realização de todas as potencialidades escondidas em Jesus, que agora afloram como em ridente primavera. Ele é, na sublime expressão de São Paulo: o *novissimus Adam* (1Cor 15,45), o Adão que finalmente acabou de nascer. Vinha nascendo ao largo e ao longo de todo o processo bilionário de evolução; agora acabou de nascer. Então será verdade o que já se disse: "o verdadeiro Gênesis não está no começo, mas no fim".

2. Filho/filha, se seguires Jesus por toda essa trajetória experimentarás as forças da ressurreição. Saberás o que é o sol nascendo no meio do céu mais escuro. Experimentarás um sentido de alegria e de êxtase interior que ninguém lhe pode dar, senão o próprio Ressuscitado. O sonho de Jesus, o Reino, vale repetir, se realizou, através da ressurreição, em sua pessoa. Na medida em que o Ressuscitado está em nosso meio uma porção desse Reino começará a fermentar em ti e no seio da história humana e terás a experiência bem-aventurada dos bens do Reino de Deus: a paz interior, o amor, a vontade de doação, a disposição para a misericórdia e a acolhida de toda a vida.

3. Na história haverá sempre os que se recusam a aceitar o ódio, a vingança e a morte imposta violentamente aos outros. Por causa do fermento do Reino irromperá aqui e acolá justiça para os pobres, vida para os vulneráveis, solidariedade para os esquecidos, cooperação para os desassistidos e não será tão difícil amar e perdoar. São bens da Ressurreição que florescem dentro da história e que a fazem andar. É sinal de que Jesus não morreu em vão e que a ressurreição está em curso.

Capítulo 16: O Cristo cósmico que enche e anima o universo

1. Filho/filha, pela ressurreição Jesus deixou para trás as limitações do espaço e do tempo ligadas à corporalidade física de nosso estar no mundo. Agora como ressuscitado Ele pode atravessar paredes, aparecer e desaparecer e estar simultaneamente em vários lugares. Ele ganhou as características do Espírito, como acena São Paulo (cf. 1Cor 15,44). Característica do Espírito é encher todo o universo, dar vida e movimento a todas as coisas e ser fonte de entusiasmo e de inspiração aos seres huma-

nos. Jesus Cristo, portador privilegiado do Espírito, está ligado ao mistério da criação em evolução: *todas as coisas foram feitas por Ele e sem Ele nada se fez de tudo quanto foi feito* (Jo 1,3). Ele é o meio divino no qual tudo o que existe subsiste e persiste (cf. Cl 1,17). Na Epístola aos Efésios se diz que Ele *une sob uma única cabeça todas as coisas* (Ef 1,10). Em outras palavras: sem ele os seres seriam incompletos; através dele todos ganham sua perfeição (cabeça). São Paulo, pensando no Ressuscitado, diz com entusiasmo que Ele *é tudo em todas as coisas* (Cl 3,11).

2. Em um belo texto do primeiro século, tirado do Evangelho Apócrifo de São Tomé, se diz, pensando evidentemente no Cristo cósmico: *eu sou a luz que está sobre todas as coisas; eu sou o universo. O universo saiu de mim e o universo retorna a mim. Rache a lenha, e estou dentro dela. Levante a pedra, e eu estou debaixo dela. Eis que estou convosco todos os dias, até a consumação dos séculos* (*logion* 104). Estas palavras querem nos passar a compreensão de que Cristo realmente está no coração da matéria: no trabalho penoso de rachar lenha e no levantar pesadas pedras. Ele está lá também.

3. Filho/filha, sempre que tocares cada ser, sempre que abraçares outra pessoa, sempre que tomares em tuas mãos um pouco de terra, sempre que contemplares paisagens e montanhas e ergueres, em uma noite estrelada, teu olhar para as miríades de estrelas, saiba que nelas está o Cristo cósmico presente. Dessa forma, nunca te afastarás dele. Nunca terás um olhar meramente profano sobre a natureza, sobre a Terra e sobre cada pessoa humana: todas são penetradas pelo Cristo ressuscitado; elas são sacramentais. Ele vai empurrando a evolução para a frente, está no meio para mantê-la no rumo certo e no final para atraí-la para si. E entregará tudo a Deus que será, então, *tudo em todas as coisas* (1Cor 15,28).

Capítulo 17: Não vivemos para morrer, morremos para ressuscitar

1. Filho/filha, a ressurreição de Cristo lança uma luz esperançosa sobre aquilo que mais nos custa aceitar: a nossa morte. Inevitavelmente morremos porque somos seres mortais, e assim foi querido por Deus. Se Deus quis a morte é sinal de que ela não pode ser uma desgraça total, mas uma grande oportunidade dada à vida para ela passar para um outro nível e continuar a viver. Dessa vez, viver eternamente na família divina do Pai e do Filho e do Espírito Santo. Assim, morrer significa que Deus nos chamou para si, e vamos alegres como quem volta para a casa paterna. Alguns morrem antes, outros no meio da vida e outros, ainda, depois de muitos anos. Mas chega o momento em que até o mais velho tem de morrer.

2. A morte de Jesus foi violenta e injustamente imposta. Ele a acolheu em solidariedade para com todos os mortos, especialmente os que como Ele foram executados e assassinados por terem lutado para melhorar a vida dos outros, foram incompreendidos e eliminados. Acolheu os sofrimentos e angústias da morte como expiação por nossos pecados, que nos tornam incapazes de aceitar a morte como parte da vida e de ver nela o passo necessário para o grande encontro com Deus.

Ninguém tirou a vida de Jesus. Ele a entregou livremente em comunhão com todos os mortais, particularmente condenados a morrer antes do tempo.

3. Filho/filha, nós não fomos feitos para terminar com a morte. Antes, pela morte nos transformar e permitir o salto indispensável para irromper dentro do mundo do Deus-Trindade. Nesse sentido, a morte é uma invenção da vida para podermos continuar a viver mais e melhor em outro nível de realidade. Depois do tempo vem a eternidade; depois da vida presente vem

a vida eterna, e para ela fomos criados e chamados. Jesus mostrou que a morte não tem a última palavra, mas a vida, e a vida em plenitude (cf. Jo 10,10). Na verdade, nós não nascemos para morrer; morremos para ressuscitar.

4. A morte é o *vere dies natalis*, é o verdadeiro natal do ser humano. Lentamente vamos nascendo, crescendo, amadurecendo até acabarmos de nascer. É o momento da morte bem-aventurada. A morte implica a libertação do espaço e do tempo e de todas as amarras que nos mantinham dentro das limitações deste mundo. Na morte caem todas estas barreiras; tudo o que estava em potencial dentro de nós, todas as nossas virtualidades latentes – pois somos um projeto infinito cheio de sementes de vida ainda não vividas e ensaiadas –, agora pela morte podem irromper plenamente. Seremos finalmente seres como Deus nos imaginou: inteiros, repletos de vida e de esplendor.

5. Filho/filha, considera que Jesus foi o primeiro a nos manifestar essa realidade escondida dentro da morte. Ela sempre ocorria, mas sob os véus do mistério. Com Jesus os véus caíram e pudemos ver o triunfo da vida e a plenificação de todo o ser humano, homem e mulher. Com razão fala São Paulo: *Jesus é o primeiro entre muitos irmãos e irmãs* (Rm 8,29). Mais explicitamente diz: *se estamos inseridos na solidariedade com sua morte, também o seremos em sua ressurreição* (Rm 6,8). E oferece a razão dessa nossa participação na ressurreição: *Se o Espírito daquele que ressuscitou Jesus dos mortos habita em nós, quem ressuscitou Jesus dos mortos também dará vida a nossos corpos mortais* (Rm 8,11). Dito em palavras mais diretas estas afirmações nos garantem: nós ressuscitaremos também. E ressuscitaremos quando para nós este mundo chegar ao seu fim. Logo, nós ressuscitaremos na morte. No momento supremo de nossa passagem se dará a grande *revolução na evolução*: a nossa ressurreição na morte.

6. A ressurreição era pensada no último dia, como Marta no Evangelho de São João o confessa: *Sei que Lázaro há de ressuscitar na ressurreição do último dia* (Jo 11,24). Jesus antecipa essa ressurreição e a traz para o presente: *Eu sou a Ressurreição e a Vida; quem crer em mim, ainda que esteja morto, viverá* (Jo 11,26). Portanto, estamos sob o regime da nova ordem, inaugurada pela ressurreição de Jesus: a transfiguração da pessoa, como a plena realização do Reino em cada um que morre, semelhantemente como ocorreu com Jesus ressuscitado.

Filho/filha, não há alegria maior do que sabermos antecipadamente sobre o nosso destino final e feliz: a ressurreição e a irradiação de nossa vida. Algo do mundo, através de nós, já está definitivamente salvo e eternizado. Apenas falta a completa revelação do Ressuscitado, e então todas as coisas, a humanidade e o universo, chegarão ao seu fim bom; romperão e irromperão para dentro da vida da família divina. Junto conosco todos comporão o povo de Deus (cf. Ap 21,3), o corpo divino da Trindade Santíssima.

Capítulo 18: Os dois braços do Pai: o Cristo e o Espírito

1. Filho/filha queridos, não se pode pensar em Jesus sem logo associá-lo indissoluvelmente ao Espírito Santo. Em primeiro lugar, Jesus é fruto do Espírito que veio estabelecer morada permanente em uma mulher: Míriam de Nazaré, mãe de Jesus. Dessa presença do Espírito nela, que é sempre criativa, nasceu Jesus. Ao apresentar seu programa de libertação fez a experiência: *O Espírito do Senhor está sobre mim porque Ele me chamou para evangelizar os pobres; enviou-me para anunciar aos prisioneiros a libertação, aos cegos a recuperação da vista e para libertar os oprimidos [...]* (Lc 4,18-19). Ao ser batizado por João Batista,

São Lucas diz que *o Espírito desceu sobre Ele* (Lc, 6,22). E quando se tratava de definir sua vocação, retirou-se, como sempre costumava fazer, e aí se diz explicitamente: *foi levado pelo Espírito Santo ao deserto* (Lc 4,1-2). Na força do Espírito expulsava demônios e curava (cf. Lc 11,20). Foi o Espírito, que é sempre Espírito de vida, que ressuscitou Jesus dos mortos (cf. Ef 2,6).

2. Já os Padres antigos pregavam que o Cristo ressuscitado e o Espírito são os dois braços pelos quais o Pai nos alcança e nos redime. Juntos atuam em todo o universo, mantendo-o em linha de ascensão para desembocar em um fim bom, aquele sonhado pelo Pai. Por isso, filho/filha, sinta nas energias de tua vida, nas moções do coração, no florescer do chão ressequido, no alvorecer da primavera florida e na majestade de um céu estrelado a presença misteriosa, poderosa e amorosa do Espírito e do Cristo cósmico. Sinta-te unido a eles, formando a grande comunhão humana e cósmica.

Capítulo 19: Ama e cuida da Terra, nossa Mãe e Casa Comum

1. Filho/filha, insisto na visão exposta anteriormente porque ela é de fundamental importância para a espiritualidade: supera a visão que recebeste do passado de que a Terra é uma coisa morta e inerte, sem consciência e sem propósito, como se não tivesse saído do coração de Deus para gerar filhos e filhas, que são todos os seres terrestres vivendo na mesma Casa Comum. Por isso, desde sempre ela foi vista e vivida como mãe generosa. Ela nos dá tudo o que precisamos para viver: o alimento, a água, o ar, os solos, os outros companheiros e companheiras, que são os demais seres vivos, especialmente o sem-número de micro-organismos que habitam o chão e que garantem a vitalidade da Mãe Terra, os rios e oceanos, e não em último lugar as indescritíveis

paisagens cheias de beleza e esplendor que alegram nossos olhos e estremecem nosso coração. Mais e mais nos damos conta de que não apenas há vida sobre ela. É muito mais; ela, como mãe, é viva. Articula sua base física, química e ecológica com tal cuidado e medida, que sempre se faz apta para produzir vida nas suas mais diferentes formas. Os povos antigos deram-lhe mil nomes: Magna Mater, Pacha Mama, Nana, e os modernos: Gaia.

2. Filho/filha, a Mãe Terra não produziu apenas nós, seres humanos. Ela produziu uma vasta e rica comunidade de vida, de bactérias, fungos e vírus, de plantas, de animais, de aves, de peixes e de todo o tipo de seres vivos. Temos aprendido que entre todos os seres vivos vigora um laço de parentesco, pois todos detêm o mesmo código genético de base, com quatro tipos de ácidos que funcionam como cimento para unir, sob mil formas diferentes, os 20 tijolinhos que constroem a vida; isto é, os aminoácidos. São Francisco intuiu misticamente que somos irmãos e irmãs de todas as criaturas. Belamente diz o Papa Francisco em sua encíclica *Sobre o cuidado da Casa Comum*, verdadeira carta-magna da ecologia integral: *Tudo está relacionado com tudo. E todos nós, seres humanos, caminhamos juntos, como irmãos e irmãs numa peregrinação maravilhosa, entrelaçados pelo amor que Deus tem a cada uma das suas criaturas e que nos une também, com terna afeição, ao Irmão Sol, à Irmã Lua, ao Irmão Rio e à Mãe Terra* (n. 92). Hoje sabemos dessa fraternidade universal por um dado experimental das ciências da vida.

Não devemos apenas conhecer as coisas pelas ciências, mas também senti-las com o coração, pois, realmente, são irmãos e irmãs queridos da mesma comunidade terrenal e cósmica. Da mesma forma, importa que sintamos como nosso o sofrimento dos outros, a dor da natureza devastada e os gemidos da Mãe Terra superexplorada.

3. Nós seres humanos recebemos a missão de cuidar da Mãe Terra e proteger toda a sua inenarrável diversidade de vida. Deus nos colocou no Jardim do Éden, quer dizer, na Terra recém-nascida, para sermos seus guardiães, cuidadores e defensores (cf. Gn 2,15).

4. Filho/filha, infelizmente durante a história nos mostramos antes o satã da Terra do que seu anjo da guarda. Temos explorado seus bens e serviços para além do que a Mãe Terra pode suportar. E o fazemos na ganância de nos enriquecer a qualquer custo, sem pensar nas gerações de nossos filhos e netos que merecem herdar uma Terra fecunda e enriquecida.

5. Filho/filha, esmera-te em cuidar da Mãe Terra, zelando para que suas florestas sejam mantidas em pé, as águas não sejam poluídas, os ares não sejam contaminados, os solos não sejam envenenados, os oceanos não sejam feitos depósito dos rejeitos humanos, pois são eles que nos garantem o oxigênio que faz viver, nós e todos os demais seres vivos, e que regulam os climas da Terra. Cuidar da Terra é amá-la como nossa única Casa Comum. Amar a Terra é se encher de comoção, de veneração e de sentido de sacralidade quando vemos uma de suas representações tiradas das naves espaciais: aquele globo azul-branco, frágil, mas irradiante de vida. Ele é nossa Casa Comum e o templo do próprio Deus. Ela é a nossa grande e queri+da Mãe.

Capítulo 20: Liberta o pobre e o oprimido: nossos Cristos crucificados

1. Filho/filha querido: na Terra não há apenas beleza, mas também devastação e muito sofrimento. As religiões, as éticas, as culturas e mesmo a revelação divina do Primeiro e do Segundo testamentos se esforçaram para nos educar, sem grandes resultados, no respeito e no cuidado necessário. Somos simultaneamente *dementes* e *sapientes*. Quer dizer, podemos ser amorosos, gen-

tis e compassivos, mas também podemos, ser simultaneamente, seres cruéis e sem piedade. Essa é a nossa condição decadente que reclama redenção, pois contradiz o projeto de Deus. A população da Terra não é uniforme; ela vem marcada por contradições que nos escandalizam. Há os que sozinhos acumulam mais dinheiro do que inteiros países onde vivem milhões de pessoas.

2. Operários são explorados nas fábricas; negros são discriminados por causa da cor de sua pele; indígenas são humilhados por serem considerados selvagens e atrasados e por não terem a nossa tecnologia; mulheres são oprimidas por séculos de patriarcalismo; pessoas com necessidades especiais são desconsideradas; outras, por sua opção sexual ou religiosa, são difamadas.

Filho/filha, não te deixes enganar por todos aqueles que propagam essas discriminações e poluem a atmosfera comum dentro da qual vivemos. Coloque-te continuamente esta pergunta, que o próprio Senhor da história um dia vai te fazer: De que lado estavas: dos fracos ou dos fortes? Quem você defendeu: quem tinha mais influência ou quem era indefeso? Quem você escolheu: os que tinham prestígio ou os que eram anônimos? Saiba, filho/filha que o Filho do Homem soube sempre escolher o lado dos mais vulneráveis e indefesos. Contigo não deve ser diferente. Lembra-te que eles serão teus juízes no momento supremo da história, quando tudo o que estava escondido virá à tona, tudo o que era falso será desmascarado e toda maldade será revelada perante todos.

3. Filho/filha, nunca esqueças que o Crucificado continua pendendo da cruz com os crucificados deste mundo. Eles gritam por libertação. Então faças, do fundo de teu coração, uma opção preferencial pelos pobres contra sua pobreza e a favor da vida e da justiça. Participe de ações sociais que junto com eles procuram caminhos de libertação a partir da libertação que Jesus Cristo nos trouxe. Eles gritarão por ti no dia do juízo e pedirão

o perdão de todos os teus pecados e erros. E o Juiz Supremo te chamará de "bem-aventurado" porque soubeste te identificar com todos estes "Cristos crucificados", aqueles que Jesus chamou de *meus irmãos e irmãs menores* (Mt 25,40). Não transformes a diferença em desigualdade. Antes, relativizes as diferenças e veja, em primeiro lugar a pessoa, não de que sexo é, que cor tem nem que profissão exerce. Veja a pessoa como pessoa e acolha-a como a um irmão e irmã, a um filho e filha de Deus. E serás contado entre aqueles que constituem a comunidade dos libertos.

Capítulo 21: Quem tem o amor tem tudo

1. Filho/filha, aprendeste de Cristo que o amor é o centro de tudo. Quem tem o amor tem tudo: Deus e a vida eterna. Já os antigos sábios e os velhos mitos testemunhavam: o amor é a força maior existente no universo, nos seres vivos e nos humanos. Porque o amor é uma força de atração, de união e de transformação. O mito grego o formulava com elegância: "O deus do amor ergueu-se para criar a Terra. Antes, tudo era silêncio, desprovido de tudo e imóvel. Agora tudo é vida, alegria e movimento". O amor é a expressão mais alta da vida. Esse amor não é um mito, é o nome verdadeiro de Deus e do Espírito Criador.

2. Mas, querido filho/filha, precisas superar certas ilusões ligadas à ideia do amor. Ele é, sim, uma comoção do coração, mas também é muito mais; o amor é realmente um afeto profundo pelo outro, mas é ainda muito mais. O amor implica tudo isso e vai mais fundo; ele é um projeto de vida pelo qual te deslocas continuamente de ti mesmo na direção do outro. Amar é querer bem ao outro, acolhê-lo, deixar-se também amar por ele; amar é olhar nos olhos sem nenhum pré-julgamento, é pressentir a bondade de seu coração, é lançar uma ponte em sua direção, é agradecer ao universo e a Deus que essa criatura existe e está na tua

frente. Amar é uma maneira de ver sempre a partir do outro, especialmente do mais vulnerável. O amor tem algo parecido com a morte, pois nela nos entregamos totalmente e nada podemos segurar para nós mesmos. O amor é isso: entrega, escuta, atenção, cuidado, acolhida do outro assim como ele é. E não esqueças de que para Jesus o verdadeiro amor ao próximo é o amor aos mais desprezados que, feito óleo gasto, ninguém quer se aproximar. Acolha-o, pois, assim o fez Jesus. E tu, como seu seguidor, tenhas essa coragem de ir contra a corrente do mundo e dar visibilidade a todos esses esquecidos, humilhados e ofendidos.

3. Por isso não dá para falar e realizar o amor sem que ele venha acolitado por outras virtudes que o acompanham e o sustentam. Sábio foi São Paulo na sua Primeira Carta aos Coríntios quando nos indicou a corte de virtudes sem as quais o amor não irrompe ou não se mantém: *o amor é paciente, benigno, desinteressado, humilde e simples; o amor é cortês, generoso, tolerante e caloroso; o amor alegra-se com a justiça e fica feliz com a verdade; o amor tudo desculpa, tudo crê, tudo espera e tudo suporta. O amor nunca acabará. Permanecem sempre três coisas, a fé, a esperança e o amor. Mas a mais excelente de todas as coisas é o amor* (1Cor 13,4-13). O que o Apóstolo aqui descreve foi vivido e testemunhado pelo Filho do Homem quando andou entre nós. Ele viveu de amor, difundiu amor, sucumbiu por fidelidade ao amor, sem esperar qualquer retribuição. Sua existência era uma proexistência, uma vida em prol dos outros. Por isso podemos dizer: *humano assim como Jesus, só Deus mesmo.*

4. Filho/filha, se quiseres andar seguro/a no seguimento de Jesus, coloque no centro de tuas intenções, de tuas palavras e de tuas práticas o amor. Mas não esqueças: é fácil falar do amor. Mas se ele não vir cercado de todas aquelas virtudes que São Paulo indicou, deves te perguntar se o que sentes e carregas no coração é amor de verdade ou apenas uma emoção da alma e um en-

cantamento passageiro. Mas se ele se revestir dessas virtudes, e se especialmente for paciente, inteiro, despretensioso e tolerante, então, meu querido filho/minha filha, saiba que estás pisando onde Jesus pisou e estás realizando lentamente seu sonho imorredouro do Reino do amor incondicional.

Capítulo 22: A amizade: forma desinteressada do amor

1. Filho/filha, parente próximo do amor é a amizade. Talvez seja a amizade, como o viram os antigos filósofos gregos, uma das expressões mais altas do amor. Pois no amor sempre há o envolvimento de um com o outro; aparecem as diferenças e os cantos que devem ser limados com paciência e cordialidade; no amor sentimental não está ausente a exigência da exclusividade, daí do sentimento sutil de posse, que está a um passo do ciúme.

2. Tal não acontece com a amizade; ela é totalmente desinteressada. É aquela relação que nasce de uma misteriosa afinidade, de uma simpatia inexplicável, de uma proximidade afetuosa para com outra pessoa. Entre os amigos e amigas se cria como que uma comunidade de destino. A amizade vive do desinteresse, da confiança e da lealdade; ela possui raízes tão profundas que, mesmo passados muitos anos, ao reencontrarem-se os amigos e as amigas, os tempos se anulam. Reatam-se laços e se refazem lembranças até da última conversa havida há muito tempo.

3. Filho/filha, procure cultivar amigos e amigas que te acrescentam na vida humana e espiritual. Preocupe-se com a vida, as penas e as alegrias deles e delas. Ofereça-lhes um ombro quando a vulnerabilidade os visita e o abatimento lhes oculta as estrelas-guias. Saiba que é no sofrimento e na debilidade existencial, profissional ou amorosa que se comprovam os verdadeiros amigos e amigas. Seja para eles e para elas como uma torre fortíssima

que defende o frágil castelo de suas vidas peregrinas. Jesus nos introduziu no círculo de sua amizade: *já não vos chamo servos, porque o servo não sabe o que faz o senhor; eu vos chamo amigos, porque vos dei a conhecer tudo o que ouvi de meu Pai* (Jo 15,15). Seja sempre amigo de Deus. Se fores amigo dele gozarás de uma intimidade que é muito maior do que aquela que só existe entre amigos e amigas e te cercarás de outros amigos e amigas que junto contigo seguirão, alegremente, os passos do Mestre.

Capítulo 23: A solidariedade a partir dos últimos

1. Filho querido/filha querida, a solidariedade pertence à essência do ser humano. Ele não vive, con-vive; não existe, co-existe. Só existimos porque somos cercados de uma trama de solidariedade que já vem da própria Mãe Terra, que nos enreda em mil laços de interdependências e de conexões com todos os demais seres e energias que nos permitem reproduzir a vida que gozamos. Somos todos de tal forma interligados, que naturalmente nos fazemos solidários uns com os outros.

2. Bem ensinou o Papa Francisco em sua encíclica sobre *O cuidado da Casa Comum: nós, com todos os seres do universo, estamos unidos por laços invisíveis e formamos uma espécie de família universal, uma comunhão sublime que nos impele a um respeito sagrado, amoroso e humilde* (n. 89).

3. Outrora, há milhões de anos, foi a solidariedade de membros de nossa espécie ainda em fase de formação que permitiu o salto da animalidade para a humanidade. Eles buscavam os alimentos, não os comiam sozinhos como geralmente fazem os animais. Traziam-nos para o grupo e os dividiam solidariamente. O que foi verdade ontem deve ser verdade ainda hoje. Quanto mais solidários mais humanizados nos fazemos.

4. Filho/filha, nunca deixes de ser solidário no sofrimento do outro. Telefone, mande uma mensagem eletrônica, escreva uma carta, deixe um sinal de comunhão. Os meios de comunicação mundiais nos colocam em contato com a paixão de inteiros povos devastados por tufões, tsunamis, terremotos e por guerras de alta destruição. Participe da solidariedade das redes mundiais que colhem milhões de apoios contra as crueldades que se abatem sobre pessoas e povos. Coloque-se no lugar deles, sofra com eles, chore com eles, reze por eles. Deus estará do teu lado.

5. Mas não devemos apenas viver a solidariedade natural como um dado da natureza. Como seres racionais e capazes de propósitos devemos fazer da solidariedade um projeto de vida, consciente e explicitamente. Tome, então, filho/filha, uma decisão existencial: serei solidário com todos os que estão à minha volta. Mas especifique essa solidariedade, pois até grupos de malfeitores se tornam solidários entre si. Não é essa solidariedade que Jesus te pede. Ele te convida para seres solidário para com todos, mas a partir dos últimos, daqueles que são sempre esquecidos e por isso deixados de lado. Seja solidário com a mãe que estende a mão pedindo um pedaço de pão. Seja solidário com o jovem pobre e vítima da droga que te pede: *irmão, ajuda-me a sair deste inferno em que me encontro*. Comece sua solidariedade para com os últimos. Jesus mesmo, não tendo pecado, *se fez solidário com a nossa situação de pecado* (Rm 8,3). Foi tão solidário conosco, que *passou pelas mesmas provações que nós [...] estava cercado de fraquezas [...] entre súplicas e lágrimas pediu àquele que o podia libertar [...] e aprendeu a obedecer pelo sofrimento* (Hb 4,15; 5,2.7-9).

Capítulo 24: O cuidado necessário para salvar a vida

1. Filho/filha, bem sabes que tudo o que amamos também cuidamos, e tudo o que cuidamos igualmente amamos. O cuida-

do constitui uma irradiação do amor e da amizade. Hoje sabemos que ele não é uma virtude qualquer. Se bem reparamos, o cuidado é tão ancestral quanto o universo. Caso após *o big-bang* não tivesse havido cuidado por parte das forças diretivas pelas quais o universo se autocria e se autorregula, como por exemplo a força gravitacional, tudo se expandiria demais, impedindo que a matéria se adensasse e formasse o universo como conhecemos. Ou tudo se retrairia a ponto de o universo colapsar sobre si mesmo em intermináveis explosões. Mas não. Tudo se processou com um cuidado tão sutil, em frações de bilionésimos de segundo, que permitiu estarmos aqui para falar de todas essas coisas.

2. O cuidado está vinculado a todos os processos vitais. Se os seres vivos não forem cuidadosos, morrem. O mesmo acontece contigo; o cuidado é constituído pelas condições prévias, sem as quais nada do que existe irromperia na existência. Se as condições não forem devidamente cuidadas, nada acontece. Da mesma forma ocorre com nossos comportamentos; o cuidado é o orientador antecipado de todo comportamento para que seja livre e responsável, seja benéfico e não maléfico. Cuidado é gesto amoroso para com a realidade, gesto que protege e traz serenidade e paz. O cuidado é a força maior que se opõe à lei suprema da entropia: o desgaste natural de todas as coisas até sua morte térmica. Tudo o que cuidamos dura muito mais.

3. O cuidado é também uma expressão de amor para com as pessoas com as quais estamos envolvidos afetivamente. Cuidado se apresenta como preocupação para que nada de mal lhes possa acontecer; cuidamos de suas vidas, de suas companhias, de sua formação. Cuidamos de nossos amigos e amigas quando passam por dificuldades graves e nos dispomos a estar do seu lado. Quem tem cuidados mal dorme porque as preocupações da vida, especialmente para com as pessoas que amamos, nos causam desassossego.

4. Filho/filha, aprendemos da história que devemos cultivar o cuidado como condição para a sobrevivência da vida na Terra, para a continuidade de nossa civilização e também de nossa comunidade de fé. É o cuidado essencial que garante a sustentabilidade de todas as coisas, quer dizer, a capacidade de elas poderem continuar a existir e a se reproduzir. Sem o cuidado podemos chegar a um ponto em que podemos dizer: ou cuidamos de nossa única Casa Comum que o Pai nos legou ou então vamos ao encontro do pior. Mas cremos que isso não ocorrerá, porque *Deus é o soberano amante da vida* (Sb 11,26) e não permitiria que a vida acabasse assim miseravelmente.

5. Jesus foi alguém que viveu o cuidado em tudo o que fazia: cuidava das crianças que o abraçavam, cuidava da saúde dos doentes, cuidava da fome do povo, cuidou da sogra de Pedro que estava doente, cuidava do principal que era reconciliar as pessoas com Deus, perdoando seus pecados. Cuidava dos apóstolos perguntando-lhes: *Faltou-vos, porventura, alguma coisa* (Lc 22,35). Somos filhos e filhas do cuidado que Deus a cada momento nos dispensa, mas também do cuidado daqueles que conosco convivem: cuidam de nosso bem-estar, de nosso estado de saúde, dos rumos de nossas vidas.

Capítulo 25: A cordialidade calorosa

1. Filho/filha, estamos elencando os modos de viver que nos fazem estar no seguimento de Jesus. A cordialidade é um deles. É próprio do ser humano ter um coração que percebe, que se compadece, que sente o pulsar do coração do outro, das coisas, do universo e do imenso coração de Deus. Cordialidade vem de coração e das virtudes que nele se escondem. Ela se mostra pelo espírito de finesse, pela capacidade de captar a dimensão de valor presente nas pessoas e nas coisas. O decisivo não

são os fatos, mas o que eles produzem em lições e significados que nos transformam.

2. Aqui surge a dimensão de valor, daquilo que conta, pesa e definitivamente nos interessa. O valor transforma os fatos em símbolos e em sacramentos. Deixam de ser fatos simplesmente ocorridos e passados, mas se tornam portadores de evocações, de significação e de memória.

Filho/filha, tens uma tarefa importante: resgatar a inteligência cordial, afetiva e sensível. Estamos fartos de racionalidade que apenas vê, entende e nada sente. Precisamos assumir o fato de que no processo evolucionário nós surgimos a partir dos mamíferos há mais de duzentos milhões de anos. Foram eles os primeiros a terem cuidado e sentido de amor por sua cria que deram à luz. Nós somos mamíferos racionais, seres de afeto. Essa é a nossa dimensão mais profunda e significativa. Precisas, filho/filha, incorporar a inteligência cordial à inteligência intelectual para teres uma humanidade mais sensível ao outro, e por isso mais solidária com os sofredores; seja humanos, seja os seres da natureza e da própria Terra ferida.

3. Ora, é próprio do coração vibrar diante de coisas boas e belas. Cordialidade significa então aquele modo de ser que descobre um coração palpitando em cada coisa, em cada pedra, em cada estrela e em cada pessoa. É aquela atitude tão bem-retratada pelo *Pequeno Príncipe: só se vê bem com o coração.* O coração consegue ver para além dos fatos; vê seu encadeamento com a totalidade; discerne significações e descobre valores. A pessoa cordial ausculta, cola o ouvido à realidade, presta atenção, põe cuidado em todas as coisas e trata humanamente os seus semelhantes, com respeito, acolhida e benevolência. Jesus tratava todos com cordialidade, soube escutar a súplica do leproso que lhe gritava: *Se quiseres, poderás limpar-me [...] e Jesus, cheio de compaixão, o tocou e disse: Eu quero, fica limpo* (Mc 1,40). São

Paulo recomenda a seus fiéis: *sede cordiais no amor fraterno entre vós* (Rm 12,10). São Francisco se destaca entre os santos por sua extrema cordialidade para com a criação, tratando todos os seres com a doce palavra de "irmãos e irmãs". Era cordial para com todos, especialmente para com os mais marginalizados: os hansenianos.

Capítulo 26: A ternura expressa e alimenta o amor

1. Filho/filha, seguramente sabes que tudo o que vive precisa se alimentar. O amor, a forma mais alta e excelente de vida, não consegue sobreviver sem uma relação de enternecimento. Ele é qual chama viva que arde, mas que pode bruxulear, lentamente se cobrir de cinzas e até se apagar. As pessoas nem sempre se odeiam; elas ficam indiferentes umas às outras. É a morte do amor. O verso 11 do Cântico Espiritual do místico São João da Cruz, que são canções de amor entre a alma e Deus, diz com fina observação: *a doença de amor não se cura sem a presença e a figura*. Essa doença de amor só se cura mediante a ternura essencial; a ternura é a seiva do amor. Se quiseres guardar, fortalecer, dar sustentabilidade ao amor, seja terno para com o teu companheiro ou a tua companheira. Sem o azeite da ternura não se alimenta a chama sagrada do amor. Ela se apaga e restarão apenas cinzas.

2. O que é a ternura? Coloquemos em segundo plano a concepção que identifica a ternura como mera emoção e excitação do sentimento face ao outro. Ele pode ser sincero, mas também pode nos iludir. A concentração só no sentimento gera o sentimentalismo. Neste o sujeito é que se dobra sobre si mesmo e celebra as suas sensações que o outro provocou nele, mas não sai de si mesmo. Aqui reside seu elemento de ilusão.

3. Ao contrário, a ternura irrompe quando a pessoa se descentra de si mesma; sai em direção ao outro; sente-o como outro;

participa de sua existência; deixa-se tocar pela história de sua vida. Assim, se realiza um verdadeiro encontro no qual um fica atento ao outro, acolhe-o como é e assim o ama. Diz um adágio antigo: "Eu te amo não porque és bela ou belo; és belo ou bela porque te amo".

4. Filho querido/filha querida, a ternura é o cuidado sem obsessão. Não é efeminação e renúncia de rigor. É um afeto que, à sua maneira, abre-nos ao conhecimento do outro. Na vida pastoral, sem a revolução da ternura não se realiza um verdadeiro encontro com o outro, ajudando-o em sua caminhada para Deus. Na verdade, só conhecemos bem quando nutrimos afeto e nos sentimos envolvidos com a pessoa com quem queremos estabelecer comunhão.

5. A ternura pode e deve conviver com o extremo empenho por uma causa, como se nota em pessoas que se opõem aos que oprimem os pobres e ofendem os direitos humanos. Não raro são difamados e perseguidos. Mas porque vivem a ternura essencial para com a vida e para com aqueles cuja causa e dignidade defendem, não perdem a serenidade da alma e a finesse do coração. A relação de ternura não envolve angústia porque é livre de busca de vantagens e de dominação. A angústia do outro é minha angústia, seu sucesso é meu sucesso e sua salvação ou perdição é minha salvação e minha perdição; no fundo, não só minha, mas de todos.

Meu filho/filha, seja terno/a e fraterno/a com todos com os quais convives. Então experimentarás a leveza das relações humanas.

Capítulo 27: Aprenda a integrar o masculino e o feminino

1. Filho/filha, escuta o que diz a Escritura Sagrada: *Deus nos criou à sua imagem e semelhança, criou-nos homem e mulher*

(Gn 1,27). Estas simples palavras contêm uma dupla verdade: uma verdade sobre quem somos nós e uma verdade sobre quem é Deus. Quem somos nós? Somos seres duais, homens e mulheres, diferentes para que pudéssemos trocar e entrar em comunhão um com o outro. Só nessa relação de reciprocidade e de mútua entrega nos construímos como pessoas humanas, enquanto homens e enquanto mulheres. Também se costuma chamar essa polaridade de *animus* e de *anima*.

2. Mas a expressão "imagem e semelhança" revela também uma verdade sobre Deus. Deus não é solitário; é Deus-comunhão de divinas pessoas. Caso contrário, não seríamos sua imagem e semelhança. Nele há distinções: o Pai, o Filho e o Espírito Santo. Essas distinções existem para permitir que as pessoas divinas se relacionem, se entrelaçassem no amor, comunguem umas com as outras com tal radicalidade que se mostram um só Deus-amor-comunhão-relação. Há algo de feminino e de masculino em Deus. Ele está para além dos sexos, mas contém em si os valores expressos pelo feminino e pela masculino.

3. Cada ser humano carrega dentro de si essas duas energias, pelas quais constrói a sua identidade: a dimensão do feminino (*anima*) e a dimensão do masculino (*animus*). Há a ternura e o vigor. O *feminino* em cada homem e em cada mulher é a capacidade de amar radicalmente, de sentir o outro a partir de seu coração, de captar as mensagens que nos vêm de todos os lados, especialmente identificar a dimensão sagrada de cada coisa que nos cerca e, por fim, sentir Deus como aquele elo que liga e re--liga, une e re-úne todas as coisas. O *masculino* no homem e na mulher é a capacidade de pensar, de traçar projetos, de realizar obras, de superar dificuldades, de organizar o mundo e de plasmar a natureza. Como se depreende: cada um contém as duas dimensões. Cada um, em sua própria proporção, é masculino e feminino, é inteligência e emoção, é ternura e vigor. Diferentes para estarem unidos, e juntos em relação serem mais humanos.

4. Essa é a dimensão mais profunda da sexualidade. Ela inclui a genitalidade, fonte de vida, de prazer e de mútua realização. Apreciemos aquilo que de sagrado Deus criou. Mas a sexualidade é muito mais do que isso: é a integração dos valores femininos (*anima*) e masculinos (*animus*) na construção da identidade de cada homem e de cada mulher, ao longo de toda a vida. Para resumir tudo isso: cada qual deve assumir o desafio da ternura com tudo aquilo que ela implica: gentileza, cordialidade, cuidado, como meditamos acima.

5. Deve, outrossim, assumir o desafio do vigor, com tudo aquilo que ele exige: inteligência, determinação, coragem, vontade de criar e capacidade de resistir aos maiores obstáculos. Combinando ternura e vigor seremos plenamente humanos.

6. Filho/filha, olhe para a figura de Jesus. Quanta ternura para com as crianças, para com os doentes, para com as mulheres, Marta, Maria, a samaritana e mesmo para com seus discípulos, no momento da despedida, chamando-os de amigos. E quanto vigor ao desmascarar a piedade farisaica, ao enfrentar os hipócritas e aqueles que viviam às custas da exploração do povo; quanto vigor em suportar as calúnias, os sofrimentos da paixão e o desamparo no alto da cruz. Ele é o *ecce homo*, o eis o homem perfeito, que integrou em si o masculino e o feminino.

Filho/filha, sem desprezar a atração e o fascínio entre um homem e uma mulher, preocupa-te com a sexualidade como a integração das energias criadas por Deus para fortalecer seu masculino e aprofundar seu feminino, equilibrando-os dentro de ti, em uma síntese segura, para floresceres como pessoa inteira e feliz.

Capítulo 28: Carregue a cruz para alcançares a ressurreição e aprenda a conviver com as luzes e as sombras

1. Filho/filha, como existe a polaridade masculino-feminino existe também uma outra que pertence à condição humana: a dimensão de sombra e a dimensão de luz. Não se trata de desvio ou defeito de construção de nossa realidade. Mas é uma marca perene de nosso modo de ser no mundo com os outros. Ela pertence à nossa incompletude, pois estamos ainda a caminho de nossa completa identidade na culminância do processo de evolução. Outros usam expressões semelhantes: somos *sapiens* (sapientes) e *demens* (dementes), ou somos possuídos por um lado *sim-bólico* (que une) e outro *dia-bólico* (que divide). Outros preferem dizer que temos dentro de nós anjos bons e demônios tentadores. Santo Agostinho chegou a dizer: "todo homem é Cristo, todo homem é Adão". Com isso ele quis significar que cada um carrega a graça divina e simultaneamente o pecado original. Por fim, podemos dizer que todos temos nossa cruz para carregar com o amor e a paciência que Jesus carregou a sua. Só com a cruz nos é dada a ressurreição. O fato é que não somos seres simples, mas complexos e contraditórios, inteiros, mas incompletos, mas chamados a ser cada vez mais perfeitos e plenos.

2. Filho/filha, às vezes não sentes profunda raiva diante de uma situação ou até de alguma pessoa? Não te enterneces face a gestos de bondade e de pessoas de grande irradiação? Ambos os sentimentos convivem simultaneamente dentro de ti. Não podes eliminar essa situação que mostra seres perfectível, que podes crescer e sempre melhorar. Mas uma sombra acompanha continuamente sua luz; tens que conviver sem espanto e perplexidade com essa dualidade. Deves trabalhar esse dado originário de tal forma que chegues a ser senhor e senhora de si mesmo.

3. O mais desafiador é integrar tua dimensão de sombra: tu podes ser mesquinho, irritadiço, vingativo e maldoso. Sim, tu podes ser tudo isso. Diante de tal fato inegável tens duas atitudes básicas diante de ti: recalcar esses impulsos e até negá-los. Isso não os faz desaparecer. Antes, tornam-te soberbo, arrogante e antipático. Mas também podes, humildemente, acolher essa antirrealidade. Podes esforçar-te para que ela não invada a tua consciência e domine teu coração.

4. Se isso ocorrer te tornarás uma pessoa sombria e amarga porque não aprendeste a conviver com a sombra. Mas podes acolhê-la, com sincera humildade, submetê-la à razão e exercitar o autodomínio. Podes sempre suplicar o auxílio divino que está continuamente disponível às nossas solicitações. O que não podes fazer é recalcá-la, porque senão ela volta ainda mais furiosa. Mas se deres mais espaço à luz do que às sombras e se mantiveres essas sombras integradas, com humildade e serenidade, te tornarás humanamente mais rico. Irradiarás, sem se dar conta, equilíbrio, força e ternura ao mesmo tempo. Os santos e as santas se tornaram o que são não porque estavam livres dessas dimensões sombrias. Ao contrário, eram os mais tentados e assaltados por demônios interiores. Mas souberam domesticá-los e transformá-los em energia criadora.

5. Filho/filha, repara o comportamento de Jesus que nos propomos seguir. A Epístola aos Hebreus não esconde o fato de que *Ele passou pelas mesmas provações que nós* (Hb 4,15); que *estava cercado de fraqueza* (Hb 5,2); que *entre clamores e lágrimas suplicava a Deus que o libertasse da morte [...] e mesmo sendo Filho de Deus aprendeu a obedecer por meio do sofrimento* (Hb 5,7-8). No Jardim das Oliveiras, antes de ser preso, *sentiu medo e angústia [...] triste está a minha alma até a morte* (Mc 14,33.34). Sentindo-se só, chamou três discípulos para lhe fazerem companhia (cf. Mc 14,34) que, pouco solidários, acabaram dormindo.

Quase desesperado, Jesus suplica: *Abba, Pai, afasta de mim este cálice* (Mc 14,36). São Lucas observa que chegou *a suar grossas gotas de sangue* (Lc 22,44), o que é prova não só de medo, mas de pânico incontrolável, como aconteceu com condenados à morte.

6. Mas agora se revela a grandeza de Jesus e sua capacidade de integração das forças do negativo: *não seja o que eu quero, mas o que Tu queres* (Mc 36). E se entrega por nós.

Filho/filha, se Jesus atravessou essa noite escura, como te é permitido desanimar, fugir das contradições, não aceitar que tens demônios dentro de ti e que devem ser contidos para dar lugar aos anjos bons que te fazem crescer? Siga o caminho do Mestre e serás um ser de luz, e não de sombra. Aprenda a carregar a cruz como Jesus a carregou, dia a dia. Sem a cruz não há ressurreição que te fará ser um novo ser.

Capítulo 29: Fora dos pobres não há salvação

1. Filho/filha, estamos chegando ao final da jornada pelo vale e pelas planícies onde vivem e trabalham, se alegram e sofrem os filhos e filhas de Adão e de Eva. Se bem reparares, logo identificarás a multidão de pobres, marginalizados e miseráveis que vivem ao longo do caminho e nas periferias das cidades. São nossos irmãos e irmãs sofredores, os verdadeiros representantes de Jesus. Sua pobreza não é natural nem é querida por Deus. Ela é produzida por relações sociais de injustiça, na qual alguns mais poderosos exploram os mais fracos. Trata-se de um pecado social que ofende o projeto de Deus de uma sociedade de homens e mulheres cooperativos, solidários e que constroem juntos o bem comum.

2. Jesus foi em vida um pobre, carpinteiro, *fac-totum* e camponês. Destinou sua mensagem primeiramente aos pobres, dizendo que são os primeiros no Reino de Deus (cf. Mt 5,3; Lc 6,20). Identificou-se com os famintos, os sedentos, os nus, os

enfermos, os peregrinos e os prisioneiros: *todas as vezes que fizestes alguma coisa a um destes meus irmãos e irmãs menores, foi a mim que o fizestes* (Mc 25,40). Eles serão nossos juízes, e nossa atitude face a eles decide nosso futuro (cf. Mt 25,45). Fora do sacramento do pobre não há salvação. Rejeitado o pobre, é o Cristo crucificado que é rejeitado. Por isso, faça tua a opção das igrejas: opção preferencial pelos pobres, contra a sua pobreza e a favor da vida e da justiça social.

3. Mas há pobreza e pobreza. Há o *pobre material* a quem lhe falta o necessário para garantir a subsistência biológica. Devemos ajudá-lo. A primeira função do Estado é garantir a vida de seus cidadãos. Há o *pobre espiritual* de que fala o Evangelho de São Mateus (Mt 5,3). Esse tipo de pobreza também é chamada de infância espiritual. Trata-se de uma atitude de colocar-se totalmente à disposição de Deus, despojar-se de todos os bens desnecessários e viver a simplicidade e a sobriedade voluntária. Por fim, há o *empobrecido*, aquele que é feito injustamente pobre porque lhe pagam um salário miserável, negam-lhe condições minimamente dignas de trabalho e o exploram em seu tempo e em suas capacidades. Esse tipo de pobreza é um pecado social, contra a pessoa, contra toda uma classe social e contra o projeto de Deus, que quer justiça, solidariedade e amor. Contra essa pobreza-pecado, todos, também tu, filho/filha devem lutar, denunciando o pecado e apoiando os oprimidos para que, unidos entre si possam organizar pressões e ações libertadoras e, pôr fim, serem agentes de uma sociedade menos malvada, mais justa e fraterna. Essa luta é digna e sofre maledicências e perseguições por causa da justiça, mas conta com as bênçãos de Deus.

4. Filho/filha, o que lhe estou dizendo é de suprema gravidade: nunca afaste teu olhar de um pobre; nunca negue a ele uma palavra de consolo; nunca deixe de lhe estender a mão; nunca deixe de lhe dar alguma coisa, por mínima que seja. Não importa

se com aquele tostão ele vai se embebedar; não se preocupe com o que o pobre fará. Preocupa-te contigo mesmo com o que fazes ou deixas de fazer pelo pobre. Se quiseres infalivelmente encontrar o Cristo vivo e verdadeiro, comparta um pouco tua vida eles.

5. Podes ter uma atitude de assistencialismo *para* com o pobre, deixando em sua própria situação, sem precisar mudá-la. É uma forma de caridade mínima. Podes também estar *com* o pobre, partilhando sua vida, seu modo de rezar e de conviver. É uma forma de amor solidário, pois te deslocaste de teu lugar para o lugar dele. Mas, se Deus te der a graça, podes viver *como* pobre; podes te despojar interior e exteriormente e viver com o estritamente necessário, alegrando-te como os pobres, sofrendo como os pobres e rezando como os pobres. Viver assim é uma graça do Espírito e um verdadeiro carisma. Se sentires esse chamado e te seja possível atendê-lo, filho/filha, terás comungado o sacramento do pobre que te transportará já às portas do Reino da Trindade.

Capítulo 30: Saiba festejar e celebrar a vida

1. Filho/filha, falta te dizer ainda uma coisa importante: no cristianismo tradicional predomina ainda a cruz, o sofrimento e a tristeza. Não se pensa na ressurreição e na jovialidade que ela traz. Por isso não há muito espaço para o prazer e a alegria de viver. Mas depois que Cristo ressuscitou e mostrou a vitória da vida sobre a morte não podemos viver tristes; temos todas as razões para nos alegrar e festejar. A simples vida cotidiana mostra a necessidade da festa e da celebração. Não há trabalho nem luta pelos outros se não incluirmos a festa e a celebração, seja pela alegria de viver, seja pelas vitórias alcançadas, seja para agradecer a Deus por nos ter dado força para resistir, para superar obstáculos e para fazer das pedras recolhidas no caminho um

componente da nossa catedral que estamos construindo durante toda a vida.

2. A festa é colocar entre parênteses, por um momento, todas as preocupações. A festa vale por si mesma: estar com os amigos e amigas; conversar de forma livre sem querer ensinar nada a ninguém; viver a doçura da convivência humana. Celebra, com espírito desafogado, festas litúrgicas importantes, como do Natal, da Páscoa, de Pentecostes, de *Corpus Christi* e outras dos grandes padroeiros. Se te preparares para esses grandes momentos sentirás a graça própria da festa: a humanidade de Deus no Natal; o triunfo da vida sobre a morte na Páscoa; a vinda do Espírito Santo para inaugurar a comunidade dos fiéis e renovar as energias da Terra em Pentecostes.

3. Mas lembra-te, qualquer tipo de festa é somente vivida como festa, e não como entretenimento, se a preparares bem; primeiro o coração, limpando-o de toda amargura e indisposição para com os outros; depois embelezando o local da festa; por fim, a escolha das comidas e das bebidas. A festa se transforma em uma celebração. Mesmo quando celebras os sacramentos, não executas um rito, mas celebras a vida visitada pela graça própria de cada sacramento. O importante é celebrar a vida como o supremo dom de Deus e sacramentalizar os atos importantes nos quais percebes a presença de Deus em ti e na comunidade.

Capítulo 31: A meta a alcançar: a paz universal e perpétua

1. Filho/filha, um dos anseios mais profundos e ancestrais do coração humano é poder viver uma paz universal e perene. Essa paz nunca é dada; ela é conseguida após muita busca, resistência e superação de obstáculos interiores e exteriores. Se olhares realisticamente para a história documentada verificarás que

quase sempre houve tempos de guerra, e não de paz. Havia, sim, tréguas. Mas serviam como ocasião para preparar outra guerra. Infelizes que somos! Quem poderá saciar nosso desejo de paz? Com que meios construí-la?

2. A paz que queremos é aquela possível dentro da situação na qual sempre estamos e que já consideramos anteriormente: em nós há luz e há sombra; anjos bons e demônios; vive o velho Adão e a velha Eva que nos puxam para baixo, e o novo Adão, Cristo, e a nova Eva, Maria, que nos erguem. Houve um mestre espiritual, um dos maiores santos de nossa fé, São Francisco de Assis. Sua saudação a todos que encontrava era *Paz e bem*. A paz era o bem que mais ansiava para o seu inquieto coração e para as cidades que viviam se guerreando. Sendo santo, conhecia as luzes e as sombras que dramatizam a condição humana. Sabia que ao lado do amor coexiste o ódio, junto com a união persiste a desunião, e que onde há luz continua havendo trevas.

3. Dentro desse lusco-fusco, São Francisco nos forneceu uma chave para a paz possível aos filhos e filhas de Adão e de Eva, decadentes e ainda não totalmente redimidos pelo novo Adão, Cristo, e pela nova Eva, Maria. Herdamos uma oração que contém o segredo da paz. Ela é cantada nas igrejas e comunidades e rezada em muitas outras religiões. Convém que a retenhas de memória para orientar-te na busca da paz concreta e possível. Assim diz a oração:

> Senhor,
> Fazei-me um instrumento de vossa paz.
> Onde houver ódio, que eu leve o amor;
> onde houver ofensa, que eu leve o perdão;
> onde houver discórdia, que eu leve a união;
> onde houver dúvida, que eu leve a fé;
> onde houver erro, que eu leve a verdade;
> onde houver desespero, que eu leve a esperança;

onde houver tristeza, que eu leve a alegria;
onde houver trevas, que eu leve a luz.
Ó Mestre,
fazei que eu procure mais consolar, que ser consolado;
compreender, que ser compreendido;
amar, que ser amado.
Pois é dando, que se recebe;
é perdoando, que se é perdoado;
e é morrendo que se vive para a vida eterna.

4. Onde está o segredo da paz? Não é negando o negativo: o amor negando o ódio, a verdade negando o erro. Mas aceitando a coexistência de ambos, porém com uma diferença: reforçando sempre o lado melhor e luminoso dessa polarização. Se houver ódio, que eu leve o amor; se houver ofensa, que eu leve o perdão; se houver tristeza, que eu leve a alegria; se houver trevas, que eu leve a luz. É colocar o outro sempre antes de mim mesmo: antes consolar, que ser consolado; antes compreender, que ser compreendido; antes amar, que ser amado. Fazendo essa opção pelo amor, apesar do ódio; pela luz, apesar das trevas; pela fé, apesar da dúvida, construiremos aquele caminho que nos leva ao lar da plena identidade, da paz e da concórdia de todos com todos.

5. Mas essa paz humana, querido filho/querida filha, só se sustenta se vir ancorada na paz de Deus. Caso contrário, a paz sempre é rompida. Em vez de paz teremos apenas uma pacificação, uma simples trégua para em seguida voltar a violência. Por isso, rezes: *Senhor, fazei-me instrumento de vossa paz.*

6. A *Carta da Terra*, um dos documentos mais inspiradores do início do século XXI, nascida de uma consulta de grande parte da humanidade, orientada pelas melhores intenções e pensada por cabeças mais iluminadas e por corações cheios de amor e cuidado por tudo o que existe e vive, ofereceu-nos uma das definições mais realistas e precisas do que seja a paz. Nela fica claro

que a paz não existe em si mesma. Ela é sempre resultado e consequência de algo que deve vir antes dela. Assim, é compreendida como *a plenitude criada por relações corretas consigo mesmo, com outras pessoas, com outras culturas, com outras vidas, com a Terra e com o Todo Maior do qual somos parte*. Como se depreende, ela é resultado de relações com todas as realidades que nos cercam. Se essas relações forem inclusivas e corretas, então irrompe a paz possível aos seres humanos.

7. Se tiveres, meu querido filho/minha querida filha, perseguido esse caminho das corretas relações farás a experiência bem-aventurada de Santo Agostinho, o incansável buscador da paz. Procurou-a por todas as formas e percorreu infindos caminhos, até que a encontrou. Então nos deixou este comovente testemunho:

> Tarde te amei, oh Beleza tão antiga e tão nova;
> tarde de te amei.
> Estavas dentro de mim e eu estava fora;
> estavas comigo e eu não estava contigo;
> Tu me chamaste, gritaste e venceste minha surdez;
> Tu mostraste tua Luz, e tua claridade expulsou minha cegueira;
> Tu espalhaste o teu perfume, e eu o respirei.
> Eu suspiro por ti, eu te saboreio, tenho fome e sede de ti;
> Tu me tocaste e eu queimo de desejo de tua *paz*.
> Meu coração inquieto (*cor inquietum*) não descansa enquanto não repousar em ti (*Confissões*, livro X, n. 27).

8. Filho/filha, deixa-te tocar pelo Príncipe da Paz, Jesus; morto e ressuscitado. Permita que em ti queime o desejo da paz. Então o teu irrequieto coração repousará pacificamente no seio de Deus-Pai-e-Mãe de infinita ternura. E conhecerás, por experiência, e não por ciência, a paz permitida aos filhos e filhas dos

homens e a paz concedida a nós pelo Pai, pelo Filho e pelo Espírito Santo em nossa peregrinação terrestre. Esse é o fim sem fim. Que outro fim buscaríamos senão aquele fim que é Deus que vive um fim sem fim porque é um fim eterno? Amém.

Scriptsit theologus peregrinus Leonardo Boff a.D. MMXVI.

Índice alfabético

Abnegação
    comunica a graça da devoção: livro IV, cap. 15
    de si mesmo, a exemplo de Cristo: livro III, cap. 56, n. 1, 3 e 4
    encerra a perfeição: livro III, cap. 32, n. 1; cap. 37
    quão raro se encontra: livro II, cap. 11, n. 3
Adversidades
    sua utilidade: livro I, cap. 12
Afeições
    desordenadas perturbam a paz: livro I, cap. 6
Agradecimento
    pela graça de Deus: livro II, cap. 10
Alegria
    da boa consciência: livro II, cap. 6
    no serviço de Deus: livro III, cap. 10
    verdadeira só há em Deus: livro III, cap. 16
Amizade
    forma desinteressada de amor: livro V, cap. 21, n. 1
    nada vale sem Jesus: livro II, cap. 42
Amor
    de Jesus sobre todas as coisas: livro II, cap. 7
    do próximo: livro I, cap. 16
    efeitos do amor divino: livro III, cap. 5
    incondicional: livro V, cap. 12, n. 2
    -próprio: livro III, cap. 27
    quem tem amor tem tudo: livro V, cap. 20, n. 1

Angústias
　desta vida: livro III, cap. 30
Aproveitamento
　em que consiste: livro III, cap. 25
Avareza
　perturba a paz do coração: livro I, cap. 6

Benefícios
　de Deus: livro III, cap. 21, n. 40
Beneplácito
　de Deus: livro III, cap. 15
Bens
　eternos: livro III, cap. 49
　terrenos: livro III, cap. 53

Caminho
　da cruz: livro II, cap. 12
Caridade
　deve inspirar as boas obras: livro I, cap. 15
Cegueira
　humana: livro II, cap. 5
Ceia
　deve ser guardada: livro I, cap. 20, n. 5
Ciência
　a vã ciência do século: livro III, cap. 48
　e humildade: livro I, cap. 2, n. 1 e 2
Compunção
　do coração: livro I, cap. 20, n. 5; cap. 21
Comunhão
　ação de graças depois da Comunhão: livro IV, cap. 9, 11 e 12
　não deve ser deixada por leve motivo: livro IV, cap. 10
　preparação à Santa Comunhão: livro IV, cap. 1, 3, 4, 8 e 12

seu fruto: livro IV, cap. 4
utilidade da Comunhão frequente: livro IV, cap. 10
Concupiscência
deve ser refreada: livro III, cap. 12, n. 4 e 5; cap. 35, n. 2
Confiança
em Deus: livro II, cap. I, n. 3; livro III, cap. 9, n. 30
em si e nas criaturas: livro I, cap. 7
Conhecimento
próprio: livro I, cap. 3
Consciência
boa gera alegria: livro II, cap. 6
o exame antes da Comunhão: livro IV, cap. 7
Consideração
de si mesmo: livro II, cap. 5
Consolação
a graça da consolação segundo o beneplácito de Deus: livro III, cap. 30, n. 4 e 5
mas só em Deus: livro III, cap. 16
não se há de buscar nas criaturas: livro I, cap. 25, n. 10
o homem não se repute digno de consolação: livro III, cap. 52
privação de toda consolação: livro II, cap. 9
Coração do homem
instabilidade: livro III, cap. 33, n. 1
Cordialidade: livro V, cap. 24
resgate da inteligência cordial: livro V, cap. 24, n. 2
Criaturas
desprezo das: livro III, cap. 30 e 42
fugir das criaturas: livro III, cap. 26, n. 2
não nos fazem felizes: livro I, cap. 25, n. 10; livro III, cap. 16, n. 2

Cristo cósmico: livro V, cap. 16, n. 2
    nosso caminho: livro III, cap. 17, n. 56
    sua paixão: livro II, cap. 1, 3 e 5
    sua vida: livro I, cap. 1, n. 1 e 2
Cruz
    a grandeza de Jesus ao integrar o negativo: livro V, cap. 27, n. 6
    dimensão de sombra e de luz: livro V, cap. 27, n. 1
    estrada real da Santa Cruz: livro II, cap. 12
    poucos são os que amam a cruz: livro II, cap. 11
Cuidado essencial: livro V, cap. 23, n. 2
    para salvar a vida da Terra: livro V, cap. 23, n. 4
Curiosidade
    na inquirição da vida alheia: livro III, cap. 24

Defeitos
    dos outros devem ser tolerados: livro I, cap. 14; livro II, cap. 3, n. 2
    não nos devem desanimar: livro III, cap. 57
Delícia
    que se encontra em Deus: livro III, cap. 34
Desânimo
    quando caímos em faltas: livro III, cap. 57
Descanso
    em Deus: livro III, cap. 22
Desconsolado
    da privação de toda consolação: livro II, cap. 9
    deve refugiar-se em Deus: livro III, cap. 50
Desejos
    como devemos examiná-los: livro III, cap. 11
    devem ser oferecidos a Deus: livro III, cap. 15

Desprezo
    da honra temporal: livro III, cap. 41
    das coisas exteriores: livro II, cap. 1
    de si mesmo: livro II, cap. 2
Deus
    andar perante Deus com humildade: livro III, cap. 4
    comunhão dos Divinos Três: livro V, cap. 1, n. 4
    descansar em Deus sobre todos os bens: livro III, cap. 21
    devemos invocar Deus perante a tribulação: livro III, cap. 29
    é delicioso para quem o ama: livro III, cap. 34
    é doce servir a Deus: livro III, cap. 10
    os juízos ocultos de Deus: livro III, cap. 14
    recordação dos benefícios de Deus: livro III, cap. 22
    só em Deus se acha a consolação: livro III, cap. 21
    suas palavras devem ser ouvidas com humildade: livro III, cap. 3
    tudo deve ser referido a Deus: livro III, cap. 9 e 33
Devoção
    deve ser oculta sob a guarda da humildade: livro III, cap. 7
    oração para pedir a graça da devoção: livro III, cap. 3, n. 5
    que se alcança pela humildade: livro IV, cap. 15
Dois braços do Pai
    Cristo e o Espírito Santo: livro V, cap. 17, n. 2
Doutrina
    de Jesus excede a dos santos: livro I, cap. 1, n. 2

Efeito
    admirável do amor divino: livro III, cap. 5
Eficácia
    da divina graça: livro III, cap. 55

Emenda
　da vida: livro I, cap. 25
　propósito de emenda: livro I, cap. 22, n. 5
Ensinamentos
　da verdade: livro I, cap. 3
Escritura
　leitura: livro I, cap. 5, n. 1 e 2
　necessidade: livro IV, cap. 11, n. 4 e 5
Escrutar
　não devemos escrutar as coisas mais altas: livro III, cap. 58
　que o homem não seja curioso escrutador do Santíssimo Sacramento: livro IV, cap. 18
Esperança
　na vida eterna: livro III, cap. 47, n. 1 a 3
Estima
　vil de si mesmo: livro III, cap. 8, n. 52
Estrada
　real da Santa Cruz: livro II, cap. 12
Eucaristia
　cf. Sacramento
Exame
　de consciência: livro I, cap. 19, n. 4
Exemplos
　dos Santos Padres: livro I, cap. 18
Exercícios
　do bom religioso: livro I, cap. 19

Fala
　interior de Jesus: livro III, cap. 1
Família divina/família humana: livro V, cap. 3, n. 1
Familiaridade
　com Jesus: livro II, cap. 8
　com outros é perigosa: livro I, cap. 8

Fé
  necessidade da fé: livro IV, cap. 18
Fervor
  torna tudo fácil: livro I, cap. 25, n. 11
Festa
  como celebração: livro V, cap. 29, n. 1
Fim
  último é Deus: livro III, cap. 9
Fonte Originária de todo o Ser: livro V, cap. 4, n. 4
Fragilidade
  do homem: livro I, cap. 22
Fuga
  da vã esperança: livro I, cap. 27

Glória
  dos santos: livro III, cap. 47, n. 3
  eterna: livro III, cap. 48
  o homem em nada se deve gloriar: livro III, cap. 40
Graça
  agradecimento pela graça: livro II, cap. 10
  deve-se ocultar a graça: livro III, cap. 7
  eficácia da graça: livro III, cap. 55
  movimentos da graça: livro III, cap. 54
  não se comunica aos mundanos: livro III, cap. 53
  necessidade: livro III, cap. 14, n. 1 e 2
  o que se há de fazer, quando ausente: livro II, cap. 9, n. 5 e 6
Gratidão
  pela graça de Deus: livro II, cap. 10

Homem
  interior: livro II, cap. 1
Honra
  temporal: livro III, cap. 41

Humildade
   aos humildes se dá a graça da devoção: livro IV, cap. 15
   guarda a graça: livro III, cap. 7
   humilde submissão: livro II, cap. 2
   no desejo de saber: livro I, cap. 2, n. 1 e 2
   no ouvir a Palavra de Deus: livro III, cap. 3, n. 4
   no pensar de si mesmo: livro I, cap. II, n. 3 e 4; livro III, cap. 8 e 14, n. 3 e 4
   os humildes gozam de paz: livro II, cap. 6, n. 1

Imitação
   da vida de Cristo: livro I, cap. 1; livro III, cap. 56
Impaciência
   nos negócios: livro III, cap. 39
Imperfeições
   cf. Defeitos
Inferno
   penas do inferno: livro I, cap. 24, n. 3 e 4
Injúrias
   sofrimento das injúrias: livro III, cap. 19
Inquirição
   curiosa da vida alheia: livro III, cap. 24
Instabilidade
   do coração: livro III, cap. 23, n. 1
Intenção
   final: livro III, cap. 9, n. 33
   simples: livro II, cap. 4

Jesus
   amizade familiar com Jesus: livro II, cap. 8
   amor de Jesus: livro II, cap. 7
   dimensão masculina e feminina: livro V, cap. 9, n. 9

e a evolução do universo: livro V, cap. 9, n. 5
projeto de Jesus: livro V, cap. 10, n. 5
tentação da desesperança: livro V, cap. 14, n. 9
Juízo
as penas que seguem o juízo: livro III, cap. 14, n. 3s.
não devemos escrutar os juízos de Deus: livro III, cap. 58
o juízo temerário: livro I, cap. 14
os vãos juízos dos homens: livro III, cap. 34
profundeza dos juízos de Deus: livro III, cap. 14
universal: livro I, cap. 24
Julgamento
universal: livro I, cap. 24

Leitura
da Sagrada Escritura: livro I, cap. 5, n. 1 e 2; livro IV, cap. 6, n. 1
Liberdade
de espírito: livro III, cap. 25
dos filhos de Deus: livro III, cap. 38
Línguas
maldizentes: livro III, cap. 28
Livros
simples e devotos: livro I, cap. 5, n. 1
Lugar
mudança de lugar: livro I, cap. 9

Maria
e o Espírito Santo: livro V, cap. 8, n. 6
o centro da história: livro V, cap. 3, n. 5
Masculino/feminino: livro V, cap. 26
integração: livro V, cap. 26, n. 1
presença na vida de Jesus: livro V, cap. 26, n. 5

Miséria
    humana: livro I, cap. 22
Mistério do mundo: livro V, cap. 4, n. 2
Morte
    meditação da morte: livro I, cap. 23
Mortificação
    utilidade da mortificação: livro I, cap. 11
Mundo
    como começou: livro V, cap. 5, n. 2
    desprezo do mundo: livro III, cap. 10

Natureza
    corrupção da natureza: livro III, cap. 55
    movimentos da natureza: livro III, cap. 54
Necessidades
    do corpo impedem a alma: livro I, cap. 22, n. 2 a 4
Negócios
    não sejas impaciente nos negócios: livro III, cap. 39

Obediência
    sua necessidade e seus benefícios: livro I, cap. 9, n. 1
Oblação
    de Cristo na cruz: livro IV, cap. 8
Obras
    a exemplo de Cristo: livro III, cap. 13
    devemos praticar obras humildes: livro III, cap. 51
    devem proceder da caridade: livro I, cap. 15
Oração
    devemos orar por todos: livro IV, cap. 9, n. 6
    no tabernáculo do coração: livro III, cap. 38

Paciência
    a exemplo de Cristo: livro III, cap. 18
    escola da paciência: livro III, cap. 12
    nas tribulações: livro III, cap. 19, n. 1

Pacífico
    o homem pacífico: livro II, cap. 3

Pai nosso/pão nosso: livro V, cap. 10, n. 7 e 8

Paixão(ões)
    de Cristo: livro II, cap. 1, n. 3 e 5
    devem ser mortificadas: livro I, cap. 6 e 11

Palavras
    afrontosas: livro III, cap. 54 e 56
    de Deus devem ser ouvidas com humildade: livro III, cap. 3
    supérfluas: livro I, cap. 10, n. 2

Paz
    como adquiri-la: livro I, cap. 11, n. 1
    com o próximo: livro II, cap. 3
    definição: livro V, cap. 30, n. 5
    de Santo Agostinho: livro V, cap. 30, n. 6
    de São Francisco: livro V, cap. 30, n. 3
    do humilde: livro I, cap. 6, n. 1
    em que consiste: livro III, cap. 25
    não se deve procurar a paz nos homens: livro III, cap. 42
    quatro coisas que a produzem: livro III, cap. 23

Pecador
    penas do pecador: livro I, cap. 24, n. 3 e 4

Penas
    do inferno: livro I, cap. 24, n. 3 e 4

Pensamentos
    maus sugeridos pelo próprio demônio: livro III, cap. 6
    oração contra os maus pensamentos: livro III, cap. 23, n. 5

Perdão das dívidas: livro V, cap. 12, n. 1 a 3

Perfeição
　　como adquiri-la: livro I, cap. 11, n. 2 e 6
　　conselhos à perfeição: livro III, cap. 25, n. 11
　　religiosa na abnegação de si mesmo: livro III, cap. 32
Pobres
　　fora dos pobres não há salvação: livro V, cap. 28, n. 2
　　nosso Cristo crucificado: livro V, cap. 19, n. 2 e 3
Presunção
　　deve ser evitada: livro III, cap. 7, n. 2
Procedimento
　　exterior: livro III, cap. 38
Progresso
　　em que consiste: livro III, cap. 25
　　o zelo em se adiantar: livro I, cap. 11
Propósito
　　inconstância nos propósitos: livro I, cap. 22, n. 6
　　renovação do propósito: livro I, cap. 19, n. 4 e 6
Prudência
　　nas ações: livro I, cap. 4
Pureza
　　do coração: livro II, cap. 4
　　oração para pedir a pureza do coração: livro III, cap. 27, n. 4
Purgatório: livro I, cap. 24, n. 2

Recurso
　　a Deus nos perigos: livro III, cap. 38
Reino de Deus
　　antirreino: livro V, cap. 14, n. 1 e 2
　　dentro da alma: livro II, cap. 1
　　o que significa: livro V, cap. 11, n. 1
Religioso
　　exercícios do bom religioso: livro I, cap. 19

Resignação
   à vontade de Deus: livro III, cap. 37
Ressurreição: livro V, cap. 15, n. 1
Revelação
   total autoentrega de Deus: livro V, cap. 2, n. 1
Reverência
   com que devemos receber Cristo: livro IV, cap. 1

Sabedoria
   humana e divina: livro III, cap. 32, n. 2
   suma sabedoria é conhecer a si mesmo: livro I, cap. 2
Sacerdote
   dignidade do estado sacerdotal: livro IV, cap. 5
   ofício dos sacerdotes: livro IV, cap. 11, n. 6 e 7
Sacramento
   a fé no sacramento: livro IV, cap. 18, n. 1 a 3
   a graça do Santíssimo Sacramento: livro IV, cap. 1, 11 e 12
   dignidade do sacramento: livro IV, cap. 5
   no sacramento se revela a caridade de Deus: livro IV, cap. 2
   nos comunica muitos bens: livro IV, cap. 4
Santos
   não se deve discutir sobre os méritos dos santos: livro III, cap. 18, n. 2, 3 e 7
   seus exemplos: livro I, cap. 18
   sua glória no céu, cap. 18, n. 5, 8 e 9
Serviço
   de Deus: livro III, cap. 10
Silêncio
   amor ao silêncio: livro I, cap. 20
Simplicidade
   da intenção: livro II, cap. 4
   em conversar com Deus: livro III, cap. 4

Sofrimento
  das injúrias: livro III, cap. 19
Solidão
  amor à solidão: livro I, cap. 20
Solidariedade a partir dos últimos: livro V, cap. 22, n. 2
Sujeição
  da obediência: livro I, cap. 9
Superior
  que seja idôneo para ser superior: livro I, cap. 20, n. 2

Tempo
  valor do tempo: livro I, cap. 25, n. 11
Tentação
  resistência às tentações: livro I, cap. 13
  utilidade das tentações: livro III, cap. 35, n. 2
Ternura: livro V, cap. 25
  alimento do amor: livro V, cap. 25, n. 1
  cuidado sem obsessão: livro V, cap. 25, n. 4
Terra
  Casa Comum: livro V, cap. 18, n. 5
  cuidar da Terra: livro V, cap. 18, n. 3
  nossa Mãe: livro V, cap. 18, n. 1
  somos Terra que sente, pensa e ama: livro V, cap. 7, n. 5
Tribulação
  cf. Adversidades e Tentação
Trindade
  coexistência das divinas pessoas: livro V, cap. 1, n. 6
  como emergiu em nossa história: livro V, cap. 8, n. 1
  personificação em São José: livro V, cap. 8, n. 7
Tristeza
  santa dos pecados: livro I, cap. 21

União
    com Jesus: livro III, cap. 21, n. 3 a 7

Vaidade
    tudo é vaidade: livro I, cap. 1, n. 3 a 5; livro II, cap. 1, n. 4-5
Verdade
    fala dentro de nós: livro III, cap. 2
    se acha em Deus: livro III, cap. 3
Vida
    alheia: livro III, cap. 24
    começou na África: livro V, cap. 7, n. 1
    de Cristo
        nosso caminho: livro III, cap. 18, n. 3
        nosso modelo: livro III, cap. 1, n. 1 e 2
    desejo da vida eterna: livro III, cap. 48, n. 2 e 3; cap. 49
    emenda da própria vida: livro I, cap. 25
    evolução: livro V, cap. 6, n. 5
    humana: livro V, cap. 7, n. 1
    monástica: livro I, cap. 17
Virtude
    como devemos adquiri-la: livro I, cap. 3, n. 4 e 5
Vontade
    conformidade com a vontade de Deus: livro III, cap. 17, n. 2 a 4
    oração para fazer a vontade de Deus: livro III cap. 15, n. 3

Zelo
    em aproveitar: livro I, cap. 11

MEU LIVRO DE ORAÇÕES

Anselm Grün

Autor reconhecido mundialmente por suas obras sobre espiritualidade e autoconhecimento, Anselm Grün trás nesta nova obra uma seleção de orações que são oriundas da tradição beneditina e outras, que estão próximas ao espírito beneditino. O autor escreveu também orações inspiradas na experiência das instituições monásticas. Para os monges, oração significa: oferecer a Deus sua vida inteira, sua verdade mais íntima, para que o Espírito de Deus possa permear tudo em nós, e nos transformar.

Segundo Grün: "Na oração, ofereço a Deus os meus sentimentos, as minhas afeições, os meus medos, para que, através deles, eu possa sentir Deus como o fundo mais recôndito da minha alma e onde encontro tranquilidade. Bento significa: 'o abençoado'. Orar, para São Bento, significa também, colocar tudo sob a bênção de Deus: a mim mesmo, as pessoas e a realidade deste mundo, para que possamos vivenciar que tudo pode vir a ser uma bênção para nós e que, nós mesmos, somos uma bênção para as pessoas. O objetivo de orar, pedir, louvar e abençoar é que Deus seja glorificado em tudo".

Anselm Grün é autor reconhecido no mundo inteiro por seus inúmeros livros publicados em mais de 28 línguas, o monge beneditino Anselm Grün, da Abadia de Münsterschwarzach (Alemanha), une a capacidade ímpar de falar de coisas profundas com simplicidade e expressar com palavras aquilo que as pessoas experimentam em seu coração. Procurado como palestrante e conselheiro na Alemanha e no estrangeiro, tornou-se ícone da espiritualidade e mestre do autoconhecimento em nossos dias. Tem dezenas de obras publicadas no Brasil.

CULTURAL

Administração
Antropologia
Biografias
Comunicação
Dinâmicas e Jogos
Ecologia e Meio Ambiente
Educação e Pedagogia
Filosofia
História
Letras e Literatura
Obras de referência
Política
Psicologia
Saúde e Nutrição
Serviço Social e Trabalho
Sociologia

CATEQUÉTICO PASTORAL

Catequese
Geral
Crisma
Primeira Eucaristia

Pastoral
Geral
Sacramental
Familiar
Social
Ensino Religioso Escolar

TEOLÓGICO ESPIRITUAL

Biografias
Devocionários
Espiritualidade e Mística
Espiritualidade Mariana
Franciscanismo
Autoconhecimento
Liturgia
Obras de referência
Sagrada Escritura e Livros Apócrifos

Teologia
Bíblica
Histórica
Prática
Sistemática

VOZES NOBILIS

Uma linha editorial especial, com importantes autores, alto valor agregado e qualidade superior.

REVISTAS

Concilium
Estudos Bíblicos
Grande Sinal
REB (Revista Eclesiástica Brasileira)
SEDOC (Serviço de Documentação)

VOZES DE BOLSO

Obras clássicas de Ciências Humanas em formato de bolso.

PRODUTOS SAZONAIS

Folhinha do Sagrado Coração de Jesus
Calendário de mesa do Sagrado Coração de Jesus
Agenda do Sagrado Coração de Jesus
Almanaque Santo Antônio
Agendinha
Diário Vozes
Meditações para o dia a dia
Encontro diário com Deus
Guia Litúrgico

CADASTRE-SE
www.vozes.com.br

EDITORA VOZES LTDA.
Rua Frei Luís, 100 – Centro – Cep 25689-900 – Petrópolis, RJ
Tel.: (24) 2233-9000 – Fax: (24) 2231-4676 – E-mail: vendas@vozes.com.br

UNIDADES NO BRASIL: Belo Horizonte, MG – Brasília, DF – Campinas, SP – Cuiabá, MT
Curitiba, PR – Fortaleza, CE – Goiânia, GO – Juiz de Fora, MG
Manaus, AM – Petrópolis, RJ – Porto Alegre, RS – Recife, PE – Rio de Janeiro, RJ
Salvador, BA – São Paulo, SP